摆渡·传记

Manfred Geier

[德] 曼弗雷德·盖尔—著

黄文前　张红山—译　蒋仁祥—校

KANTS
WELT
EINE
BIOGRAPHIE

康德的世界

中央编译出版社
Central Compilation & Translation Press

图书在版编目（CIP）数据

康德的世界／（德）曼弗雷德·盖尔著；黄文前，张红山译. —2版. —北京：中央编译出版社，2018.4（2020.6 重印）
ISBN 978-7-5117-3503-4

Ⅰ. ①康…
Ⅱ. ①曼… ②黄… ③张…
Ⅲ. ①康德（Kant, Immanuel 1724-1804）-传记
Ⅳ. ①B516.31

中国版本图书馆 CIP 数据核字（2018）第 007119 号

Originally published under the title *KANTS WELT*
Copyright © 2003 by Rowohlt Verlag GmbH, Reinbek bei Hamburg
Simplified Chinese edition copyright:
2012 CENTRAL COMPILATION & TRANSLATION PRESS
All rights reserved.

康德的世界

出 版 人：	葛海彦
出版统筹：	贾宇琰
责任编辑：	王　琳
执行编辑：	景淑娥
责任印制：	刘　慧
出版发行：	中央编译出版社
地　　址：	北京西城区车公庄大街乙 5 号鸿儒大厦 B 座（100044）
电　　话：	（010）52612345（总编室）　（010）52612341（编辑室）
	（010）52612316（发行部）　（010）52612346（馆配部）
传　　真：	（010）66515838
经　　销：	全国新华书店
印　　刷：	河北下花园光华印刷有限责任公司
开　　本：	880 毫米×1230 毫米　1/32
字　　数：	222 千字
印　　张：	10.75
版　　次：	2018 年 4 月第 2 版
印　　次：	2020 年 6 月第 2 次印刷
定　　价：	49.00 元

网　　址：www.cctphome.com　邮　　箱：cctp@cctphome.com
新浪微博：@中央编译出版社　　微　　信：中央编译出版社(ID: cctphome)
淘宝店铺：中央编译出版社直销店（http://shop108367160.taobao.com）
　　　　　（010）55626985

本社常年法律顾问：北京市吴栾赵阎律师事务所律师　闫军　梁勤
凡有印装质量问题，本社负责调换，电话：（010）55626985

学莫便乎近其人——译者序

一、寂寞的批判哲学家

如果有人说,康德哲学在中国是热门,这也许并不算言过其实(特别是同其他德国哲学家相比而言),因为大学里有这么多人以康德哲学为研究对象,也有许多人选择康德哲学为哲学启蒙的材料,各种专业杂志上以此为主题的论文也屡见不鲜,关于康德的各种译作、研究专著或传记文献如雨后春笋。译者翻译的这本《康德的世界》也就汇入了康德哲学在中国传播的洪流,我们当然期望它能发挥应有的作用。不过仅仅指出这些事实是不够的,还应看到,康德哲学研究在中国固然是热门,但却存在许多隐忧。在面临这个异质的思想形态的时候,我们不是表现出懵懵懂懂、不知所云,就是走向非此即彼、各执一端。

当然,许多人选择康德哲学走上哲学思考之路,多半是自发行为,不是追踪什么思想潮流,也鲜有实际的功利考虑,相反,他们在选择之前往往已经清楚地知道,康德哲学是以晦涩和艰深著称的,这并不是一条平坦的大道。实际情况往往是,你会陷入思想的困境，很难找到一个单一、明确的答案。思想上的独立选择、自我承担是我们活学活用康德的第一条原则，但我们并不是从他的说教中，而是从他的实际行动中看到这一点的：康德在《一位视灵者的梦》中，谈到人的灵魂是否在此生也与神灵世界的所有非物质性物类纠缠在一起这个命题时，也反问自己，为什么不可以也使用学院的腔调说话呢？这种腔调更为断然，使作者和读者都免于迟早要把他们引向恼人的犹豫不决的思索。始终使用理性的语言，这实在是一件麻烦的事。主动地选择一条崎岖的小路，这不仅迫使人们在困境中思考，而且自然而然地造成这样的结果：人们都审慎地、理性地看待自己得出的结论。

毋庸讳言，虽然康德哲学的翻译和研究如火如荼，但我们应当扪心自问，我们真正理解康德吗？进一步说，康德哲学与中国的哲学发生了真正的碰撞吗？我们最缺少的不是跟随西方潮流，搬用西方标准，而是那种以中国学者的眼光去研究康德哲学的文化自觉。大家都在说康德，却是自说自话，更为取巧的做法是重翻译轻研究，停留在简单的介绍和评述上。这或许是一条捷径，但并没有解决问题，只是推迟了问题的回答。这就是在光鲜之下的寂寞，也为我们提出了真正的难题。通过传记了解康德的生平，我们会发现他的哲学观点和生活方式之间的契合之处很多，这促使我们设身处地地理解他的观点，而且可以说，从知行合一的要求去评价康德的生平本身就是中国文化特质的表现。

二、康德的"哥白尼革命"

之所以在这里首先谈到康德哲学,我们的意图无非是想强调,康德哲学和康德生平是难分难解、融为一体的。通过康德的传记了解他的生平,是我们进一步理解康德哲学的重要辅助手段。"学莫便乎近其人"(《荀子·劝学篇》),通过了解康德的生平经历,可以促进对康德哲学思想本身的研究和理解,当然这里的意思只是说,康德的生平经历使他的思想观点显得更"合情合理",而不是意味着我们不再需要去梳理康德对其观点的论证结构。

在《纯粹理性批判》第二版序言中,康德将他在形而上学(认识论)领域进行的革新与哥白尼在天文学领域的革命作了类比。哥白尼如果假定全部星体都围绕着观测者旋转,那他就无法顺利地解释天体的运动。于是,他尝试让观测者自己旋转,反而让星体处于静止状态,看这样能否取得突破,于是他完成了天文学上的一场革命。康德在形而上学领域的革命性纲领是:我们能够先天地从对象中认识到的东西,只是我们自己置于其中的东西。这包括两个方面,对象的直观和规定对象的概念。康德说,如果直观必须依照对象的性状,那么,我们就不能理解如何能先天地认识对象;相反,如果对象(也就是感官的客体)必须依照我们直观能力的性状,先天的直观就是可能的。规定对象的概念也面临同样的处境:即使概念必须依照对象而定,我们也不能先天地认识对象,而如果假定我们认识到对象的经验是依照概念而定的,就会有一条更为便捷的出路，因为经验本身就是知性所要求的一种认识方式，知性的规则在对象被给予之前已经先天地存在于认识者心中了。

从康德的这种哥白尼式的革命中，我们可以注意到：首先，康德意在追求获得关于对象的先天知识，因此他也称自己的哲学为先验哲学；其次，认识主体决定认识对象的观点颠倒了人们的常识；最后，康德不仅提出了这种假设，还对其进行了详尽的论证，可以说，《纯粹理性批判》的全部内容就是这条纲领的展开和论证。对认识的主体性的突出和强调，与康德在生活中追求独立自主是完全一致的。在经济方面，康德终其一生都非常重视独立性。他上大学时没有申请奖学金，而是自己通过打台球和给人辅导挣钱，因为他不想拖欠国家的。独立是自由的前提，康德认为每一个人都是独立而自由的主体，这可以解释他的一个独特习惯：他每次都是当天上午才邀请客人到家里吃饭，这样他就给别人留下了抉择的余地。认识主体的独立性不仅保证了我们所获得的认识的先天普遍有效性，而且也设立了主体自由的根本前提，可以想象，如果我们只能被动地感知对象并进行对比，然后通过归纳得出规律，那么，认识主体就只能跟在对象后面，受对象制约，况且这样所获得的认识不具有无条件的普遍性和必然性。康德将人的自由高度评价为"唯一的、始源的、每个人凭借自己的人性应当具有的权利"。由于持这种观点，康德必然把孩子的出生视为一个问题，因为没有人会问这个孩子，他是否愿意来到这个世界。可以猜测，康德之所以没有结婚也是不想陷入由婚姻所带来的依赖性。

康德也意识到了自己的观点与众不同。他在给门德尔松的信中说："实际上,我很难想出一种办法,既能表达我的思想,又不致遭到别人的嘲笑。"所以,康德在表达自己的观点时是非常谨慎和有所保留的,当然这并不妨碍他进行严密仔细的论证。而正是这些论证给康德带来了许多苦恼。《纯粹理性批判》出版后反响平平,康德将原因归于通俗性不够,为此撰写了《未来形而上学导论》,对《批判》的内容进行简明扼要的介绍。应该承认,康德的观点和表达方式对每一个人都是理智上的挑战,这也正是康德哲学的魅力所在。同时,康德用他表现出来的理性的诚实和谨慎,表达了他对理性的狂妄自大和矫揉造作的极度厌恶。康德在其著作中一般都用理性存在者来称呼人类,这隐含着康德一个较为谨慎的前提。大体上说,康德认为还有另外两类存在者,高于人类的存在者只具有纯粹的理性,不掺杂一丝感性欲望,也能不受阻碍地直接实现自己的意愿;低于人类的存在者只具有动物性欲望,理性不起作用。而居于中间的人类则既有感性欲望,又有理性,居于中间状态。这种对人的看法是他的批判哲学隐含的前提,理性和感性在理论理性和实践理性中所具有的关系也不一样。在理论理性发挥作用的领域,理性(知性)所提供的纯粹概念只能运用于通过感性所接受到的经验性材料,然后形成认识。感性通过纯直观(时间和空间)一方面提供了概念加工的对象,使这些纯概念具有了客观现实性,另一方面,它也限定了纯粹概念的应用范围。超出这个范围进行认识的理性只会造成幻象。《纯粹理性批判》的任务就是演绎知性概念(范畴)的客观有效性,同时为其运用划出界限。实践理性领域的情况则不是这样。实践理性作为立法者给出唯一的道德法则，感性欲望却成为阻碍遵循道德法则的因素。甚至可以说，道德内涵的多少就取决于主体克服了多少感性因素才遵循了道德法则。

康德形成这种基本立场是有一个过程的。我们知道，康德早年的兴趣在于自然科学。1744 年，年轻的康德开始思考"活的力"的正确测算问题，撰写了自己的第一本著作：《关于活的力的正确测算的思考》。年轻的大学生康德从牛顿那里获得了观察世界的自然科学基本原理，在《一般自然史和天体理论》中，这些原理首次达到高潮。康德将物理学知识置于一切知识之上，因而他的兴趣在于观察自然，这差一点将他引上骄傲自负、歧视人类的邪路："曾经有一段时间，我相信只有这才能构成人类的尊严，而且我瞧不起什么都不知道的下层民众。这种被蒙蔽的优越感消失了，我学会了尊敬人。"这种转变的原因来自卢梭的影响。《关于活的力的正确测算的思考》于 1749 年出版后反响平平，因为他用形而上学的想象代替了物理学的基本概念。在学者们有关力的测量的争论中，读者感兴趣的不是形而上学的思考，而是令人信服的数学和物理学的方法。《一般自然史和天体理论》的命运也不好，发行不顺利，销售量很小，在 18 世纪文献中很少被提到，因为康德没有严格的自然科学成果，他同样缺少严谨的观测者的耐性和测量师或数学家的思维和计算的精确。精神世界的泰坦神康德在进入批判时期之前，并未为自己好学深思的形而上学天赋找到最佳的发挥场所。只有当康德将他的形而上学天赋用于对人的思考时,他才真正进入了公众的视野。他从卢梭那里学会了重新审视人。他不仅继续从形而上学的角度去把握自然界,而且也开始了对人的实践认识。

三、道德法则与崇高感

道德法则是康德实践哲学的核心。康德用了 20 年时间为遵循准则的生活和各种崇高品质寻找伦理学上的最高依据,道德法则就是这种努力的结果。道德法则表现为绝对命令,而且绝对命令只有一条,这就是:要这样行动,你能够同时设想自己所遵循的准则能够成为一条普遍法则。康德借助形式逻辑上假言判断和绝对判断的区分,澄清了伦理学的核心概念"应该"。与这两种判断对应,伦理学有两种命令,即假言命令和绝对命令。前者提出达到某个目标的手段,比如:如果我要保持健康,我就应该锻炼身体。绝对命令则直接标明伦理学的最高目标。伦理学的"应该"不是假言命令中的手段,而应是绝对命令中的最高目标。这个最高目标就是道德法则。为什么道德法则表现为命令的形式?康德解释说,因为人受到感性因素的阻碍,不会自动地遵循这条法则。但同时,这条法则也是每个理性主体向自身颁布的,不是来源于外在的权威。

在《实践理性批判》的结论部分,康德径直指出,有两样东西,我们越经常越持久地加以思索,它们就越使心灵充满日新又新、有增无已的景仰和敬畏:我头顶的星空和我心中的道德法则。在充斥着冷静而细致的论证的康德著作中,这种饱含激情的表达实不多见。这正透露出康德哲学中情感因素的重要作用。实际上,康德在对道德法则进行论证时,将敬重规定为纯粹实践理性的动力。康德在纯粹实践理性的动力一章中专门讨论对道德法则的敬重。从康德一生的经历和著述来看,对道德法则的敬重与康德对崇高感的考察遥相呼应。1764 年,40 岁的康德在《关于美感和崇高感的考察》中已经意识到,他自己刻意追求的性格上的坚强是由一种情感所引导和鼓舞的:对崇高的情感。他对这种情感十分熟悉,它比美感更能征服康德的心灵。在更早的时候,这种情感是借助"星空"征服了他:星空无限延伸,人类在其面前显得十分渺小。1755 年,康德在《一般自然史和天体理论》中试图科学地把握这种天空,同时也没忘记这种崇高感。而正是气质上多愁善感的人容易感受到崇高。康德自己也清楚,真正的道德即出自基本原则的道德本身包含某种东西,而这种东西似乎在很多情况下都与多愁善感的心境相吻合。

四、康德哲学的现实性

康德去世二百多年以来,这位献身于批判事实的哲学家一再成为争论的中心,启发了人们的灵感,锻炼了人们的思维。对于为哲学寻求系统论证的哲学家来说,康德所提出的先验哲学和义务伦理学及严密论证都是一种挑战。康德牢牢地强化了人们追求先天的纯粹知识的倾向,将经验主义立场作为自己可能的批评对象;而对于伦理学上的功利主义,康德进行了入木三分的批评,提出了难以回避的问题,使得再坚持这种立场的人就难以自圆其说。我们今天所面临的一切重大的精神挑战和政治挑战，康德都已经做了明确的回答——从自然科学的认识论基础到在实践哲学中弘扬真正而纯粹的道德，从和平问题到可以言语和思考的界限。两百多年来，学者们仍在皓首穷经，并总能在康德哲学中发现具有当代性和现实性的一面。这其中的原因何在呢？

康德总是从普遍性的角度去思考问题，并尽量考虑各种特殊情况，尽量吸收。康德就启蒙运动发表的文章选择了一个宏大的主题，采取了超然的立场，不陷入任何学派之争。他总是提出一个极其根本、极其彻底的问题，并尝试提出自己的解决方案，然后以主要的精力进行论证。人们可以质疑他所提问题的意义，也可以反驳他论证中的漏洞和薄弱环节，但正是康德用行动体现的批判精神和彻底精神征服了读者。康德同时代的批评者哈曼嘲笑康德自居于启蒙者的地位，将自己的意见强加给别人，但应记取的是，康德的启蒙只要求每个人都可以公开使用自己的理性，这种自由是一种基本的权利，他没有规定运用自由的领域和对象，这当然包括别人反过来批评他的自由！如果现在有人批评说，我们现在进行哲学思考只能面对历史上的伟大人物，只能从他们的著作中学点东西，我们其实选择的权利有限，因为历史已经替我们作了选择，这种观点同哈曼的批评如出一辙。但是只要比较就可以发现，康德提问的彻底性和论证的严密性确实展现了思想的魅力，而不是权威和独断的力量。

而从中国的文化背景来看，我们除了要批判地借鉴这些政治观念和考察相应的政治演变之外，更重要的是，我们应该提出这样一个问题：康德哲学在中国的传播有哪些独特之处？或者说，康德哲学在中国的现实性的具体表现是什么？也许答案在于，康德学究天人之际，批判哲学的两大内容包括理论理性和实践理性的批判，分别试图为自然知识和实践认识奠定形而上学基础；康德以符合中国人的方式讲述了启蒙的基本价值观（自由和平等）；他的实践哲学与中国的理想人格有相通之处，而这样的实践哲学并不排除宗教方面的引申和扩展。康德的人格力量在于，他不仅在理论上为有道德的生活提出独特的根据，而且他自己也身体力行地遵循道德法则，或者可以说，道德法则正是他自己的生活方式的提炼与理性化解释，这完全符合中国的传统人格所追求的知行合一。与此同时，康德对人性的各种弱点也很清楚，并将它们纳入自己的哲学思考，甚至因此而改变自己的观点。比如，他开始认为影响遵循道德法则的只是感性因素（包括欲望、爱好和避苦等），但后来，他也认识到，人可以理性地选择不遵循道德法则，这正是人性当中的极恶。不过这也解决了另外一个问题：正是因为人有感性冲动、有极恶的倾向，他才需要一条类似理性向自身颁布的命令的道德法则。如果没有极恶的存在，康德的道德主张就落入了"存天理、灭人欲"的模式。

康德哲学在中国的现实性还在于，当黑格尔的总体化理性和绝对理念的构架在现代社会中崩塌之后，康德对"不可知"的承认无疑显得真诚许多。这本传记的作者盖尔认为，康德告诉我们，对于终极的重大问题，难以获得明白无误的最终答案，"根本就没有什么确定性"；对于超感性的事物，我们既不能证明它的存在，同样也无法证明它的不存在，"我们根本不可能会知道它"。这并不仅仅是理性真诚的表现，对"不可知"的承认也与康德的划界思想一脉相承，理论理性不能超出自己的经验运用范围，否则只能产生辩证幻象。有人批评说，康德空出这个"不可知"是给上帝留下了位置。不排除这种可能性的存在，但不容忽视的是，康德为什么没有直接承认上帝的存在并且像他的批评者科伦布施那样，"我认为死者的复活是上帝给予他的造物更深切的爱。我对此感到很高兴"，带着信仰进入上帝的彼岸呢？这种对自身文化传统的反省和批判值得我们思考。

与其他偏重生平的传记不同，盖尔的这本《康德的世界》则更多地展现了康德的精神世界。除了向读者提纲挈领地全面阐释康德的主要著作，从早期自然哲学方面的处女作，到对视灵者斯威登伯格的批判之作；康德转向批判时期后，作者重点介绍了康德的实践哲学即伦理学。更为重要的是，作者运用书信、他人著作等还原了康德写下这些著作的具体背景，或者引用作者的生活背景来验证批判哲学中的某些观点。除此之外，它还强调康德是一位不折不扣的启蒙思想家，人们应该"将他的哲学著述理解为某种政治行动"，甚至"康德本人将他的《纯粹理性批判》看做认识论问题的纯粹的哲学解决方案"。同时，盖尔还论证了康德哲学对后世乃至当今时代的意义，也就是康德哲学的当代性问题。作者的出发点是西方的文化背景。在这种意义上，康德提出的问题影响了西方当代性这个观念的形成，他所制定的政治哲学纲领也影响了欧洲二百多年以来的政治演变过程，尤其是近几十年的欧洲一体化进程。

　　康德哲学素以语言晦涩、内容艰深著称。这本传记虽然不像一般研究专著那样总结康德批判哲学的观点并进行论证方面的重构或诠释，而是以其主要著作为线索，还原著作的写作背景，将康德的哲学观点和生活经历融会贯通，以点及面，以期让读者全面系统地了解康德的观点和生平，但是，要准确理解原文也要求译者对康德哲学有较深入的了解，而这是译者所不敢自诩的，而且该传记涉及哲学史上的众多人物和事件，再加上译者理解原著的水平有限，出现疏漏和错误在所难免。我们也深知，翻译是一种创造性工作，对照"信、达、雅"的标准，这本译作的不足之处肯定不少。因此，我们诚恳地希望得到广大读者和有关专家的批评指正。需要说明的是，康德的主要著作都有不止一个中文译本，因此有关康德哲学的重要概念和术语以及引文，我们虽然参考了相关的中文译本，特别是李秋零先生有关康德主要著作及书信的译本，但还是不得不结合自己的理解作出相关的选择，在此一并致谢。

译　者

2011 年 12 月于北京

目 录

前 言 …………………………………………………… 1

第一章 我已经给自己选择了道路 ………………………… 1
  1. 小男子汉如何变为世俗智者康德 ……………………… 3
  2. 第一声啼哭 ……………………………………………… 5
  3. 一个满足的孩子 ………………………………………… 9
  4. 受奴役的青年时代 ……………………………………… 15
  5. 崭露头角的天才 ………………………………………… 29

第二章 头顶的星空 ………………………………………… 43
  1. 康德如何从混沌中重新创造世界 ……………………… 45
  2. 站在伊萨克·牛顿的肩膀上 …………………………… 47
  3. 宇宙碎形 ………………………………………………… 58
  4. 上帝的计划 ……………………………………………… 67
  5. 地球以外的生物、灵魂转世、内心喜悦 ……………… 76

第三章　我不知道是否有神灵 ················ 87
1. 冥界旅行 ································ 89
2. 模糊的概念和神秘的表象 ············ 90
3. 视灵者斯威登伯格 ···················· 99
4. 伪经验 ································· 104
5. 释梦 ···································· 109

第四章　唯有批判的道路仍是敞开的 ········ 119
1. 康德对哲学的革命 ·················· 121
2. 第二选择的教授职位 ··············· 123
3. 陷入危机 ······························ 129
4. 我、上帝和整个世界 ··············· 139
5. 在纯粹理性批判的领域 ············ 155

第五章　勇敢地使用自己的理智！ ··········· 171
1. 一位启蒙思想家的座右铭 ········· 173
2. 什么是启蒙运动？ ·················· 175
3. 勇敢的独立思想者 ·················· 188
4. 自己造成的监护权 ·················· 199
5. 康德的性格 ·························· 204

第六章　我内心的道德法则 ·················· 217
1. 介于善良意志和极端邪恶之间 ··· 219

2. 一个完全不同的世界 ················ **222**
3. 向实践理性的三次转变 ············· **229**
4. 没有上帝的道德 ·················· **241**
5. 普鲁士的第一次文化斗争 ··········· **249**

第七章 垂死之人 ···················· **265**
1. 最后的著作、最后的问题、最后的岁月 ········ **267**
2. 革命的激情 ······················ **268**
3. 延长生命的艺术 ·················· **281**
4. 遗著或最后的转变 ················ **290**
5. 这很好 ························· **297**

附　录 ····························· **307**
年　表 ····························· **309**
参考书目 ··························· **319**
译后记 ····························· **322**

柯尼斯堡康德像

前　言

"世界概念"在这里是关于每一个人都必然关心的事物的概念。

"这很好！"他的这句临终之言听起来虽然不明确，但还是可以理解。难道体力完全不济的康德想说，用红酒和白水兑成的甜饮料解决他最后的口渴，感觉很好吗？还是说他已经喝够了？他也许是在对自己的一生进行总结，他的生命就是在1804年2月12日的这个午夜，走到了尽头。这是完美的一生吗？还是康德想用这个判断表明，他延长生命的艺术现在终于到了极限。

他的临终之言含义如此之多，他的生平和著作如此复杂纷繁。康德不愿意调解他认为属于现代人类存在的前提条件的紧张和对立。他提出的四个重大问题如下：

我能够知道什么？
我应该做什么？
我可以期望什么？
人是什么？

19 世纪末叶的柯尼斯堡街景

这四个问题没有得到最后的、明确的答案。这里,没有什么是确定的,独断主义的时代和天启真理的时代已经过去。理论认识能力发现自己由于自身的错误而不可避免地陷于混乱,它虽然设法克服这些错误,却从来没有能够根除错误。对道德方面的完美生活的实践关切,只能从自己不可战胜的对手那里获得力量和耐力。虽然可能一时经历所期待的幸福,但一切可能的物质财富仅仅作为幻想才是真实而长远的。那么人呢?康德认为,从生存的角度看,人虽然是一种自由行动的、能够有所作为的生物，但这种自由融入了世界历史的进程。从理智的角度看，世界历史的进程表现为普遍的混乱，没有目标和秩序，充斥着愚蠢、强制机制和破坏力量。康德基本上相信，人出自弯曲的木材，从中不可能制造出什么笔直的东西。

康德不是乐观的启蒙思想家或进步的信仰者。面对世界舞台上演出的残酷无情的滑稽剧，康德偏好多愁善感。即使所有的事实都与"这很好"这个论断相矛盾，但仍然不断有迹象表明，还可以或应该是更好的。当老年康德最后一次问自己，人类历史上是否有过进步的时候，他谈到了这样一种"历史象征"，这种象征虽然不能证明什么，但表明在人的本性中至少有一种改善自身的能力。这就是关于自由和平等的思想，这是康德作为法国大革命的同时代人满怀热情地从事研究的思想。这次革命的进程虽然实际上导致了恐怖，但是，在为革命的理想欢呼雀跃的同时，有些事情表明是永远不能遗忘的。

我们认为，康德的世界是一个象征的世界。康德本人也成了一个历史的象征，凡是对他的生平事业感兴趣的人，都不能把这个象征看做是纯粹的事实。"康德"这个名字不仅是1724年4月22日生于柯尼斯堡，1804年2月12日死于柯尼斯堡，留下大量著作的一个个体的名称。"康德"还是一个象征，标志着欧洲思想史内部的一件难以忘却的事情。康德哲学的存在也像法国大革命一样，标志着人类历史发展过程中可能发生的进步事件。

康德的世界是丰富多彩的世界。他不是专门研究有关系统知识的学院概念，而是集中研究普遍感兴趣的认识论世界概念。在这样一位哲学家的传记中,我们必须介绍这种多样性。康德的世界:首先是 18 世纪的柯尼斯堡,他一生中大多数时光都是在这里度过的,这里有他扩展关于人类认识和宇宙认识的适宜的土壤。这是他和朋友们的交往世界,他在这里感觉非常愉快;这是体现他的感觉、情感和情绪的内在世界,在时间推移中,这些感觉、情感和情绪只可能具有潜在的现实性;这里有他的思想大业,是他提出问题和进行反思的精神世界,是他首先在阅读和写作的过程中展现出来的思想和想象的精神世界。这里也是一个先验的王国的思考。他对这个王国的思考,是为了回答形而上学的三个基本的、终极的问题:存在上帝吗?什么是作为整体的现实的世界?我该怎样理解自我?

康德的世界是我们的那个应该的世界,对于我们来说是现实的,因为它清楚而明确地展现了我们今天面对的几乎所有重要的精神挑战和政治挑战——从和平问题到可言和可思的界限,直到宗教的和政治的道德哲学家充满诱惑的救世许诺——并且尽可能地提出了解决办法;与此同时,这个世界还指出了某些任何事实的描述和解释都无法理解的东西:道德世界的道德准则。在这个道德世界中,全体公民都能享有自由和平等,而理性的法庭虽然赋予争论以权利,却不赋予战争以权利。

2003 年 6 月 17 日于汉堡

第一章　我已经给自己选择了道路

青年康德的画像

这里就是我的基础，
我已经自己选择了道路，
我将坚定不移地踏上这条道路，
任何事物都不能阻碍我继续走这条道路。

第一章 我已经给自己选择了道路

1. 小男子汉如何变为世俗智者康德

康德很早就失去了母亲。在他母亲的眼里,他永远是个可爱的小男子汉。1746年3月24日,他的父亲也去世了。下午3时30分,当他站在父亲的病榻前作最后的告别时,他还不到22岁。一切都过去了。他用尖细的羽毛笔在家族祈祷书上写道,这是"幸福的离去",因为他63岁的父亲一年半以前患了中风,身体日益衰竭,现在终于得到了解脱。儿子在回忆中表达了虔诚的愿望:"上帝没有让他这一生享受到多少欢乐,那么,让他享受永恒的欢乐吧。"父亲的葬礼如同母亲的一样,可怜而冷清,费用由市政府承担,没有通常葬礼上孩子们的歌声。

自从1744年秋他的父亲患中风以来,据柯尼斯堡阿尔伯特大学的记载,大学生伊曼努尔·康德几乎没有去上过课。康德作为长子必须照料父亲和年幼的弟弟妹妹们。不过他也不想放弃自己的学业,所以在空闲的时候,他开始设法解决一个争论极为激烈的自然科学问题。在他父亲去世后不久,1746年夏季学期,他将自己的哲学处女作提交哲学系主任审查,在这部著作中,他试图阐释他"关于活的力的正确测算的思考"。他仿佛将他父亲身上日渐消失的生命力变成了一个自然哲学争论的问题,集中精力研究了只能从外部对身体发挥作用的力和使身体能够"自我维持"的那种神秘的"活的力"之间的关系。他利用了力的概念的多义性。在他看来,那些只与自然物体的运动和速度有关的事物,具有一种存在论的意义。这些事物关系到生和死、存活和消亡、内在的自我维持和外在的规定性。康德的处女作读起来就像是一种使身体能够通过内在的努力而在自己生命轨迹上自我维持的自动力的宣言。

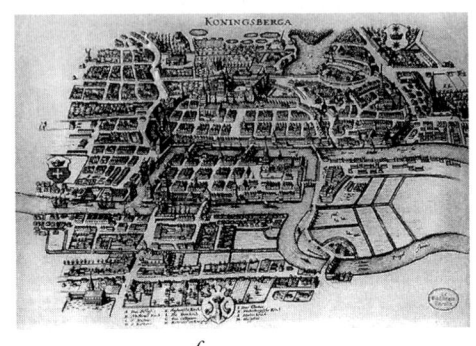

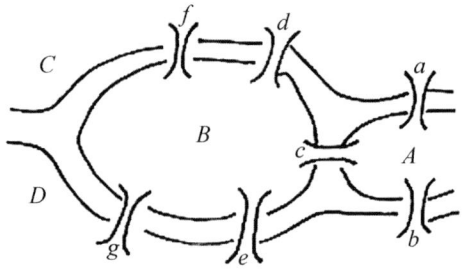

柯尼斯堡（上图），梅里安－埃尔本（Merian-Erben）绘于1652年。全城共有7座桥将4个城区相连起来，如下图所示。人们通过这7座桥到各城区游玩，于是产生了一个数学史上著名的柯尼斯堡七桥问题：寻找走遍这7座桥，且只许走过每座桥一次，最后又回到原出发点的路径。

在父亲去世后，这个22岁的孤儿将自己的名字写为"伊曼努尔·康德"，感到自己已经完全摆脱一切家庭束缚，能够发挥自己的力量。难道这是偶然的吗？他以一种惊人的自我意识想象身体的作用，身体的那种活的力能使自己自主运动："这里就是我的基础，我已经自己选择了道路，我将坚定不移地踏上这条道路,任何事物都不能阻碍我继续走这条道路。"我、我,还是我。在父亲去世的影响下,康德写成的这篇哲学独立宣言中,"我"这个单数人称代词和物主代词共出现了 8 次。怎样达到这个善于在自己的轨迹上自我维持和自我改造的"我"呢?这个小"男子汉"是怎样成为那个在 1746 年以独立思想家的身份开启自己第一幕的智者的呢?

2. 第一声啼哭

在康德家族的家谱中可以找到简短的记录和简洁的情感表达,如生辰、丧事。在这里,康德的记录是:1746 年 3 月 24 日父亲安详地离去;他的父亲 1737 年 12 月 18 日的记录是:"爱妻在主的怀抱中安然长眠";他的母亲在逝世前 13 年的记录是:"1724 年 4 月 22 日星期六凌晨 5 点钟,我的儿子伊曼努尔降生,并于 23 日接受了神圣的洗礼。上帝以自己的仁慈接纳了他,耶稣基督愿保佑他一生平安。阿门。"

14 世纪的奥登堡(柯尼斯堡)

在家谱记录中,出生和死亡的记录是紧密地连在一起的。早在他降生的时候,母亲就已经想到了她的小伊曼努尔的死。她是有她的理由的。因为她担心这个瘦弱的孩子不能活下去。她的第一个孩子是个女儿,于1717年出生时夭折了,她的第一个儿子于1722年出生,但不到一岁就死了。当伊曼努尔1724年4月22日凌晨降生的时候,上面只有一个5岁的姐姐。他取名伊曼努尔,不仅是因为4月22日这一天在旧普鲁士历法中是圣名纪念日,而且这个名字的希伯来文的本意——与上帝同在——也很符合虔诚的父母的心愿。这似乎是一个很合适的名字,这位受洗者直到晚年还对此感到非常自豪。康德的母亲另外还生有5个孩子,直到1737年她因患"严重的病毒性感冒"而逝世。当时,她的小男子汉年仅13岁。

康德记不清自己的生日和童年,但在70岁以后,已成耄耋老人的他又开始回忆自己的童年,他的回忆读来仿佛是他对自己一开始所走的道路的事后反思。在这位哲学家的意识中,他的生活被赋予了意义,这种意义使他最早期的活动通过他后来的哲学得到解释。因为康德从一开始就以为——虽然只是感觉到而不是思考所得,而且仅仅是一种混乱、模糊的感觉,而不是清楚明确的经验——自己身处一个根本的矛盾之中,这个矛盾贯穿并决定了他一生的事业:人类自由的思想与实际经历的各种依赖关系之间存在着不可调和的矛盾。由于传记的关系,在这方面尤其值得注意的是他在1797年出版的《道德形而上学》中对婚姻和父母权限法所作的法哲学解释,以及在1798年出版的《人类学》第79节"自由倾向作为激情"这个哲学研究成果。在这里，这位哲学家似乎又一次以曾经的孩子身份说话，回忆了他走向独立的自我发展的第一个阶段。

两个人在通过"性关系"（性交往）"享乐般地"自然地相互使用他们的性器官，从而感受到自己的婚姻法权以后，就不可避免地生儿育女。但孩子不是物，而是人，是从自然的因果关系中产生的生物。康德将人的自由高度评价为"唯一的、原始的、每个人凭借自己的人性应当具有的权利"。在他看来，独立于他人的意志是天赋的人权。由于这种权利，康德必然将孩子的出生视为一个问题，因为没有人会问这个孩子，他是否愿意来到这个世界。"把生育看成是这样一种行为：我们通过这种行为未经其同意就把一个人带到世界上来，而且是专横地把他带到这个世界上来"，康德认为这在法哲学上是可以理解的。就此而言，父母的权限法即非法。

康德虽然不能直接地证明，新生儿对父母不可避免的暴力行为本能地隐约感觉到的不满；他不能将孩子的意识引为证据，但是，他在《人类学》中至少引用了一个他作为兄长非常熟悉的证据，那就是啼哭，"刚刚脱离母腹"的婴儿的啼哭，这是在大声表示他的不满。在婴儿降生时的第一声啼哭中，康德就已经感受到了人对自由的强烈向往，"这是其他动物所没有的观念"。

康德在《人类学》中没有描述婴儿的实际的早期发育。老年康德没有兴趣对自然对人的改造进行生理学研究。更确切地说，他的《人类学》是对吸引他一生研究人的一切事物的总结。从实用的角度看，康德在晚年希望最终理解，作为自身最后目的的人本身是什么。他的实用人类学知识所追求的目标是，人"作为自由行动的生物对自身作了哪些改变，或者说能够和应该作怎样的改变"。

只有在生成哲学的存在主义看来，婴儿的第一声啼哭才具有康德所赋予的意义。他知道自己仿佛靠着"想象的翅膀"在行动，尽管他当时已经以经验为指导。康德1786年发表的回顾人类历史的可能起点的那本小册子也阐明了这一点，同时介绍了康德所认为的人类历史发展与儿童发育之间的一致关系。但是，这本册子也没有直接触及人类早期历史的真实情况。相反，康德根据圣经旧约《摩西一经》所讲的故事猜测人类历史的开端，他执拗地将人被驱逐出伊甸园解释为离开"大自然的母腹"，进入自由王国。人类不可能遇见比这更好的事情。

凡是作为人来到这个世界上，虽然处于自由状况，却没有自己的意愿。这个矛盾正像康德在《道德形而上学》第28节所得出的结论一样，是父母的权利义务的结果。他们关心这个因他们其乐无穷地使用自己的性器官而产生的结果。一方面，他们必须满足孩子的抚养要求，至少到孩子有能力"自我维持"为止；另一方面，这关系到某种形式的情感补偿。在这里，康德没有忘记补充说：父母必须"尽其所能"地使新生的世界公民满足自己的现状。

营养和照料是必不可少的，但更重要的是良好的教育。康德认为，人是必须受教育的唯一生物，这不是偶然的。他没有回避这种教育的矛盾的一面。康德在《论教育学》的演讲中问："在这种处处受约束的情况下，我怎么培养自由？"并作为一个问题回答说:"我应该使自己的学生习惯于对其自由的约束,同时引导他们完美地使用自己的自由。"

如果教育是人性的话,那么,教育就必须以康德一生所追求的目标为取向。教育以培养成人,摆脱"受监护"的状况为取向。"监护"(Munt)这个古代高地德语单词最初表示日耳曼民族家长威严的保护者地位。凡是已经成年的人就不再受"监护",就是摆脱了家长的监护,自己决定自己的行为,并且在法律上为自己的行为负责。在哲学上,康德将这个法律概念上升为人的本质规定。因为孩子成年后,应该认识到他作为人这种生物本来应当得到的东西——与生俱来的自由。最后,他的"可爱的自我"也能自信地发挥作用。**任何事物都不能阻碍他继续走自己确定的这条道路。**

老年康德在哲学上如何思考自我决定的自由向往与外在规定的此在束缚之间的永恒斗争,可以反映他本人的成长过程和所受的教育,昭示了他的生命的第一个阶段,这个阶段从1724年非自愿地诞生开始到1746年父亲去世后以规定自我的行为而暂时告终。他在晚年抽象论证的东西,在他的童年和青年都有具体的根据。真实情况如何,无法断定,但进行这种追溯对于说明青年康德的自我意识具有传记的意义。

3. 一个满足的孩子

康德对他的父母可能是满意的。对他的存在,他没有说过什么指责他们的话。他以法哲学的冷峻来理解家庭的两性关系,这与他谈到父母时充满爱的温情不相吻合。他的父亲主要对他实施道德教育，而他的母亲则为他开启美好的心灵。康德对善和美的理解他认为是受了家庭的影响，而对真的理解他认为则完全出于他自己。

关于康德的父亲，我们知道得虽然不多，但即使这很少的、可以确定的生平也形成了那幅感激的图画。在父亲逝世五十多年后，康德甚至在晚年还一直"在自己的心中"怀有这份感激。不管怎样，这是弗里德里希·泰奥多尔·林克的记录，他1792年起成为康德的同事，1805年出版了《伊曼努尔·康德生活面面观》。这是一位"正直的公民"的画像，他对自己儿子的智力教育虽然没有起到多大的作用，"但他有完全开明、正直的理智，能够从外界寻找有益的帮助，并且他也乐意就一个手艺人的力所能及支出这样一笔费用"。神学家、康德的学生和第一个传记作者路德维希·恩斯特·鲍罗夫斯基在1804年出版的《对伊曼努尔·康德的生活和性格的描述》中如是说。他还简明扼要地补充说："父亲非常希望儿子成为一个勤奋好学、诚实正派、富有思想的人。"他要求儿子热爱劳动、朴实无华，"尤其不能说谎"。

约翰·格奥尔格·康德如同他的父亲汉斯一样也是一个手工业师傅。他是皮匠行会的会员，靠给马、车厢、马车和雪橇制作皮带挣钱。他于1683年生于美麦列，年轻时就迁往大城市柯尼斯堡。在这里，他作为独立的皮匠师傅虽然并不富裕，但赚的钱足以组建一个家庭。1715年11月13日，将近33岁时，他娶了由纽伦堡移居柯尼斯堡的另一个皮匠师傅的女儿，18岁的安娜·雷吉娜·罗伊特为妻。他一定是一个非常自豪的人，作为手工业行会的会员受人尊重。因为声誉问题在手工业中非常重要，然而，老年康德在其《人类学》中认为，所谓声誉不是无耻丑陋的"沽名钓誉"或"傲慢自大"，而是"一个人由于其内在的（道德的）价值而可能期望得到的他人的尊敬"。

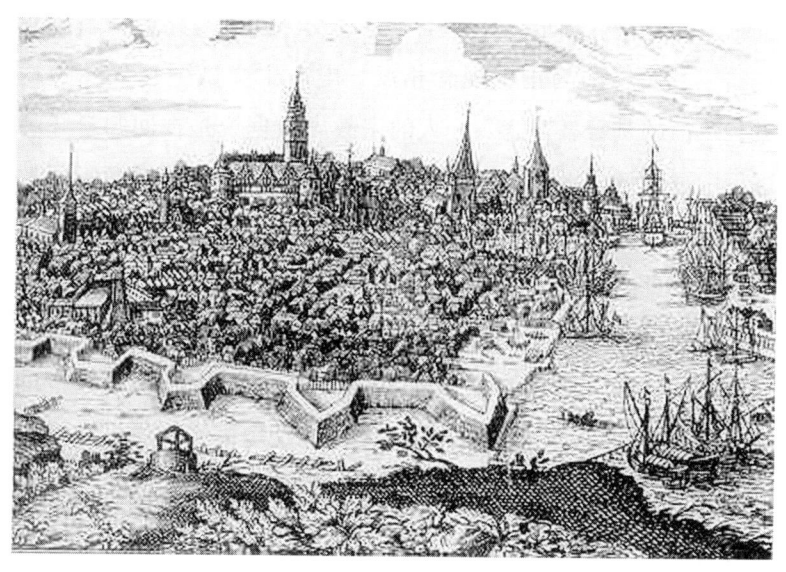

柯尼斯堡全景，年代不详

康德73岁时在给瑞典主教雅科布·林德布罗姆（康德在瑞典寻找康德家族的根）的一封信（1797年10月13日）的草稿中说："我的双亲（出身于手工业阶层）都是诚实正直、道德高尚和遵纪守法的典范，没有留下财产，但也没有留下债务。他们给了我从道德角度来看，再也不可能更好的教育。每当想起他们，我心中就泛起深切的感激之情。"所有这些都表明，小伊曼努尔在父母倾其全力建造的那个家中，对那个未征求他的意见就被带入的生活环境十分满意。他感到自己被教育成了一个实事求是的人，就像一个人通过辛勤劳动养活自己一样，与此同时，他喜爱自由的性格也在道德方面得到巩固。

在这方面，虔诚主义发挥了不小的作用。虔诚主义自18世纪上半叶进入柯尼斯堡手工业者的交际圈。与路德新教极其残酷、令人恐怖的正统观念相反，虔诚主义试图复兴一种积极、热情的基督教观念。个人的宗教虔敬据说是在回归自我的过程中形成的，虔敬本身具有伦理的品质，而且同时摆脱了教条的说教和严格的宗教仪式。每一个基督徒都应该通过宗教的沉思内省拥有一份虔诚。在路德宗的正统观念看来，"虔诚主义"首先是一切追求可能的宗教狂热的异教徒的讽刺性代称，而虔诚运动被其追随者推到了积极的一面。凡是熟记上帝的话，遵照上帝的话过神圣日子的人，就是虔诚主义者。在这方面，虔诚主义者的思想和情感的内心自律起到了重要作用。

康德从未完全丧失对这种心灵宗教的同情。虽然他后来曾警告说，自己过分看重道德诱惑或宗教修身的内心体验，过分看重天惠或祈求的情感。因为，在这种虔诚主义的自我观察和自我回归的过程中，人们很容易陷入这样的危险：思想混乱，误以为自己进入了更高层次的灵感世界；然后，陷于狂热的幻想，伴随自我折磨，结果患上精神忧郁症，甚至住进精神病院。成年后，得到启蒙的康德也批判地断定，关于德行和虔敬的虔诚主义观念仅仅是模糊不清的。但是，康德尽管有这样那样的疑虑，这种虔诚主义观念却表明了这一点，对此，康德到

第一章 我已经给自己选择了道路

了老年,当他回顾孩提时代父母给他的宗教教育时,仍然意味深长地赞叹道:"人们对虔诚主义说东道西,够了!那些认为虔诚主义是严肃的人们,以一种庄严的方式表现自己。他们具有人类所能够具有的高尚的情操:那种稳重、乐天和任何欲念都破坏不了的内心的宁静。任何困顿、压迫都不能使他们陷入烦恼,任何纠纷都不能使他们产生仇恨和敌对的情感。"

康德虔诚的母亲安娜·雷吉娜首先就在家中体现了这种对内在的乐天和安宁的神圣的渴望。她喜欢带着孩子们一起做祷告和礼拜。鲍罗夫斯基写道:"按照她以虔诚的角度为自己制订的模式,她希望将伊曼努尔培养成为一个虔诚的儿子。"康德起初似乎也很喜欢虔诚。因为,老年康德对他13岁时就失去的母亲的回忆,较之对父亲的印象更充满感情。

赖因霍尔德·伯恩哈德·雅赫曼,同样是神学家、康德的学生和传记作者,于1804年在给朋友的信中说,康德曾多次对他说过这样的话:"我的母亲是一位充满爱、充满感情、虔诚而诚实正直的女人,并且是一位仁慈的母亲。她以虔诚的教导和美德的实例引导自己的孩子转向对上帝的敬畏。她经常带我去城外,让我专心注意上帝的作品,自己则以虔诚的爱谈论上帝的万能、智慧和善心,并且将对造物主的深深敬畏铭刻在我的心中。我永远都不会忘记母亲,因为她在我身上培植了善的第一颗胚芽,她开启了我认识大自然的心灵之窗,她唤醒并提高了我的智力,她的教诲对我的生命产生了持久的、意义深远的影响。"他说这些话的时候两眼放光,表现出由衷的纯真的敬仰。

康德的世界

　　安德烈亚斯·克里斯托夫·瓦西安斯基也是神学家、康德的学生和传记作者。他于 1804 年在《伊曼努尔·康德的最后岁月》中，记录了他与这位老人朝夕相处的情境，其中也有类似的描述：康德以孩子般的深情将自己的母亲敬奉为一位"有着伟大的理智、高贵的心灵以及真实的、绝非狂热的虔诚"的女人。瓦西安斯基在谈到野外漫游时说的话，读起来仿佛是对康德关于孩子向往自由的法哲学和人类学研究的一个回答："这种教育中没有什么错误妨碍他今后的自我教育工作。他的母亲早就履行了自己的职责：她在自己的教育中善于将娱乐性和有用性相结合，她经常带自己的小男子汉到野外去，让他注意观察自然事物以及一些自然现象，教他认识一些有用的药草，甚至教他认识她自己所知道的关于天体结构的知识，并且赞赏他的洞察力和理解力。当然，对于儿子的一些问题，她也难免经常出现尴尬。"

　　因此，小伊曼努尔有这样的父母是幸运的。他不会再因为来到这个世界而哭喊。所有的传记材料都表明，这个小男子汉具有可爱的善良性格。他喜欢嬉闹玩耍，却绝不是一个任性的孩子。他很早就学会自立，并且学会控制他那生来就向往自由的激情。回忆童年，他反思说，自己被培养成了一个独立的、自我思考的人。他觉得自己没有像狮子一样被驯服，没有像机器一样被机械化。

　　康德的父母虽然没有学过教育学或儿童心理学，却似乎掌握了艰难的教育艺术，并且解决了最大的问题，他们引导儿子"好好地利用自己的自由"。他们注重自然的特性。很多年以后，他们的儿子在《关于教育学》的哲学演讲中也非常重视自然的特性："从孩子一出生起，只要不妨碍其他自由，例如哭喊，就应当任其在各方面自由发展（除了一些会自我伤害的事情，例如当孩子要抓一把锋利的刀子时）。"通过教育，新生儿第一声呼喊自由的啼哭已经转变为令人讨厌的干扰。关键在于尊重他们的冲动，而不是受他们的影响。

父亲正直的榜样首先在康德纯真的情感中唤醒了"我心中的道德准则"，这使康德的心里充满了未曾有过的、越来越强烈的惊奇和敬畏；而他温柔的母亲则常常带他到野外去，并且还使他的心灵向"我头顶的星空"那遥远的苍穹敞开，在苍穹下，康德后来获得了关于尘世生存的深刻意识。孩提时在父母那里，康德已经认识了这两个方面，尽管当时他还不理解。他完全有充分的理由，终其一生欢快地回忆父母对他的这种简单的教育。在他本人看来，这种教育比他后来在伯爵府所看到的任何教育都要"美好得多"。

4. 受奴役的青年时代

无拘无束、只需要遵照家庭日程的童年过去了。普鲁士教会法和教育法规定，5岁或6岁的孩子就要入学，伊曼努尔上学了。

每天早上，他走路去城北郊区离家不远的慈善学校上学。学校只有一个老师和一个班级。这个老师同时是当地教堂唱诗班的领唱和管风琴师。在这个班上，所有的学生都学习掌握基本的文化技能：读书写字和简单的计算。老师首先让他们了解基督教的背景，并本着新教精神，教育他们过敬畏上帝的生活。6 岁的伊曼努尔喜欢在父亲的作坊里和普雷格尔河旁沟渠纵横的树林草地上玩耍，或者同母亲一起去野外。当时他是否已经意识到这种最初的基础教育是纪律式的奴役，这一点无法查证。后来，每当他说到普鲁士的学校时，就反对这种纪律式的奴役。可以肯定的是，他学习进步很快，不久就能读书、写字和计算。

如果伊曼努尔·康德一直在这所慈善学校读书，他会变成什么样子，不好下定论。但不管怎么说，事实是，特殊情况突然改变了他的人生。这一改变对他的未来命运意义十分重大。他 7 岁时，认识了弗兰茨·阿尔伯特·舒尔茨。

1731 年，40 岁的神学博士弗兰茨·阿尔伯特·舒尔茨来到柯尼斯堡。他曾是一位随军牧师，很受"丘八国王"腓特烈-威廉一世的器重，被"丘八国王"任命为教会监理会成员，阿尔特施太特教堂的牧师以及阿尔伯特大学的神学教授。舒尔茨原先在哈雷大学学习神学，深受那里盛行的弗兰克—施朋纳虔诚主义的影响。但他非常理智，没有受感觉的梦幻和狂热的虔诚的诱惑。他没有培植内心的醒悟和自我观察，而是将自己的宗教信仰和神学知识建立在理智的形式结构和智力的明晰性之上。他首先潜心研究数学家和哲学家克里斯蒂安·冯·沃尔夫男爵（1679—1754）孜孜不倦地就哲学的"世俗智慧"的丰富多彩阐述和发表的诸多理性的思想：人类的社会生活（德国政治学），人类理智力及其在认识真理过程中的正确运用（德国逻辑学），自然事物的目的（德国目的论），人、动物和植物各部分的运用(德国生理学),人的所作所为对其幸福的提升(德国伦理学)。特别是1720年在哈雷出版并极为畅销的《德国形而上学》为如何虔诚地,同时又理性地消除"当前的不幸时期"所遭受的"理智和德行的贫乏",提供了一个准则。不管怎样,这是沃尔夫1719年12月23日在哈雷为其形而上学的《关于上帝、宇宙和人类灵魂以及一切普遍事物的理性思考》所写的前言中寄予的希望。通过克里斯蒂安·沃尔夫,年轻的舒尔茨的虔诚的心灵宗教获得了理智的加强和实践的力量。这使得这位具备综合素质的人物不仅成了一位成功的大学教授,有影响的牧师,而且成了普鲁士教育事业和教会事业中担任领导的行政官员,成了柯尼斯堡第一位教育工作者。

克里斯蒂安·冯·沃尔夫男爵

康德的世界

但是，要不是这位弗兰茨·阿尔伯特·舒尔茨在1731年第一个发现由母亲牵着手来参加祷告和做礼拜的小伊曼努尔那非同寻常的天赋，说不定这一切早已被人遗忘了。安娜·雷吉娜·康德是舒尔茨的"不间断的听众和忠实的追随者"。所有认识舒尔茨的人都称赞他头脑聪明、办事谨慎、诚实正派。关于舒尔茨和他的年幼的听众之间的第一次碰面，数十年以后瓦西安斯基说的话也许有些夸张："这位伟大的伯乐首先发现了康德伟大而罕见的天赋，并且开发了这种别人还没有发现的天才，没有他的发现，这样的天才也许就被埋没了。康德能成为他所成为的人要归功于舒尔茨；而学术界由于康德的教育而获得的东西也要归功于舒尔茨。"保存下来的可靠记载是，康德后来"发自内心地高度评价舒尔茨，希望为他竖立一座让人敬仰的纪念碑"。

舒尔茨至少不否认，这位母亲有理由为儿子的洞察力和理解力感到自豪。这个瘦弱的孩子显然很有天赋，完全可以进入正规的小学。德高望重的舒尔茨常去拜访萨特勒胡同这个俭朴的手工业者家庭，劝说康德的父母为其儿子将来上大学作准备。对此，他推荐了一所更好的学校。这个建议正符合母亲想要儿子成为一个聪明而虔诚的人这样一个深切愿望，父亲也非常愿意拿出微薄的收入，为儿子接受更好的学校教育支付必要的费用。

于是，1732年复活节，8岁的伊曼努尔进入了与舒尔茨关系良好的腓特烈学校。一年后，舒尔茨成为该校校长，因而能够近距离地关注和影响自己这个弟子的发展。虽然孩子满10

第一章　我已经给自己选择了道路

岁才能进入这所民间所谓的"虔诚派学校","因为不满10岁的孩子还不能料理自己的事情,还不灵巧"。孩子们应该学完初等课程,有足够的纪律性,才能遵守课堂的严格规定。不过小康德似乎已经非常成熟,能够提前进入腓特烈学校。在以后的8年里,这所学校成了他生活的一个点,尽管他仍然住在家里。从此,他每天从北郊出发,步行到坐落在市中心的学校,需要走一大段路,经普雷格尔河旁的关卡,穿过格律恩桥,然后沿着酒肆胡同及其两旁漂亮的穹形房屋向前,绕过王宫到达通往十字城门的法兰西大街,学校就在附近。尤其是在寒风刺骨的冬季,清晨的道路上没有阳光的照耀,世界似乎因彻骨寒冷而即将爆裂,这对伊曼努尔上学的兴趣是一个严峻的考验。

腓特烈学校

虔诚派高级中学曾为普鲁士的教育事业起过重要作用,它的名字是由纪念它的创建史而来的。事情是这样的,林木大臣泰奥多尔·盖尔在一次公务旅行中结识了两位声望卓著的虔诚派人士菲利浦·雅各布·施朋纳（1635—1705）和奥古斯特·赫尔曼·弗兰克（1663—1727）。他由于1691年马太纪念日的一次顿悟，已经成为一位狂热的基督徒。当时给他留下了深刻印象的是弗兰克在萨勒河畔哈雷的教育构想和设施，而盖尔也想在柯尼斯堡创办这样的事业。1698年8月11日，他在自己的家中创办了一所小型的私人学校，以讲授圣经的课程为主，以文化技能方面的实用课程，如读书和写字、缝纫和绣花等为辅。这所学校的目标是为大众授课——据说穷人也可以去听课，它的座右铭"虔敬是一切德行的根源"得到了虔诚主义虔敬这种新精神的证实。虔诚的信仰是一切美德的基础。对此，康德后来的伦理学读来仿佛是一种批判的回归："道德必须先行，神学紧随其后。"

腓特烈一世

第一章　我已经给自己选择了道路

勃兰登堡选帝侯腓特烈三世于1701年初来到柯尼斯堡，以便于1月18日以巴洛克式的奢华在此地加冕为普鲁士国王，称腓特烈一世，并将普鲁士公国升格为王国。盖尔利用了这一有利的时机。他直接给新国王递交了一份呈文，受到了很好的礼遇。盖尔的私人学校取得了"王室学校"的头衔，并自1703年5月10日起正式起用那个光荣的名字："腓特烈学校"。

当伊曼努尔·康德1732年进入腓特烈学校时，他那无拘无束的生活方式永远成了过去。由于父母的教育和关心，他已经认识到，人虽然不能中断通过婴儿的第一声啼哭所表达的天生对自由的向往，却也必须被引向建立社会共同生活的轨道。孩子必须学会听话，因为"孩子通过哭叫来发号施令，强者服从弱者，都是非自然的"。现在还得再加上学校的纪律、训练和教化。

在这方面，首先值得注意的是，康德对这段学生时代的回忆虽然保存下来的很少，但从中却可以看出，他对自己从一开始就陷入的那种矛盾记忆犹新。

学校教育的约束和人对自由的向往之间是很难调和的。对此，腓特烈学校看来无论如何不是个理想的地方。有意思的是，康德对学生时代的解释是矛盾的，有好的方面，也有不好的方面。但是，最初他只可能通过哭叫发泄自己的不满，而学生时代的康德已经具备足够的反思能力，去找出矛盾的有趣的一面。他后来每当想起早年遭受的痛苦，不禁哑然失笑。他有一次对自己过去的同学约翰·孔德（后来留校当老师）说："这些先生大概无法在我们身上点燃学习哲学或数学的火花！"

而严肃的孔德回答说:"他们也许只想将之吹熄、扑灭。"

幽默作家、普鲁士王室秘密军事委员会委员、柯尼斯堡警察局局长和市长泰奥多尔·哥特利布·冯·希波尔后来在《自传》中对当时的哲学教授康德作了描述。他说,如果孩子不再在他们善良父母的照料下生活,而是落入了"爱钱如命的"教师手中,那么,他们就会受到非人的虐待。"康德先生也充分感觉到了孩子们所受的虐待,尽管他当时仍然住在父母家中,并且上的是一所公共学校,即当时所谓的虔诚派的寄宿学校——腓特烈中学;他后来常常说,每当回想起少年时代受到的那种奴役,他就会感到极为恐惧和不安。"对于这些话,我们没有必要太认真。但如果说奴役生活是指:一个人已经具有自决的能力,却仍要完全受制于严格的外在决定,那么,说这么尖刻的话也许是贴切的。因为,腓特烈中学有"一套管理规则管制着敢于自己思考的"年轻人。伊曼努尔在该校老师的管教下度过的8年是异常辛苦的,每天早上7点到下午4点,一周6天,没有假日。他在这所虔诚派学校能够学习的几乎一切东西都指向这样一个目的:"将人的肉体从其精神的腐败中拯救出来,从少年时代起就将正直诚实的基督教信仰植入人的心中。"孩子们学习作为拯救规则的基督教教义问答,并且必须铭记大量虔诚的箴言和圣经故事。这种机械的虔诚同其父母安宁而快乐的虔诚之间有多少关系呢!哪怕希伯来语、希腊语和拉丁语这些语言课程也是按照使人虔诚这个宗教目标设置的。这里几乎不讲授自然知识,没有物理课和化学课,历史课和地理课也是形同虚设,而逻辑学、数学和哲学由老师作演示,他

第一章 我已经给自己选择了道路

们扼杀了所有孩子的兴趣。因此，几十年后，当康德看到老校友达维德·鲁恩肯于 1771 年 3 月 10 日在《赞康德》中所说的话，也许不会表示反对吧："恰好是 30 年前，我们在那些偏执狂的虽然死板、沉闷，但实用、并非卑鄙的管教下呻吟。"

另一方面，不能忽视的是，少年时期遭受的这种奴役也有积极的一面。拉丁语课程是必修课，它就这样使这位非常勤奋好学的学生熟悉了罗马古典作家，"他一直对这些古典作家怀着刻骨铭心的爱"。直到晚年，他还能轻松地大段背诵那些当年他非常喜爱的拉丁诗人、演说家、历史学家的原著。拉丁文老师海登莱希一定是一位非常出色的教育家，为他的所有学生所尊敬和爱戴。康德甚至在老年时想起海登莱希仍然满怀敬意，"因为他在课堂上有时会给弟子们讲授各种知识和正确的概念"。

这位早已从母亲那里知道天体结构的年轻中学生给人的印象，通过早在 1718 年就已设立在教学楼顶的一个小而简陋的"观测台"上的望远镜也可以一瞥。这是柯尼斯堡第一台这种样式的望远镜，一直到 1793 年还是唯一的一台，并且它的设立不无宗教含义。因为在天空清澈的早晨或傍晚，学生们可以在这里观察日月星辰，同时据说还可以一瞥造物主的智慧和善心。

最后，我们不能忘记的是，学生时代的康德在腓特烈学校同达维德·鲁恩肯和约翰·孔德成了矢志不渝的好友。这三个人都属于最用功的学生，形成了三巨头，都梦想自己能成为著名的学者。他们草拟了大量文学作品的提纲，打算以自己的拉

■ 康德的世界

柯尼斯堡大学康德铜像

丁文名字康德乌斯、孔德乌斯、鲁恩肯尼乌斯发表。他们还在课余时间一起阅读古典作家的作品,"而且都是最好的版本,这些书籍都是由最富有的鲁恩肯出钱购买"。

康德挺过了学校的奴役。他学到的知识,足以在16岁的时候进入阿尔伯特大学,搬出父母家。他只有很少的钱供支配。早在18世纪30年代,他父亲的生意就越来越糟糕,尤其是鞍具匠和皮革匠之间的经济斗争把勤劳的手工业者约翰·格奥尔格·康德弄得一贫如洗。因为鞍具匠也可以制造皮带,而皮革匠则不允许制造马鞍。在争夺同一些顾客的斗争中,可以预料哪一方肯定会失败。此外,伊曼努尔的母亲于1737年12

第一章 我已经给自己选择了道路

月18日去世,所有养育子女的重担都落到了父亲的肩上。

伊曼努尔·康德于1740年9月24日成为阿尔伯特大学的学生。这是东普鲁士唯一一所大学,始建于1544年,主要是为了给这个边远的新教地区培养所必需的教师和传教士。这个刚刚注册的大学生没有申请奖学金,因为他想保持自己经济上的独立。他不愿意欠国家的钱,甚至他的学费也是自己掏的腰包。随后的几年他的生活非常节俭,用很少的钱勉强应付生活,而这仅有的钱还是他靠辅导同学挣来的。咖啡、面包和衣服是经济情况较好的朋友资助的。他的一个舅舅,鞋匠师傅李希特尔有时也帮助外甥摆脱困境。康德和最好的朋友约翰·亨利希·弗勒默在一间简陋的寝室合住了很久。两人经常去打台球,这不仅是康德最喜欢的休息方式,而且还很能挣钱。这位年轻的大学生是一位极懂技巧的玩家,很少有输的时候。

伊曼努尔·康德注册了哪个专业,相关记录没有保存下来。注册簿中他的名下没有通常的记录。不管是神学系、医学系还是法学系这些高级系的名单中都没有他的名字。而他又没有在低级的哲学系注册,因为哲学虽然对学习高级学科能提供某种指导,却不能当主科修。国王腓特烈-威廉一世感兴趣的是国家官员,而不是自由思想者,他于1735年10月25日的敕令中明确禁止说:"学生只想学习哲学或哲学的一个分支,这种托词是不能接受的;相反,每个学生都应该选择一个高级系,并且至少应当从这个系那里获益。"

不过,国王的这个敕令对大学的自由仅仅产生了很小的影响。因为,大学学习不同于纪律严明的中学学习,是完全不受约束的。这里既没有学习条例，也没有最少学习时间的规定，而颁发正式的毕业证书也仅仅是一个例外。（直到1770年才制订教学计划，其中规定在上述三个高级系中的一个系学习六个学期的专业课，在哲学系学习一年基础课。）对于所有初学者来说，只有逻辑学和形而上学是必修课，由专门的教授讲授，讲授这门课程的是约翰·达维德·基普金（1692—1758）。他也是神学系的第四个教授。在这种情况下，康德选定了自己的专业，并且朝着自己设定的方向发展。他认为大学是与他自由地自我决定这个愿望最相符的地方。阿尔伯特大学是他生活的中心。

康德正式注册的可能是神学系，但是，从康德的大学学友、年事已高的克里斯托夫·弗里德里希·海尔斯贝格1804年4月17日给正在为撰写追忆康德悼词而搜集材料的哲学系主任的一封长信中可以看出，他绝不是"神学系名列前茅的学生"。海尔斯贝格提供了关于康德在阿尔伯特大学那几年的学习情况的极为重要的资料。这里，尤其值得注意的是，他在信中写道，康德很早就劝告他和弗勒默："人必须毫无例外地从一切科学中汲取知识，甚至包括神学，哪怕不能以此谋生。"

可见，康德是不想成为神学家，以便做传教士、牧师或神学老师谋生的。他在当时就"放弃了神职阶层可以享受的待遇，因为他不喜欢虔诚主义"。不过，这并不妨碍他定期去听弗兰茨·阿尔伯特·舒尔茨的神学讲座。他同母亲已经参加过舒尔茨主持的祈祷和圣经课，而且舒尔茨作为腓特烈中学校长还是他的第一位启蒙老师。远离中学时期必须长期容忍的虔诚

第一章　我已经给自己选择了道路

主义的公式化教育，与现在这位大学生对神学教授弗兰茨·阿尔伯特·舒尔茨博士的《教义学》表现出浓厚兴趣，这二者其实并不矛盾。据说康德听舒尔茨博学的讲座"从不间断"，康德非常关注舒尔茨搭建的虔诚主义和克里斯蒂安·沃尔夫的启蒙哲学之间的特殊联系。沃尔夫自己也经常说："如果说有哪个人理解我，那就是柯尼斯堡的舒尔茨。"

海尔斯贝格记述了舒尔茨和他早先的弟子们之间的一次意味深长的会面。康德同弗勒默（他想成为一位法官）和海尔斯贝格（他还没有想好，正在等待运气和机会）一起拜访了这位神学教授。教授问他们三人："你们究竟为什么要听神学课（我没有弄错的话，这是教义学）？"康德回答说："出于求知欲。"对此，舒尔茨没有提出任何异议，而是说，如果以后有需要，他愿意为三巨头提供帮助。

除了神学教义学，康德想学的知识主要是数学、哲学和拉丁文古典作品。他"首先"学习的可能是"希腊和拉丁语言文学"。他中学时代一知半解的自然科学现在也开始使他着迷，虽然这时他还没有遇到最好的老师。从教会监理会成员约翰·哥特弗里德·特斯克那里，他学到了理论物理学和实验物理学的基本知识，从编外讲师克里斯蒂安·弗里德里希·阿蒙（据说后来成了半瓶子醋的行家）那里，他对高等数学有了少许认识。

不能预见，他的求知欲这么强，什么专业都学，并且不考虑今后的职业，结果究竟会怎么样。未来是个未知数。这时，对这位未来的哲学家而言，发生了影响命运的第二次会面。

> 康德的世界

1731年他认识了舒尔茨，后者发现了这个小男子汉的巨大的天赋。10年后，康德作为自由选择专业的大学生遇到了由舒尔茨聘任的阿尔伯特大学逻辑学和形而上学编外教授马丁·克努岑。"他认为克努岑是所有教师中最好的。而克努岑为他和众多学生指明了道路，在这条道路上，他们不会人云亦云，而是有朝一日能成为独立的思想家。"在这种情况下，即使说克努岑发现了一个"天才"，也毫不为过。因为克努岑不仅是"康德特别依赖的"大学教师——"康德听他的哲学课和数学课从不间断"，而且还是"能促进康德的天赋"的唯一教师。

这位马丁·克努岑是谁呢？他1713年12月14日生于柯尼斯堡，1751年1月29日卒于柯尼斯堡，年仅37岁。由于过度紧张的研究和教学工作，他的所有精力都消耗殆尽了。克努岑的天赋也是舒尔茨发现的，他曾是舒尔茨在阿尔伯特大学的学生。1733年他已经获得"哲学硕士学位"，一年后被舒尔茨聘为逻辑学和形而上学编外教授。舒尔茨首先感到欣喜的是，他的学生同他一样，是一位坚定的虔诚主义者，同时又是克里斯蒂安·沃尔夫哲学的批判的拥护者。舒尔茨认为，明确的原则、清晰的概念、以经验为依据的判断论证以及严密的逻辑推理，是理性思维的哲学准则。克努岑自己也遵循这个准则，比如，他1739—1740年在《柯尼斯堡知识报》上发表的一组通俗文章中认为，"根据数学原理，从不容置疑的理性根据出发"，可以为基督教的真理提供哲学证明。

当克努岑集中精力研究数学—自然科学理论时，他的明晰的理智较之在证明上帝存在时发挥了更大的作用。克努岑是柯尼斯堡大学教师中唯一"代表欧洲一般科学观念的"人。逻辑学—哲学的思考、数学的证明以及博物学的研究结合在一起，成了给年轻的大学生康德留下了深刻印象的一种知识形式。因此，他不仅连续去听克努岑的讲座和辩论课，而且还同这位仅比他年长11岁的教授建立了私人关系。他经常去克努岑家里拜访，在这里的经历鼓舞了他的一生。因为通过克努岑，他对星空有了新的认识，这种认识将他孩提时代的好奇变成了对自然哲学知识的兴趣。如果说母亲启迪了他的心灵，那么现在他的理智也受到了挑战。康德自己后来作为星空系统理论提出的以及同时在自然历史方面推导出来的东西，都是由克努岑那儿得来的。1744年1月发生的不同寻常的事件在这方面起了关键作用。

5. 崭露头角的天才

"使康德的天才在克努岑的引导下得以展现，并产生精彩的《天体自然史》一书中所阐述的创新思想，是1744年的彗星，为此克努岑还出版了一本书。"事情是这样的，在1743—1744之交的寒冷冬天，一颗巨大的彗星拖着它的六根巨大的相互追逐的尾巴穿过柯尼斯堡的夜空，这似乎可以证明克努岑早在1737发表的《关于1736年为何没有等到彗星的解释》中所作的预言。人们第一次观察到这颗彗星是在1698年。克努岑根据天文学的观察和计算以及牛顿的假说——所有彗星都是我们太阳系周期性环绕的成员——预测这颗彗星重现的时间是1744年。现在，当这一夜景奇观真的出现时，人们便想起了克努岑的预测。1月18日,克努岑邀请资助人、朋友和学生一起通过他在自家设置的牛顿反射望远镜来观看这一景象。他的得意门生康德可能是这些夜空观察者之一。康德可能还兴致勃勃地阅读了克努岑1744年出版的《对彗星的理性思考,包括对它的运动的性质、状态以及方式和原因的观察和说明》。

晚年的牛顿,詹姆斯·桑希尔(James Thornhill)作于1712年,原作藏于英国林肯郡的伍尔索普庄园(Woolsthorpe Manor, Lincolnshire)里。

虽然不久就证实克努岑搞错了,1744年出现的彗星不是1698年出现的那一颗彗星。但这表面的成功并没有减弱康德对

第一章　我已经给自己选择了道路

天体自然哲学观察的兴趣，正如克努岑在《对彗星的理性思考》一书的第一章已经从物理—神学的角度所写的，天体观察同时是"通过对造物主伟大作品的更进一步认识，对我们充满无限智慧的造物主的高度颂扬"。

当然，康德的天才在克努岑的引导下得以展现，不仅是因为他头顶上空的彗星。克努岑多次私下传授给学生的天体力学知识早已激起了康德对天体的观察的兴趣。但是，所有这些激励对这位青年学生的意义与一本书相比，都黯然失色。因为克努岑"特地将牛顿的著作借给他，而康德对克努岑精彩且丰富的藏书室中的所有书籍几乎都感兴趣。这一点推动了他的研究，他很快就超过了自己的老师"。他的哲学兴趣和读书经历是相辅相成的，而读书经历对他后来的精神发展起到了重要作用。

克努岑首先借给康德的是伊萨克·牛顿1687年出版的《自然哲学的数学原理》，让他自学。这本书想必引起了一场真正的认识革命。这本书仅仅是标题就已经在奋斗目标上同康德自己的观点相一致。正如史蒂芬·霍金的赞叹："它很可能是当时出版的由一个人独立撰写的物理学著作中最重要的一本。"它在科学史上，第一次成功地满足了数学计算的需求，同时又符合因果解释的愿望。牛顿的《自然哲学的数学原理》从物理学上解释了太阳系一切行星的运动现象，并且同时对这些现象进行了数学计算。推论的数学方法证明，这不仅是对宇宙作出的另外一种可能的假设。在数学运算中，牛顿的自然哲学提出了一种实在的真理要求，这个要求超越了在此以前作为多少带有合理性的思想体系而确立的一切。

此外,牛顿遵循严格的科学方法,制定了明确的哲学研究的原则。他不是仅仅集中精力研究认识主体的自我反思,而是想研究自然的客观现实性。为此,他开始根据经验进行"推论"。他的出发点不是纯粹理性的最高原则,而是探求单个现象发生的真实原因。牛顿还特别着重提出了当时谁都无法回避的形而上学问题:如果整个宇宙能够按照纯粹自然科学的原则进行研究和解释,那么上帝和灵魂的存在又如何呢?

为了领会康德对世俗智慧熊熊燃起的初恋之火,必须简要地介绍他从克努岑的私人藏书室借阅的第二本书。这本书使他认识到:如果他想回答自己感兴趣的问题,那么,他就必须参

莱布尼茨像

第一章　我已经给自己选择了道路

与极为复杂的论争。哲学不只是用一个声音说话。当时的最伟大的思想家都参与到争论中来，似乎无法确定谁是胜利者，因为没有辩论双方都适用的判断原则。这个道理是康德在专心阅读了赛米尔·克拉克同哥特弗里德·威廉·莱布尼茨1715—1716年间的通信以后认识到的。他们的通信可能是欧洲思想史上最富思想的通信，其中涉及一位公主和三位哲学家。

威尔士公主卡洛琳，父姓威廉明娜·夏洛蒂·冯·安斯巴赫公主，1705年起成为汉诺威王子格奥尔格（后来的英国国王，称乔治二世）的夫人。她于1715年11月在伦敦收到了一封奇怪的信。这是欧洲重要的德国大哲学家、大学者哥特弗里德·威廉·莱布尼茨男爵从汉诺威写给她的，说他非常担忧，他觉得在英国，不仅基督教而且连自然宗教都极度衰退。"许多人将灵魂变为物质，另一些人将上帝本身变为物质存在物。"尤其是牛顿及其追随者，对上帝持奇怪的看法，有损宗教的基础。莱布尼茨和牛顿不是朋友，两人已经就剽窃的问题争吵得筋疲力尽。这一点虽然已经流传开来，但是，伊萨克·牛顿先生在英国被视为当时最伟大的人物和英国精神生活中最著名的代表。公主感觉自己突然遇到了一个棘手的难题。为了辨清是非，她请宫廷传教士、激进的无神论反对者赛米尔·克拉克来回答这个问题，因为克拉克非常熟悉牛顿及其著作。这样，克拉克便开始了与莱布尼茨的通信，在通信中，卡洛琳公主是调解人，牛顿是不出面的提台词的人。通信变得越来越长、越来越复杂，内容涉及上帝和宇宙。

争论的焦点是"自然哲学原理和宗教"，在争论中，莱布尼茨的理性主义体系哲学为一方，牛顿的实在主义的实验自然哲学为另一方。值得注意的是，这里提到的几乎所有问题，康德后来都曾试图寻找答案。在这里，他还第一次遇到了认识论的基本问题：空间、时间和运动是像牛顿实在主义的假设那样，客观、绝对并且似乎"自为"地存在，还是像莱布尼茨设想的那样，纯粹是认识主体的理想的、想象中的方案，根据这些方案只能使运动物体的相对顺序得到并列的（空间）或相继的（时间）系统化和合理化。

当然，这位20岁的大学生还不想介入这些问题。在克努岑的指导下，他集中精力研究在牛顿的实在主义和莱布尼茨的理性主义之间的争论中起着重要作用的一个特殊方面。1744年这位年轻的哲学家开始认真思考正确测量"活的力"这个问题，莱布尼茨和牛顿/克拉克围绕这个问题曾经展开激烈的争论。康德的父亲体力越来越不支，而他在撰写自己的第一部著作，1746年，他父亲逝世后不久，他将著作提交哲学系审查。严格地说，这不是一本学术著作。康德的大学学习方式太独特，以致不能把这部著作当做学习课程规定的毕业论文。这是一个遵循自己的智力发展道路的自由思想者的处女作，他大胆将自己的著作交"给全世界的人去评判"。当然，他不得不等待了三年，直到1749年这部著作才得以出版，这部著作的标题是《关于活的力的正确测算的思考以及对冯·莱布尼茨先生和其他力学家在这一有争论的问题上所使用的证据的评判，还包括一些主要涉及物体的力的先行性考察。伊曼努尔·康德著》。这本书使他一举成名。

第一章 我已经给自己选择了道路

首先，这似乎是一个需要在数学—自然科学方面解决的问题。怎样测量和计算物体的质量（产品的密度和广延）、速度和运动力之间的关系？这三个量之间有什么样的合乎规律的关系？然而，质量和速度很容易测量，而"运动力"的概念则是引起自然哲学混乱的问题。当时最伟大的思想家们为作出令人信服的解释而争论不休。而年轻的哲学系大学生伊曼努尔·康德认为，可以断定，在这个问题上，所有的人都错了。相反，他相信自己的解决办法，并且自负地对自我意识的要求作了补充："我不敢为这个思想辩护，可我也不想抛弃它。"

围绕力的正确测量的争论首先是由这个重要概念的多义性引起的。以经验为指导的实在主义者牛顿认为，力是"动力"（推动、冲撞、挤压），它从外部对运动的物体产生作用，并且引起这个物体在毫无阻力的真空中直线的、同一的运动。他对力的计算同笛卡尔的公式 $K = m \cdot v$ 一样，即质量乘以速度。相反，形而上学的理性主义者莱布尼茨否认真空，认为宇宙充满着有一定密度的物质。他将力看做是作用力（本能、欲望、能力），存在于一切自然物体本身；不管是静止的物体的"死的力"，还是"活的力"，只要它是运动的，并能克服运动中遇到的空气、水、沙子或其他物质的外在阻力。莱布尼茨断言，这种动能的力正确的测量公式是 $K = m \cdot v^2$，即质量乘以速度的平方。

康德对这场争论的评判，今天读起来仍像是一种哲学研究，在此，他第一次显示了自己的批判天才。为了能够找到这个问题的答案，康德首先不得不反思自己的地位。身为大学尚未毕业而又毫无名气的年轻作者，他居然驳斥或指责最知名的思想家的思想，这难道不是狂妄至极？这个学生有什么权利把认知大师作为对手提出挑战，并说"自己的思想最好"？康德的回答已经表明，作为哲学家，他已经计划好走什么样的道路。他自认为是一个利用自己的独特理智的自由的思想家。在追寻真正的认识的道路上，他不想依靠任何权威。因为不管多么伟大的科学家和哲学家都可能犯错误。人类理智的失误、犯错或盲从在任何一个时代都存在，而且将来还会存在。有鉴于此，将自己看做"低级学者"的康德在某些问题上同那些知识面远远超过自己的思想巨人进行较量，就不仅是被允许的，而且是批判理性的标志。在知识领域，算数的是更好的论证，而不是更高的地位。

为了成功地进行自己的批判研究，康德双管齐下。他查找他的受到高度评价的对手在论证方面的不足之处，揭示其错误，并设法驳斥他们的猜想；但同时也承认他们在认识方面已经取得的成就。他不是从头开始，而是寻找他认为争论双方都是正确的地方。他一方面依靠牛顿和笛卡尔派，在利用数学计算从外部使物体运动起来的力时，就采用牛顿的测量公式：$K = m \cdot v$；但另一方面，在内力的问题上，就得遵循莱布尼茨及其追随者。内力一旦被激活，它就能够超越对其外部因素的测量，自行增大。但莱布尼茨的测量公式 $K = m \cdot v^2$ 很可能因偏激的理解而失效。也就是说，康德相信自己已经认识到，"自然物体"的活的力在原则上可以摆脱那种可计算的"数学物体"所受到的干预。它的特性根本不能用力学和数学方法进行评价。年轻的自然哲学家认为,"活的力完全被排除在数学管辖范围以外"。这个思想在这里是第一次出现,康德后来在重要的自然哲学著作以及最后的遗著中又作了发挥。因而产生了一种超越任何可能的机械论自然科学范围的生命哲学。

康德穿越形而上学的自然哲学和数学化的自然科学这个"迷宫",经过漫长而艰难的航程才获得的对这个问题的解决,仅仅是一种表面的解决吗?他的《关于活的力的正确测算的思考》首先读起来仿佛是纯粹虚构的量的宣言。他在书中认为,所谓活的力就是内在的能力。这种能力可以通过激活从死寂状态运动起来,并可以毫无阻力地获得并提升到无限。数学原则上不能计算的自然力应该是什么样的?

康德知道,他的思想已经远远超出自然科学的稳固基础。他既不参与受到检验的观察和实验,也不利用数学上合乎逻辑的论证方法。莱布尼茨1695年在《动力学范例》中首先将它解释为自然物体的值得赞赏的内在本质的作用(死的或活的)力,把康德吸引到了形而上学这个有分歧的领域。难道康德已经预感到这种"力"只是在科学力学发展史上不可能发挥任何作用的神秘的、唯灵论的现象?无论如何,他欢欣鼓舞地冲进了形而上学观念这个他能自由发挥创造性想象力的异常危险的战场。在这里,他的思想发现了那些直到逝世都一直吸引着他的重大问题。这些问题在形而上学上很难作出解释,年轻的自然哲学家容忍了这一点。当然,他的《关于活的力的正确测算的思考》第19节读起来仿佛是对自己提出的警告,这一节已经简述了康德对理论理性的伟大批判的关键内容，也就是要为清楚而明确的思想划定界限，以免陷入形而上学的荒诞无稽的梦幻。"我们的形而上学与其他很多科学一样，实际上还没有迈过最基本的认识的门槛；天知道何时能迈过这道门槛。"有人虽然很想掌握伟大的世俗智慧，却总是浅尝辄止；有人甘愿受无拘无束的思考所引诱，而不对知识作真正实事求是的论证。

康德的《关于活的力的正确测算的思考》付排三年以后，即1749年夏最终面市以后，他很自豪，立即于8月23日给一家文化杂志的撰稿人寄去一本，请他为自己的处女作撰写评论，并顺便指出，他的《关于活的力的正确测算的思考》终于可以"唤醒似乎一直昏睡于解决这个问题的憧憬中的"德国自然哲学"最终解决它的这个问题"。

同一天，他又给著名的数学家和物理学家莱昂哈德·欧拉寄了一本。后者由腓特烈二世聘任到柏林科学院，1744年起主持科学院的数学部。随书一起寄去的一封信可能是康德最早的手稿。在这封信中，年轻的哲学家一方面感到自豪，另一方面犹犹豫豫地进行自我评价。这不单是出于一般的礼貌。康德似乎不敢肯定，他的著作在这位研究大家和思想家的眼中是否是一流的。康德非常钦佩此人的洞察力，认为他与其他所有数学家和物理学家相比，更有能力解决力的测算这个复杂的问题。因为欧拉是高等数学领域最著名的权威，他善于将高等数学同时运用于一切可能的自然现象。此外，他1736年就出版了《物体运动分析力学》，1744年又出版了《天体运动理论》。康德冒昧地恭请这位"出身高贵的先生、博学而闻名遐迩的教授先生、极其尊敬的先生……对这些粗浅的想法作出恰当的、明确的评价。"只有当欧拉作出了评价,康德才会对自己的著作"有几分敬重"。这封信于"1749年8月23日写于普鲁士因斯特堡后的尤德申村"。

康德的处女作是出版界的一次失败。他关于活的力的形而上学的梦与他对他自身精神力量的强烈的自我意识结合在一起,而没有得到世人的肯定。对于学者们关于力的测算的争论,读者感兴趣的不是形而上的思辨,而是数学的和物理学的令人信服的解决方法。在这方面,法国数学家和物理学家让·勒龙·达朗贝尔已经于1743年在《论动力学》一书中提出了一种构想。这一构想在自然科学方面达到的水平是康德的处女作无法比拟的。康德的处女作是失败的,因为形而上学的想象取代了物理学的基本概念,对于形而上学的想象而言,不可能存在切合实际的论据和数学论证的方法。年轻的哲学家和作家戈特霍尔德·埃夫莱姆·莱辛认为,康德的想法仅仅是"智力王国里的新玩意,1751年6月",他为此还充满嘲讽地赋诗一首:

> 康德想研究世界,
> 这可是一件难事,
> 他想测量活的力,
> 却不估量一下自己。

当然，只要看到康德处女作的传记意义，这种异议也就无关紧要。康德一开始就认为这比从数学、物理学方面去寻求问题的解决更重要。他在《关于活的力的正确测算的思考》中无意识地表达的双重意义就证明了这一点。在对力的正确测量这场争论背后是对生命力的高度估量。如果一个人想坚定地走在自己为自己选定的、没有什么可以阻碍得了的独特的人生道路上，那么，他就必须具有这种生命力。它比对运动力的测量更重要。因为要测算运动力，只需要考虑在数学上可计算的速度、质量和时间三个要素。

"自由运动"和"活化"（Lebendig werdung）这两个重要概念不仅提醒我们注意康德的《关于活的力的正确测算的思考》的存在论层面，康德曾经表示，无论是抽象的力学还是数学都无法解释和运用这两个概念；该书的第5节到第二章还远远超越了所争论的问题，提出了数学家和物理学家做梦也不敢想的问题：只能引起运动的有形体的物质如何能作用于人的灵魂，并在这个内心的舞台激发想象力？反过来说，难道灵魂也有力，它通过这些力，作用于身体，使之从内部开始运动吗？甚至干脆问，难道想象的事物就不能够存在吗，难道它们不能存在于物质世界的任何地方吗？可能存在不止一个世界，也确实存在许多个可能的世界，想象力可以进入这些世界，难道这一切在形而上学上不是真实的吗？康德就这些问题所提出的想法太模糊，无法进行更详细的说明。但是这已经预示康德今后想要走的道路："这些想法可能是我将来要进行的考察的提纲。但是我不能否认，我是怎么想就怎么说的，而没有设法通过深入的研究给出一个确切的回答。"

如果像老年康德所说的,"天才"是与生俱来的资质,在自由创造的想象力中有自己的基础,那么,康德生命中的第一个阶段可以看做他的天才的展现。他母亲就非常赞赏热爱自由的小男子汉的洞察力和理解力。弗兰茨·阿尔伯特·舒尔茨发现了这个小学生的超凡的天赋,也感觉到他是天才。少年时期在腓特烈中学所受到的奴役虽然差一点扑灭求知欲之火星,从他后来的批判,即《1788—1789 年冬季学期讲演录,遗稿》中所作的批判中可以看到:"这里很少有天才,这大概要归咎于学校,甚至还有政府。强制、机械论和一大套准则控制着学校,剥夺了人们自我思考的所有勇气,并且埋没了天才。"不过,在大学里,康德对自然哲学的热情得以再次发挥。在马丁·克努岑的指导下,他的天才得到了展现,而牛顿、莱布尼茨、克拉克、沃尔夫以及克努岑等人的丰富著作为他奠定了基础知识,世俗智慧的广阔领域展现在他面前,1744 年他勇敢迈入了这个领域。他肆无忌惮地"驳斥伟大的人物"。因为这位年轻的柯尼斯堡大学生敢于"将牛顿和莱布尼茨的权威视为粪土,如果这种权威有碍于真理的发现!除了理智的牵引,他不服从任何其他人的劝说"。他还援引他喜欢的一位罗马古典作家来支持自己迈出的勇敢一步。他从塞涅卡的著作《论幸福生活》中引用了一段名言:"最需要遵循的是,我们不要按照牲畜的习惯追随前面的牲畜,不要重蹈前人的覆辙,而要走你所应该走的路。"这段名言不仅是他的处女作的引子,而且表达了他追求自由而幸福的生活的准则。

天才虽然不受现有规则的限制，能够由自身出发自由地思考和行动，走自己独特的道路，但也需要钱维持生计。康德的父亲于1746年逝世，整理完双亲的遗物，他没有得到多少收获，而且他还要照料弟弟妹妹们。可怜的康德怎么办呢？他正式的学业还没有完成，除了当家庭教师，别无选择。这不仅是由于自己的物质条件，而且由于东普鲁士的经济条件和当地的社会状况。因为当地的很多贵族地主和其他一些名门望族都需要请"家庭教师"。于是，1748年康德开始首先为因斯特堡和古姆宾嫩之间的尤德申小村的丹尼尔·安德施牧师服务，之后，他给柯尼斯堡南部的大阿恩斯多夫村的小冯·许尔森先生授课。他在这里度过了6年，直到1754年才回到柯尼斯堡。

康德存了一些钱，以便日后在家乡重新找一份与自己的兴趣和能力更加相符的工作。因为他对自己教育儿童的能力很不自信，他感觉人们对他的要求偏低，他反复解释说，他永远学不会"有针对性地研究孩子，设身处地地理解他们的想法"这门伟大的艺术。关于他在乡下的生活，他常常喜欢半开玩笑半认真地说"在这个世界上恐怕没有比他更糟糕的家庭教师了"。但除了做家庭教师，他还能做什么更好的事情呢？一个手工业者的儿子，年届三十，酷爱形而上学，既没有家庭的帮助，没有经济的保障，也没有受过实际的教育，没有学术头衔，在这样的情况下，必须想点办法，否则就不能继续走自由选择的道路。

第二章　头顶的星空

贝克尔 1768 年画的康德像之一

晴朗的夜晚，遥望星空对我来说是一种消遣，
这只有高贵的灵魂才能感受得到。
在大自然万籁俱寂、感官歇息的时候，
不朽精神的隐秘的认识能力，
就会说出一种无法名状的语言。

第二章 头顶的星空

1. 康德如何从混沌中重新创造世界

1756年4月8日,伊曼努尔·康德32周岁生日前两周,他致函"最强大的国王"腓特烈二世,想申请一个已经空缺5年的教授职位。因为1751年1月29日,康德的恩师马丁·克努岑因精力完全衰竭而逝世。他是唤醒康德对自然哲学的兴趣并不断加以指导的最重要的人。现在,他的学生觉得自己有足够的能力接替他的职位。虽然这不是编内教授的职位,而只是一个薪资微薄的编外教授职位,而且教学任务却非常繁重,但对于康德来说,这个职位对他仍然具有很大的吸引力,因为他看到,在不久的将来,他多年为之努力奋斗的目标就将实现。

为了成为阿尔伯特大学的教师,他付出了一切努力。"怀着这样的意图",他"选择哲学诸学科作为我研究的主要领域",于是他研究了世俗智慧的各个分支,博物学、形而上学以及逻辑学和数学。正如他强调指出的那样,为了达到自己的伟大奋斗目标,他从不浪费任何时间和机会。他的独特大学道路以《关于活的力的正确测算的思考》一书而告结束。1748—1754年他在东普鲁士的偏僻乡村当了一段时间的家庭教师,以便最终走上在阿尔伯特大学当编外讲师这条充满荆棘的道路,他仿佛立下了贫穷的誓言。

在非常短的时间里,康德就在形式上完成了他所谋职位的学术要求。他递交了两篇论文,并做了公开答辩。递交的第一篇论文是1755年4月他用拉丁文撰写的自然哲学论文《论火》,他在文中阐述了热的质料的实体性理论,试图将热现象

腓特烈二世宴请友人

和光现象解释为一种有活力的以太物质的振动中的波状运动。在物质的动力学理论中,最小的原子微粒的层理和力的关系起到了决定性作用。同年,他又递交了也是用拉丁文撰写的论文《形而上学认识各首要原则的新说明》。他在文中再次认为力的概念对现实性理解非常重要,而现实性理解本身就将人类精神的作用同物质材料的能量结合在一起。最后,康德通知国王陛下,他很快会呈递申请教职必需的第三篇论文。他于1756年3月23日向哲学系递交了这篇《物理的单子论》,并于4月10日进行了答辩。这篇论文从形而上学角度深化了康德在研究自然过程中感兴趣的东西。当问题涉及存在于单子(一切物体的简单的、不可分割的和原始的要素)内部的两种力(相互吸引的力和相互排斥的力，引力和斥力）的理解时，单是超越感觉经验的直接证明的形而上学就能够点亮认识之光。

不过，康德能够交出的不仅仅是这三篇论文，他还发表了几篇表明其能力的习作。他在求职过程中没有强调这些习作的重要意义，但这种谦虚谨慎的态度是掩盖不了这个年轻老师的自我意识的。他至少在柯尼斯堡已经成为一个公众人物，他在基普金教授家所作的讲座（他也住在这里）吸引了无数的听众。他们在他那里不是学习哲学，而是学习如何进行哲学思考。独立思考，独立研究，自力更生！这是他的受到鼓舞的学生遵循的教学命令。甚至连柯尼斯堡有教养的人士也都喜欢阅读这位年轻的哲学家在《柯尼斯堡问答周报》上发表的有关博物学题目的文章《地球绕轴自转问题研究》或《对地球是否已经衰老的问题的物理学考察》。康德被视为地质学领域的权威，他也想知道 1755 年把里斯本夷为平地的那场可怕的地震的原因。他就这个令人震惊的论题撰写了三篇论文。

这位 32 岁的硕士为自己这些努力完成的哲学方面的习作感到非常自豪。但所有这些习作与年轻人那本天才的著作相比都黯然失色，那就是《一般自然史和天体理论，或根据牛顿原理试论整个宇宙的状态及其力学起源》。这部著作的出版是宇宙学史上的一个历史性事件。

2. 站在伊萨克·牛顿的肩膀上

康德的那本划时代著作主要是在乡下当家庭教师期间撰写的，他于 1754 年把手稿带回柯尼斯堡，打算在冯·约翰·弗里德里希·彼得森的出版社出版。在申请补缺克努岑教授职位的求职书中，他没有专门提及《一般自然史和天体理论》。他当时也许确信腓特烈二世已经知道这本书。因为有朋友建议，而且为了在国王的权威下让其他地方的人就他的《一般自然史和天体理论》展开有益的争论，所以康德一年前就将这部著作献给了国王陛下。

1755年3月14日，康德将他的《一般自然史和天体理论》一书寄给了国王陛下，他知道国王爱好天文学。据说，他把自己归为渺小的小人物，自称是伟大的国王的最忠诚的仆人。他提到自己的"卑微低贱"和"自惭形秽"，但同时他非常希望，"我所冒昧采取的大胆行为将不会被不屑一顾"。康德不仅大胆地将自己的著作寄给腓特烈二世，而且身为东普鲁士乡下的一位没有地位、贫穷而且在柏林名不见经传的哲学家，竟然胆敢将自己的著作献给国王，而且是与近代宇宙学最优秀的专家有着密切联系的国王。这部著作将"推动普鲁士科学院在科学上迎头赶上其他国家"。康德虽然由于极度的谦恭而没有一鸣惊人，但他同时提出了最高的要求。他感觉自己在引领国际天文学。他已经了解了最伟大的天文学家所观测到的、描述的、解释的和在哲学上作出反思的一切东西，进一步阐释了这些东西，并作了形而上学的深入研究。他的如此开阔的眼界，再加上他的无所畏惧的胆识，设计出了一个新的宇宙模型。他勾画出了宇宙及其自然史，并用热情洋溢的语言作了描述。康德确信自己已经完成了一部著作，其中讨论了关于整个宇宙的结构和历史、最高存在物的存在和人的灵魂面对宇宙的无限性的命运等重要论题。康德可以为使自己被载入伟大的宇宙学史册的这部杰作感到自豪。

可见，康德1756年4月6日在申请逻辑学和形而上学编外教授职位时，大概已经有足够的自信了。他的成果已经多于实际必需的。不过，他所处的是一个糟糕的时代，难以满足他的愿望。他的申请如石沉大海，他对此感到失望吗？总之，远在柏林的大学管理部门由于节约经费的原因决定不再补足这个空缺的教授职位。腓特烈二世计划发动一场先发制人的战争，以便在欧洲的政治中取得优势，在当时欧洲的政治中，外交革命和政治力量转移已经列入议事日程。柏林开始紧张备战，国家需要资金，士兵比形而上学者重要得多。对法国、奥地利和俄国的战争将持续7年，整个国家一片荒芜。普鲁士虽然是最末一个，也是最小一个国家，但依然想跻身欧洲大国的行列。但可怜的康德老师不得不再等待14年，才能实现自己的伟大追求。每天坐在讲台后，"用同样的方式重复相似的课程，就像铁匠一直在砧板前面挥舞沉重的铁锤"。

康德的《一般自然史和天体理论》也命运不济，它没有到达国王陛下的手中，加之发行方面也很不顺利，因为出版商和书商彼得森于1755年破产，他的书库被查封。1756年，康德这部著作的少量剩书最终上市销售时，几乎没有引起人们的注意。在18世纪的文献中，很少提到这部著作。约翰·亨利希·兰贝特、弗里德里希·威廉·赫歇尔和皮埃尔-西蒙·拉普拉斯后来得出了同康德类似的看法，但他们对无论是康德根据牛顿定理设计的宇宙模型还是作出的历史重构，似乎一点都不知道。

这部著作没有引起人们的注意，不仅是由于发行方面的原因。康德没有取得严格的自然科学方面的成果，也许也是一个重要的原因。因为他既没有像职业天文学家那样，坚持不懈地观察夜空，越来越深入地了解宇宙，以便绘制更加精确的星空图；他也没有进行准确的计算，以便在数学上掌握天体的运行和宇宙体系；而且他还缺乏一个严谨的观测者的耐性，一个大地测量师或数学家的缜密思维。因此，他在前言中恳求读者予以谅解，请他们不要期待他的论著多么具有"几何学的缜密性和数学的准确性"，这不是没有道理的。那么他究竟写了什么呢？

《一般自然史和天体理论》是自然哲学的重大成就。它让读者看到了"人所能想象得到的最伟大、最值得惊叹的事物"。康德设计了一个无限宇宙的模型。他带领读者一起游历世界历史那无限的深层空间，穿越了深层时间。在这里，新的世界产生，旧的世界毁灭，最初的混沌产生出井然有序的体系，而这些体系又会重新被无尽的深渊所吞噬。康德提出了上帝在这个活跃的世界过程中的作用问题。他试图确定，人类在宇宙秩序这个无限的舞台上能够占据什么位置。这里，他还特别假设了一种高尚的灵魂在晴朗的夜晚全神贯注地观察星空时能够感觉到的享受。康德不是进行科学的观察和复杂的计算，而是满怀激情，带着丰富的想象力进行了一场自然哲学的冒险。为了能够追随康德漫游天空，我们必须了解康德所知道的。那么，他是依据哪些知识和经验为自己的宇宙幻想找到一个确凿根据的呢？

在腓特烈中学所学到的自然知识虽然只起到了微小的作

第二章 头顶的星空

用,但这个生性好奇的学生不放过任何机会,通过天文观察台上的望远镜观察夜空,而他的母亲早已给他留下了对夜空的崇高印象。康德在阿尔伯特大学学习期间力图弥补自己在中学没有学到的自然科学知识。马丁·克努岑教授对他的才华横溢的学生所起的重要作用首先可以说明这一点。通过克努岑的天文学研究,康德从科学上认识了天体。具体证据上面已经提过:克努岑的公众效应,尽管他错误地预测 1698 年出现的彗星会在 1744 年重新出现;他的《对彗星的理性思考》(1744 年);他的反射望远镜,能让他的学生用来观测柯尼斯堡冬季夜空中出现的令人难忘的彗星奇观;他关于宇宙的物理学讲座。需要补充的还有,克努岑组织了一个"物理神学社团",讨论自然和上帝、科学研究和宗教信仰之间的紧张关系,希望自然的物理结构能为上帝的存在提供证明。据说康德也参加了这些讨论。

柯尼斯堡的康德故居外貌,1830 年;右图为该建筑剖面图。

但是,较之牛顿的《自然哲学的数学原理》对康德哲学发展的意义,克努岑的所有这些推动作用都黯然失色。康德的世界就是牛顿的世界。如果康德没有读过牛顿的《自然哲学的数学原理》,那么,在他根据牛顿的原理写作的《一般自然史和天体理论》,以及后来有关认识论的重要著作中,他的哲学研究会是什么样的呢?他关于认识论的重要著作的中心议题是:究竟如何才能达到牛顿式的纯粹自然科学?康德从不怀疑它的绝对正确性。

《自然哲学的数学原理》于 1687 年出版。在这部著作的前两卷中,牛顿阐述了数学,以便从哲学的角度理解物体的运动和产生运动的力。因为他首先认为的一个哲学难题是,根据物体的运动现象推断自然的力,然后从这些力出发,在力学上确定自然的过程。在第三卷《论宇宙的结构》中,牛顿将以前仅仅在数学上表述的内容运用到了"宇宙结构"中,说明了他对我们太阳系内部的天体运动的理解。他将抽象的数学形式具体化为一种宇宙学模型。

宇宙体系中有一种重力在起作用,它使一切天体彼此相互吸引。这个引力(gravis)遵循简单的数学规则,发挥吸引力的作用,并且作用范围是无限的。1684 年,年轻的天文学家埃德蒙·哈雷就拜访了重返剑桥的牛顿,向他提出了一个有奖征答题,答案如果能够得到证明,奖品是一本价值 40 先令的书:有没有一种力能够解释一切天体的运动?它朝向太阳的方向发挥作用,并且它的强弱与它和太阳之间的距离的平方成反比。牛顿的答案是肯定的。他的《自然哲学的数学原理》提供了数学的证明。牛顿采用了公式 $1/r^2$,其中 r 代表运转物体和中心物体之间的距离,从而得以在他的运动力学中识破宇宙体系的结构。因此,围绕太阳运转的行星的运动,围绕行星运转的月

第二章 头顶的星空

亮的运动，太阳系内部的彗星的运动都是可计算的，因而是可以预测的。

牛顿肯定重力确实存在，并且按照他所确定的定律发挥作用。他同时确信，引力是"由于某种原因"产生的，但他还说不出这种原因本身是什么。"对于重力的性质，我还无法根据自然现象作出理论解释，甚至连假设我都还没有想出来。"产生引力的原因还是一个形而上学之谜。物理学家至今都不知道引力的性质是什么，他们只满足于这样的论断，即宇宙中存在这样一种原始的力。牛顿认为，引力的传播速度在无限的空间中是无限快的；与此不同，今天，有人估计存在重力波，它以光速传播，并且作为时空曲率的周期性变化是可测算的。

牛顿1686年5月8日在剑桥大学三一学院写的《致读者前言》中，表达了他的深邃的猜想："一切都可能取决于某种力，通过这种力，物体的粒子由于某种未知的原因要么相互碰撞，在有规则的结构中相互联系，要么彼此躲避，相互逃离。"他把吸引的力和排斥的力看做是这两种互相矛盾的基本的力，对这两种力的研究应该有益于宇宙学理论的完善。

牛顿对他的数学原理的正确性深信不疑。数学原理被运用于自然哲学。他不想臆造任何假说，而是想发现绝对真理。埃德蒙·哈雷在杰出的伊萨克·牛顿的这部伟大著作的导言中以诗作评：

被征服的天宇最深的秘密被揭露，
在遥远的宇宙绕轴旋转的力被认识，

康德的世界

> 他翻开了合着的真理之书。
> 任何俗人都无法靠近上帝。

康德也受到鼓舞,仔细研究《自然哲学的数学原理》使他成了牛顿的追随者。他还是个年轻的大学生时,就站在这个巨人的肩膀上,按照这个巨人提出的原理去探索宇宙。世俗智慧的任何一个领域都没有如此多的真理和确定性。

康德在《一般自然史和天体理论》中,首先概述了牛顿的自然哲学。同他的榜样一样,他也只假设两种力:排斥的力和吸引的力,也称引力。可见,这两种基本的力是"同样确定、同样简单而且也是同样原始的、普遍的"。他首先把牛顿的万有引力誉为"毋庸置疑的自然规律"和"确定无疑的自然现象"。他同样把万有引力的普遍规律 $1/r^2$ 看做是确定无疑的,这个规律一直到最遥远的远方都是有效的。牛顿是康德宇宙学的先知。

康德认为没有理由怀疑伟大的世俗智慧的永恒真理。此外,康德承认,牛顿哲学研究的第一定律是使他少走弯路、不醉心于臆造、指导认识的明灯:"除了引力和斥力,再没有什么自然事物的原因能够作为论证的基础,它们是真实的,并且能够解释自身的现象。"因为自然本身不会给出过多的原因,这是一种奢侈。只有坚持这种主导思想的人才能在物质宇宙的明显的解体和消亡中发现美好而有序的整体。只有根据牛顿定理去论证,才能认识到,宇宙大厦是井然有序的,而它的自然的"论证基础"一定要尽可能地从宇宙自身来推导。

马丁·克努岑推荐这位年轻的大学生阅读牛顿的《自然哲

学的数学原理》以后，一定唤起了一种阅读自然哲学著作的癖好，带着这种癖好，康德开始贪婪地阅读与宇宙学的重大问题有关的一切文献。甚至在他当家庭教师的6年里，先是在偏僻的乡下尤德申村这个有教堂的小村庄（1748—1751），接着在骑士封地大阿恩斯多夫村的伯恩哈德·弗里德里希·冯·许尔森少校家（1751—1754），他也没有把时间全部用于他的教学任务：他利用在乡下孤独而宁静的几年时间进行了大量的自然研究，对各个学科，特别是物理学、地理学和天文学作了大量的笔记（《杂记》）。康德到了晚年还"非常满意地回想起他在乡下这些年的生活和勤奋工作"。

博物学研究的成果首先可以证明他当时的勤奋：关于风和火、关于地球衰老和绕轴自转、关于物质物体的动力学的论文，以及关于"1755年底震动地球一大部分的那场地震中诸多值得注意的事件"的论文。由于这些论著，30岁的康德在返回柯尼斯堡后开始引起公众的兴趣。

《一般自然史和天体理论》一书也是他在乡下完成的博物学研究的成果。它还表明了康德在晴朗的夜晚，以惊叹的目光遥望无穷的星空时所能感受到的那种深深的满足。他当时一定受到特别的感动，在他后来的《关于美感和崇高感的考察》中，这种感受溢于言表。因为那种令人心醉的观察似乎使他想起了在乡下期间的晴朗的夜晚，由于这些观察，他于1764年区别了黑夜的崇高和白昼的美："当闪烁的星光穿过幽暗的夜幕、孤寂的皓月映入眼帘的时候，具有崇高感的性情就会逐渐地被夏夜的静谧引发友谊、超凡脱俗和永恒等高尚的感受。"

康德的世界

贫穷迫使年轻的哲学家在乡下做家庭教师，在这里，他不是研究天体，而是怀着赞赏和敬畏的心情观察天体。他的情感受到震动，产生了他与星空的浩然相谐和的思想。这种充满赞赏的观察兴趣由于大量的阅读越来越浓厚，并得到指引。康德阅读了当时最著名的博物学家关于宇宙的著作。他的《一般自然史和天体理论》许多段落的字里行间都留有这种如饥似渴的阅读的痕迹。在前人的大量著作中，我们只列举康德在1750—1751年间阅读过的，并直接促使他从形而上学的角度撰写《一般自然史和天体理论》的三部著作。

法国自然科学家和哲学家皮埃尔-路易·蒙罗·德·莫培兑1750年在柏林出版了《宇宙学论文集》，腓特烈二世于1746年任命他为普鲁士科学院院长。一年后这部著作的德译本《宇宙学浅说》面世。莫培兑在牛顿的物理学的影响下，概括地阐述了"宇宙体系"，并从数学上推导出了天体运动所遵循的力的自然规律。不过这种机械论的宇宙观同时还可以用于更高的目的。在自然规律的秩序中，应当去认识最高存在物，即"最高理智"的力量和智慧。宇宙机器的盲目而必需的力学同上帝开明的、自由理智的意图并存。

布丰伯爵的多卷本著作《自然史》的第一卷《一般自然史》的德译本同样于1750年出版，康德的著作甚至借用了第一卷的书名。布丰也非常欣赏牛顿，完全同意万有引力的一般理论。凡是善于认识真理的人，都能看到宇宙体系的秩序。但人们不再需要上帝来干预自然进程，因为行星系遵循自身的秩序，它的形成完全可以根据自然规律的论据得到解释。造物主

第二章 头顶的星空

有力的手仅仅在开始的时候进行了干预,它通过一种碰撞的力使全部宇宙要素开始运动。

最后,正如康德在前言中所强调的,他的著作的第一部分论述了恒星的系统状态以及恒星系的众多,这是受1751年1月汉堡《科学和通史研究的自由评说和报道》上发表的一篇详细的书评的启发。1750年,英国自然哲学家达勒姆的托马斯·赖特撰写了一部鲜为人知的著作,书名为《创造性理论或对宇宙的新假说》,这是关于可见的宇宙,特别是关于银河现象的一种新的数学—自然规律的理论。康德一定立即认识到了这一创造性假说所产生的深远影响。"我是在1751年的《汉堡自由评说》上看到达勒姆的赖特先生发表的著作的,他最先给了我启发,不能把恒星看做杂乱无章的集合,而应当看做一个系统,它与行星系非常相似。"这也激发了康德到宇宙中去翱翔。恒星表面上看杂乱无章,但其中也有系统的秩序。

康德不是天文学家。他阅读牛顿和惠更斯、伏尔泰、莫培兑和布丰、赖特以及其他许多人的著作,这首先满足了他的形而上学的认识兴趣。他吸取自然科学的研究成果,以便寻找作为一名形而上学的爱好者终生都吸引着他的重要问题的答案。他觉得这些问题首先是由于克里斯蒂安·沃尔夫1720年出版的《德国形而上学:关于上帝、宇宙和人的灵魂以及一切普遍事物的理性思考》而变得家喻户晓的那个三体合一的思考产生的。康德在《一般自然史和天体理论》中没有涉及普遍事物,也就是说没有涉及作为本体论的一般形而上学,而是集中精力研究了特殊形而上学(metaphysica specialis)的三个方面:作为一般宇宙学对象的世界；作为理性神学主题的上帝；作为经验和理性心理学难题的人的灵魂和精神。康德极其艺术地将这三个方面融会交织在一起。我们打算尝试通过三个步骤来理清这三个方面，以便更好地理解这个善于哲学思维的家庭教师的理性思考。

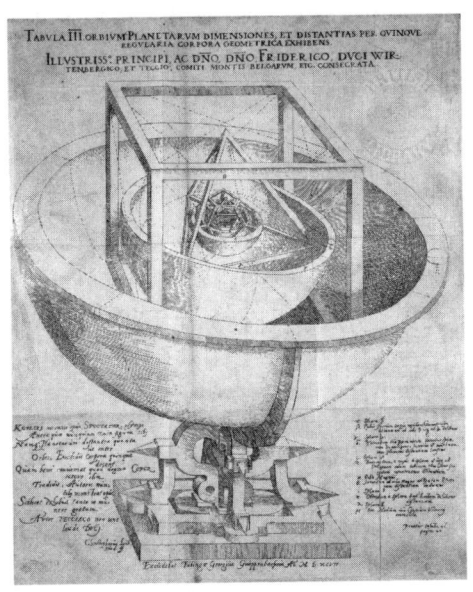

开普勒的著作《宇宙的奥秘》（*Mysterium Cosmographicum*，1596）中的插图

3. 宇宙碎形

康德在《一般自然史和天体理论》中一开始就承认，他的宇宙学研究遇到了巨大困难。他只想发现"把整个广袤的无穷无尽中的万物的各个巨大环节联结在一起的系统性"；还想

第二章 头顶的星空

"运用力学规律从大自然的初始状态中推演出天体自身的形成及其运动的起源"。难道本身往往纠缠于日常琐事的人类理智真的能解决这个重大课题吗?幸好人们在18世纪中叶已经取得了惊人的成就,才没有被这个难题压垮。康德满怀认识论的乐观主义,开始了自己的伟大事业。

在我们的行星大家族中,处于中心的不是地球(如感觉所受到的欺骗),而是太阳。自1543年尼古拉斯·哥白尼的《天体运行论》出版以来,这种太阳中心说的宇宙模式得到普遍接受。开普勒和伽利略为反对天主教会的抵制作出了重大贡献。那种首先只被看做完善的数学设计的东西确立了我们太阳系的实在主义的模式。康德也不假思索地以这种太阳中心体系说为出发点,同时作了特别的强调。当他谈到宇宙"体系"时,他不仅认为,行星和彗星围绕中心天体太阳旋转,而且认为,这种运动的独特的直线和曲线形态是有严格的体系的:"各行星的轨道尽可能接近地与一个共同的平面相关,即与太阳的无限延伸的赤道面相关。"

康德将目光由太阳系扩展到恒星天宇。这里,达勒姆的赖特1750年提出的新假说发挥了作用。"恒星"除了在天空中由于地球围绕自己的轴心旋转引起的转动外似乎不会改变自身的位置。与这种感觉相反,康德认为,恒星"很可能原来就属于一个更高级秩序的缓慢运动的行星。"这个猜想在两个方面与普遍公认的观点相矛盾。一方面,断言恒星是运动的;另一方面,在纷乱不堪的、似乎不可测量的混乱中发现了"一种更高级的秩序"。由于赖特和康德,恒星天宇才有了一种规则。闪烁的波光像是一条带子悬挂在夜空,希腊人称这条带子为牛奶圈(kiklos galaxias),而罗马人称之为牛奶街(via lactea)。从此人们不再如伽利略或牛顿那样,把这条带子看做群星的毫无体系的聚集。银河系也是一个有序的整体,而且康德肯定地指出,"应当被看做是一个与行星体系非常相似的体系"。

开普勒与神圣罗马帝国皇帝鲁道夫二世讨论他的科学发现

康德作了类比的各种确定的秩序,用今天的话说,就是自我相似的。它们所具有的那种几何形式——碎形,由于贝努瓦·曼德尔布罗特而闻名遐迩,而贝努瓦本人因《大自然的碎形几何学》而成为现代自然哲学的经典作家。不管是高级的秩序,还是可由递归函数测算的低级秩序都有相同的体系模型。

第二章 头顶的星空

康德早在 1755 年就已经产生这样的想法：在星空表面的混乱中充满同一物质的碎形回归，而同一物质在每一个更高阶段上的自我相似的秩序中表现出来。康德的这种认识是当时独一无二的创造性思想。他不是局限于赖特，而是思考由体系到体系组成的宇宙等级制中的下一个阶段。

康德猜想，惠更斯、哈雷和莫培兑所确定的"星云"本身也只是一个更高级的秩序的现象。尤其是它们的椭圆形状使康德认为，这些星云只是"一个数目多得不可思议的星群，而且围绕着一个共同的中心点"，因此，银河外星系也是按照同太阳系和银河系一样的体系排列的。（1920 年还就下面这个问题，展开了"激烈的争论"：观察到的旋涡状星云是在我们银河外星系内部的气体云雾，还是独立的银河系？1924 年 2 月埃德温·鲍威尔·哈勃才最终得以明确测定出到仙女座大星云的距离。这是独立的银河系，是康德猜想的遥远得不可思议的宇宙中的无数"宇宙岛屿"中的一个。这一点再不能怀疑了。）

康德还勇敢地迈出了重要的最后一步，这一步是他在第二部分的第七章"在无限时间和空间的整个范围内论造化"中完成的。康德在越来越高级、越来越大的宇宙秩序之间进行类比，从而在理智中形成了一种必然超越我们想象力的观念：所有银河外星系本身又仅仅是"整个自然界的巨大链条"上的若干环节，在这根链条上，一个又一个的世界，一个又一个的星系，按照等级有序地排列起来。康德不仅将这根链条想象得无限长，而且试图将它设想为实际存在的无限性。他满怀热情地指出，"我们看到了各个世界和星系的递进关系中的第一批成员，而这个无限递进的第一部分就已经使我们认识到，对整体应当作出什么样的推测。这里没有终结，而是一个真正无法测度的深渊，人的概念的所有能力都沉没在这深渊之中"。布鲁诺为此被罗马宗教法庭作为异教徒判处死刑，并于1600年2月17日被烧死。没有界限的宇宙空间是无法想象的，是经验科学无法研究的，这个观念只能通过这根链条的前几个环节和整体之间的碎形的自我同一来设想。

康德的天体理论，即在无限的宇宙空间中一切都是按照相似的秩序构成的，使他面临一个问题，他试图通过一般自然史来解决这个问题。因为他发现自己面对的是一个连伟大的牛顿都无法解决的问题。牛顿这位令人钦佩的智者比任何一个世俗的人都更早地认识到了这些自然规律。然而，他却因为未能找到天体运动的力学原因而感到绝望。他感到自己陷入了进退两难的境地：一方面他有充足的理由认为自己的宇宙体系的规律性和秩序具有自然的原因；另一方面他又没有发现能够使这个宇宙体系运动起来的自然推动力。因此，他——按康德的看法——在绝望中作出了一个对于哲学家来说不太光彩的决定。他违背自己的哲学座右铭，即只有真实的、满足自然说明的原因能够作为论据，他断言："上帝直接动手作了这种安排，而没有动用大自然的力量。"牛顿为了摆脱自身的困境，乞灵于上帝的行为。他不得已动用了超出自己的自然哲学范围的超自然的力量。他的"上帝之手"弥补了一贯在自然中寻找原因的研究之不足。

康德对此感到很不满意。他想为牛顿的问题找到答案，而

第二章 头顶的星空

不用上帝这个辅助手段。他通过巧妙的视角变换获得了成功。他不仅观察整个宇宙大厦的状态,而且试图阐明它的力学起源。他从系统论走向自然历史,从空间结构走向时间进程,从宇宙论走向宇宙起源学。

康德不是任由思想麻痹,仓皇地援引上帝的直接行动,而是设计出一个天体起源和发展的模式。他认为,作为出发点,一个简单的概念就够了。不过我们可以简单地假定,使牛顿陷于困境的完全虚空的空间原来根本不是空的,而是——至少在它的初始阶段——"充满了能动的物质",足以推动天体的运动。现在几乎是完全虚空的空间,在初始阶段是完全充盈的空间。康德从这个假定出发,认为发现了一种自然规律取代上帝发挥作用的可能。他完全意识到了自己这一举动的大胆。因为他不仅击败了牛顿,举起了自己的哲学武器,而且警告牛顿的上帝不要越轨。康德不需要"上帝之手"就能找到宇宙结构采取自然运动形式的原因。

康德像上帝一样设计了自己的世界。上帝可能是创世者,但他能构造一个与上帝创造的万物相提并论的宇宙体系模型。这位年轻的哲学家以三句强有力的话提出了自己的重大要求。其中,"我"始终处于首位:"我假定整个宇宙的物质都是普遍分散的,并用这些物质构成一种完全的混沌。我看到材料按照已揭示的引力规律形成,又看到斥力改变着它们的运动。我感到十分享受,不需要借助任意的虚构,在已揭示的运动规律的推动下就可以产生一个井然有序的整体。这个整体与我们所看到的那个宇宙体系如此相似,以至我情不自禁地把它们视为同一个东西。"在康德设计的宇宙模型和现实的宇宙体系之间没有发现任何区别。这个模态是完美的,模型同原型之间再没有区别;康德是模拟宇宙的创造者,将其历史和结构展现出来,而这在可见的宇宙体系中是看不见的,或者说是不可理解的。

康德没有提到过普遍的认识主体。在这方面力争向上的"我"是康德自己。康德将自己看做是一个新的造物主,他就像柏拉图笔下的蒂迈欧一样是宇宙的设计者和建筑师,从宇宙整体的无序而分散的原始物质中建立起宇宙的秩序。他自己首先创造了初始的混沌,然后仅仅根据吸引和排斥这两种相互矛盾的自然力,从混沌中重新创造出井然有序的宇宙。他的自然哲学构想不需要别的,只需要物质。他没有考虑自己的行为对于人类的理智来说是否太狂妄的问题,而是提出了自我意识的要求:"只要给我物质,我就能用它们创造一个世界!"

在我们进一步探讨这个要求——康德为之差一点被怀疑是无神论者——的神学动力之前,需要首先扼要地概述康德自然史模态的形成阶段。

起初是混沌状态。就像在许多神话中,但也在留基伯、德谟克利特和伊壁鸠鲁等古代的原子论者的理论和自然历史中,整个无限的空间充满着基本的原始物质。在康德看来,这个完全的混沌状态"可能是继虚无之后"的最简单的状态。虚无是生成的,或者假定是具有形式的。初始的万物是极其粗糙的、未经加工的,类似于原子微粒中产生的漫射的星云。

不过,即使这种混沌状态也不可能是完全同质的。如果说所有的要素都是相同的,并且在混沌中均匀地分布,那么,什

第二章 头顶的星空

么事情都不可能发生。要使普遍分布的宇宙物质运动起来，就必然存在初始的差异。差异一开始就存在。"仅仅要素种类的差异就为大自然的运动和混沌的形成作出了极为重要的贡献。"要素之间的差异造成了分化，并且导致那种按照严格自然规律建立宇宙大厦的动力运动起来。

从今天得到公认的宇宙学标准模型的角度看，康德的混沌理论设计了猜想中的大爆炸发生后 30 万年左右宇宙状态的模型。宇宙在一种密度和温度都非常高的状态下发生爆炸式的膨胀之后，初始物质，首先是氦和水就在宇宙中几乎均匀地分布。不过，这种物质分布的气态同质性由于温度的差异和物质密度的变动而逐渐形成一种结构。由于量的作用而产生的密度的差异必然使结构的形成成为可能。密度高的地方吸引周围的物质，初始的变动越来越剧烈，直到最终形成我们今天通过哈勃天文望远镜的电子眼或者借助美国宇航局的宇宙飞船上的威尔金森微波异向性探测器能够看到的那种结构：在大约 137 亿年以前开始形成的遥远得无法想象的太空深处有不计其数的星系。

康德由之形成自己的宇宙体系的初始混沌只能持续很短时间，因为不同密度和重量的微粒在经历了短暂的化学吸引阶段后，开始使它们的两种运动的力，即牛顿所说的引力和斥力发挥作用。康德单是从这两种力——不需要上帝的协助或推动——推导出宇宙的质量形成和一切运动的最早起源。"处于相互冲突的运动中的"物质本身，使碎形的宇宙秩序从漫射的混沌中生成，同时所有的物质，从最小到最大，都是按照同样的机制和模型形成的。

引力使宇宙各个地方的密度较大的元素将比重较轻的物质从四面八方吸引到身边。元素的这种吸引作用发生于整个宇宙空间；而斥力使引力不致结成静止的、永远不动的"团块"。因为斥力使落向引力中心点的元素偏离直线运动，使它们向旁边偏离，"并且使垂直降落变为围绕降落中心的圆周运动"。

康德首先以我们的太阳系为例，详细说明了引力和斥力之间的斗争形式，从初始混沌的最初运动到无限宇宙的天体动力学。他从太阳系一步一步迈向银河系，以便最终迈向无数的、没有尽头的一个又一个世界、一个又一个体系，也就是迈向万物的无限性，从而设计一个机械论的模型。"我在把宇宙置于最简单的混沌中之后，除了引力和斥力之外，不再运用别的任何力量来说明大自然的伟大的秩序。"

宇宙时间不同于宇宙空间的无限，有一个开端。全部宇宙物质一定是从虚无中突然产生的，它们在开始形成碎形以前只经过短暂的瞬间。由于整体也是一个体系，这个体系围绕着一个中心点，因此康德认为存在一个一般的原子中心，占据这个中心的是密度最大的基本物质和最大的引力。宇宙体系的形成虽然曾经是从这个中心点开始的，但从来没有停止过，造物主永远忙于创造更多的大自然奇迹，创造新事物和新世界。

造物虽然是一个永恒的过程，但这些创造出来的世界却屈从于形成和衰退的动力学。这些世界在旧的体系中"一旦完成自己的使命"，就退出舞台，并且跌入类似黑洞的无底深渊。太阳系和银河系可能爆炸，在燃烧的世界中走向毁灭，以便通过引力和斥力重新形成一座新的宇 大厦。混沌和秩序之间的斗争是不间断的。可见，整个宇宙，这个秩序井然的整体，最终像一只凤凰一样，"在无限的时间和空间中，它之所以自焚，就是为了从自己的灰烬中再次获得新生"。

4. 上帝的计划

30岁的康德以丰富的想象力设计了他的宇宙模型，他将自己看做是创造宇宙的建筑师。牛顿的《自然哲学的数学原理》以及同时代的宇宙学著作为他提供了他得以建造宇宙大厦的必要材料。他对宇宙力学起源的研究似乎也卓有成效，康德只需要整个世界的普遍、分散的原始物质就能够设计他的模型。但是，这些一开始就具有运动的力的物质从哪里来？康德向谁去宣告他的宇宙设计措施呢？

"只要给我物质，我就能用它们创造一个世界！"这是一句没有引号的引文。这是康德在莫培兑1751年于柏林出版的《宇宙学浅说》中发现的。但是，这句话在该书中具有批判的意味，针对的是笛卡尔及其追随者的狂妄，他们竟然认为通过简单的自然规律就能解释整个宇宙机器。"他们曾经说过，只要给我们物质和运动，我们就可以从中创造出一个真实的宇宙。这实际上是多么荒诞无稽的行为！"对此，莫培兑又想起伏尔泰，后者作为普鲁士国王的客人恰好（1750—1753年）在柏林。伏尔泰流亡英国期间，深受牛顿实验自然科学的鼓舞，于1734年出版了《牛顿哲学原理》，在书中对笛卡尔的计划大加讥刺："只要给我运动和物质，我将从中创造出一个世界。"上帝在创造万物的时候应该竭尽全力为善于哲学思考的力学家们提供物质及其运动。难道这不是被逼到作为宇宙建筑师的人身后的上帝的最低限度的权力吗？

康德也知道人们对笛卡尔的指责。他想必试图避开笛卡尔。不过，他的论证听起来与其说可信，不如说巧妙。他希望"理性的人"会理解他真正想说的是什么意思：如果说上帝填充全部无限空间的原始物质，由于其内部的运动力自然而然地形成一个美好而有序的宇宙体系，那么，必然"有一个充足的至高无上的理智，按照统一的目的来设计万物的本性"。"有一个上帝存在"，因为大自然即使在混沌中也屈从于自然规律。这难道是上帝存在的证明吗？那么，康德为了坚持自己反对"恶毒的狂热分子"的《一般自然史和天体理论》是无害和无罪的尝试，在这里所说的是什么样的"上帝"呢？

康德自己面临的危险可以表明他的上帝概念的策略意义。他作为博物学家想知道宇宙大厦是怎样建造，怎样发展的，它的未来会怎么样。作为牛顿的拥护者，他相信自然科学的数学原理，因为自然科学无需上帝的启示就可获得自己的认识。他非常大胆，竟然从自为的大自然中推导出大自然的发展规律。他把自己看做敢于涉足未知世界的博物学家。尽管康德希望能够在他研究的宇宙中发现无限的智慧，但是，在这次穿越密集的星云和深邃的黑暗的危险旅行中，他能看到怪物，还是上帝的庄严，开始时还无法断定。

康德既不是作为唯物主义的无神论者，也不是作为虔诚笃信的基督徒开始研究自然哲学的。他感到自己陷入重重矛盾，行事必须小心谨慎才能找到自己万无一失的道路。康德当时 30 岁，他将自己也亲身经历到的那个世纪的重大冲突，融入自己的著作中去。面对宗教的义务，他感兴趣的自然哲学研究只能是反命题的、矛盾的。

一方面，由于家庭、中学以及大学的教育而对上帝的信仰仍旧使康德难以释怀，他在《一般自然史和天体理论》中谈到神学的世界观和上帝的智慧，上帝的创造活动和宗教的正统信仰。但是另一方面，他又扮演了一个敌对者的角色，大谈宇宙的力学解释、一般的自然规律、人类的认识能力和自由思想的世界观。"宗教的捍卫者"和"自然主义者"之间存在着不可调和的矛盾，他们之间的斗争在 18 世纪达到顶点，康德也卷入其中。

在这一背景下，康德将宇宙论研究献给腓特烈二世也就得到解释。因为他从有关这位开明的君主的流言蜚语中得知，他对宗教的宽容其实是对宗教的冷淡。普鲁士国家悄悄地占据了上帝的位置，对国家的责任感已经高于对上帝的责任感。不过，这种对宗教的坦率，甚至冷淡，还没有真正深入人心，在讲坛上，依然一直在宣扬反对其他信仰的奴仆和愚蠢的无神论者。甚至在大学，基督教神学家和哲学家仍然有自己的地盘，不履行宗教义务不是没有危险。康德作为无神论的信奉者，也许几乎没有机会实现自己的目标，即成为形而上学的教授。

康德从哲学史出发将自己差一点陷入的矛盾以古希腊原子论者留基伯、德谟克利特和伊壁鸠鲁的名字命名，这些人的宇宙学理论同他的宇宙模型非常相似，以致他感到自己背上了古代唯物主义无神论者之追随者的骂名。他的世界，难道不是像

伊壁鸠鲁

在古希腊的世俗智慧那里一样，产生于原子的基本微粒？这些微粒由于自己的重力而纷纷坠落，同时由于斥力的排斥而陷入湍急的旋涡之中。盲目的自然力似乎在发生作用，"神的统治是不必要的，伊壁鸠鲁在基督教中重新复活，一种非神圣的世俗智慧将信仰踩在了脚下"。

可见，存在这样的危险：康德的机械论解释尝试会被理解为对基督教的恶毒攻击。难道他不是德谟克利特的复活吗？德谟克利特在大约公元前430年根据大小和形状区别了原始物质的原子，并认为它们存在于无尽的虚空中，在那里，它们由于自己的运动而相互碰撞，并且交织成可见的物体，直到它们由于更强大的力再重新被分离、分散。德谟克利特认为，诸神仅仅是人们由于对奇怪的、不可理解的宇宙变化的恐惧而产生的想象。康德难道不是伊壁鸠鲁（公元前342—前271）的再生？伊壁鸠鲁也有同样的认识兴趣。他认为，我们不得将天体中发生的一切"都归功于某个更高存在物的成就及其目前或未来的安排"。我们应当承认天象的恢弘，并且深信，"认识控制整体的那些最重要的天象的原因是博物学研究的任务，而研究天体现象时的喜悦心情正是由此产生的"。不是对最高存在物的信仰，而是宇宙学研究的准确性使人产生无穷的欢乐。

有人指责康德是基督教中的伊壁鸠鲁，对此，康德只能通过强调区别来使自己变得安全。正是由于他同古希腊原子论者极其相似，因此他不得不引入"上帝"这个宇宙物质的创造者。康德的"上帝"是一种认识标记，他利用这个标记并不是承认自己是基督徒，而是同他的形而上学同道划清界限。"与古代真正的无神论学说有如此多的相似之处，这却没有使我的学说犯与他们同样的错误。"康德根据的是什么样的区别呢？

古代宇宙论者认为，宇宙的秩序来自永恒的混沌，不存在推动者。原子盲目地聚集在一起，它们形成井然有序的整体，完全是偶然。相反，康德认为，初始的可支配的宇宙物质一定有某些自然规律。"我发现，从宇宙物质的彻底解体和分散中能够完全自然而然地形成一个美好的、井然有序的整体。"原始物质只有服从自然规律，宇宙才能从混沌中产生，这不是大约，而是彻底，不是偶然，而是必然的服从。基本的原始物质一开始就是设计好的，排列成那种碎形体系，按照无法测量的等级顺序形成宇宙大厦。这就是康德设计的上帝。一种有神论的算法引导产生了宇宙的碎形。"上帝"只给了康德能够按照牛顿的原理建造自己的世界的物质。同时，上帝帮他消除了"似乎从宗教方面威胁着我的命题"的那些困难。

康德的"上帝"同他的"世界体系"一样浓缩了大量的读书经历。这位哲学家的上帝是多条宗教哲学线索的交汇点。可以肯定的是，康德不仅一般地熟悉17世纪就开始的非虔诚的世俗智慧同正统的宗教信仰之间的激烈争论。在《一般自然史和天体理论》的前言中，他就此表明了自己的立场。他还了解物理学—神学关于上帝存在的证明，这些证明虽然很出色，但这种通过观察自然认识上帝的尝试在逻辑上没有说服力。经典作家威廉·德勒姆的《物理神学，或上帝的存在和特性的一种证明》于1713年在伦敦出版，书中以牛顿试图与上帝创造万物的基督教教义相协调的物理学的宇宙阐释为依据。

从一切可能的自然现象——闪电和雷鸣（雷神学）、青草（生物神学）、水（水神学）、火（火神学）、岩石（岩石神学）、昆虫（昆虫神学），或者蜗牛和贝类（贝壳类神学）——中推断上帝的存在，是一种真正的癫狂。对于贝壳，弗里德里希·克里斯蒂安·莱塞1744年在他的《贝类神学》中说道："它们的种类多得惊人，它们的柔美无法比拟，他们的艺术色调迷人而可爱，使得凝视的双眼陷入无限的惊异中。用这些东西做装饰物难道不是过于大方，过于浪费了吗？这些美不是起源于上帝，起源于这些小动物的创造者，还能起源于什么呢？可以肯定的是，这些贝壳类小动物用壳的颜色，而且

第二章 头顶的星空

用鲜活的颜色描绘了上帝的万能。"天体及太阳、行星和月亮在超越一切。康德提到的威廉·德勒姆1715年在伦敦出版的《天文神学》,1732年被译成了德文,德文版加了一个纲领性的副标题"至高无上的只有上帝才能体会的享受:全神贯注地凝视天宇,仔细地观察天体,以便直观地证明,上帝,同一个上帝是至亲至善、无限智慧和无所不能的存在物"。康德在几年后阐述说,所有借助自然科学的观察和研究去认识上帝的尝试只能提出表面的证据。他1763年出版的《关于上帝存在证明的唯一可能的根据》证明,物理—神学的方法虽然可能是卓越的,因为它是实际的、生动的、直观的,容易理解的,但这种方法所达到的肯定性无法得到"数学的",也就是说逻辑的证明或证实,而只是"道德上"可证明或证实的,因为这种方法使情感得到满足,使人产生惊异、谦恭和敬畏的心理。当然,也可以对宇宙作自然主义的描述和解释,康德在《根据》中又一次对这种描述和解释作了详细评述,并且将它提到了宗教哲学的高度。

  莱布尼茨和赛米尔·克拉克在通信中进行的争论在这方面起到了特殊的作用,正如这场争论对康德的《关于活的力的正确测算的思考》起到的特殊作用。克拉克是英国神学家、宫廷传教士、牛顿的科学顾问和反无神论的斗士。莱布尼茨感到自己应当于1715年11月给威尔士公主卡洛琳写信,对牛顿关于上帝的活动的奇怪看法提出批判。因为牛顿为了宇宙的运行一再让他的上帝干涉宇宙的事情。这样的上帝,就像拙劣的钟表匠一样不断地修修补补,配做上帝吗?在莱布尼茨看来,上帝只需要直接动手做一件事情：通过自己万能的"创造"——要有光！——从虚无中创造充满整个无尽空间的单子式的宇宙物质。同时，上帝一开始就将他的孤立的单子作了这样的排列，以便使它们能够形成"前定的和谐"。莱布尼茨早在1710年就在《神义论》中将上帝设想为万物的具有理智的第一因。上帝是无限的，他的"力量、智慧和善心"是绝对完美无缺的。而克拉克作为牛顿的坚定的追随者，毫不犹豫地坚决反对莱布尼茨。

康德在力学上重构自己的世界时会想到牛顿的《自然哲学的数学原理》，而在谈到上帝时，他就倾向于莱布尼茨。

"有两种东西，我们越是经常反复地加以思索，它们就越是给人心灌输时时翻新、有增无减的赞叹和敬畏：头顶的星空和内心的道德法则。"

上帝只是在开始时一下子创造和设计了有规律地自我组织的物质，仿佛是通过一次创造性的原始爆破。他对牛顿反复动用的"上帝之手"疑虑重重。在康德的脑海中，莱布尼茨用来描述上帝的那些谓项——"第一因""最高的理智""无限性"——也不断出现。由于整个宇宙体系不可思议的无穷大，而人面临跌入这个深渊的危险，所以他恰好援引了那三个通过莱布尼茨而已经成为普通概念的特性："已经启示出来的智慧、善心和力量是无限的"。这肯定不是偶然的。不过，康德也反对莱布尼茨的上帝，因为他被牛顿的物体之间的运动的力深深吸引，以致无法承认上帝是相互孤立的单子的前定和谐的创造者。

康德为了确保自己的宇宙设计而编织的那个复杂的网，使人难以明确回答康德关于信仰和上帝形象的问题。解释者们一直争吵不休。值得注意的是，赖因霍尔德·伯恩哈德·雅赫曼首先证明了康德对天文学的热情，他在康德身边学习了9年（1783—1792），1804年试图描述可敬的老师的宗教信仰。康德晚年一如既往地散发着年轻时作为自然哲学家观察头顶星空的热情。诱使康德如痴如醉地谈论神圣事物的，不是神学或被灌输的信仰，而是天文学。"康德每当同朋友们谈到宇宙大厦的结构时，总是非常陶醉地谈论上帝的智慧、善心和力量。在每一次关于天文学的谈话中，康德总是陷入极度的兴奋。而这些谈话不仅使每一个人确信，康德相信有上帝和天命，而且甚至会使无神论者也转变为信徒。"

5. 地球以外的生物、灵魂转世、内心喜悦

在马丁·克努岑的启发下，康德发现了牛顿的宇宙大厦，并且将它扩展成在当时来说十分惊人的想象。他自信地谈论自己的成就，并且将自己的大胆行动当做创造世界者"我"的行动。他头顶的星空唤起了他孩提时的好奇，而今已经发展成为一个世界重叠着另一个世界，一个星系连着另一个星系的无法测量的大世界，它们在无限的时间中周期性地毁灭和重生。康德引入"上帝"，作为混沌的原始物质及其内在固有的力的第一因，这些力作用的结果是宇宙碎形的自我安排。有了这个上帝，康德不仅摆脱了他是无神论者的骂名，而且也使自己面对头顶星空时的极度兴奋上升到了宗教的层面。

康德曾反复谈到内心的"敬畏"、高度的"尊重"、"真正幸福的享受"，或深深的"钦佩"。这种心理使他的情感始终处于亢奋状态，结果产生了那些超越一切经验上可把握的现实的观念。灵魂深处的所有这些谓项的宗教声音是听不见的，但它仍然与主项相关。康德的情感总是充满敬畏和钦佩，这是由于对星空的观察，而不是由于受到顶礼膜拜的上帝。说到天体，关键在于人。自然哲学著作《一般自然史和天体理论》在结束的时候将对上帝和世界的关注转向了对一切事物的中心——灵魂的关注。三十多年后，1788年在《实践理性批判》著名的结论中，康德再次想起了这一点，这个结论最后也被镌刻在他的墓碑上：

第二章 头顶的星空

有两种东西,我们越是经常反复地加以思索,它们就越是给人心灌输时时翻新、有增无减的赞叹和敬畏:头顶的星空和内心的道德法则。

康德不愿在他的"视野以外"探索天空,或者超越这些天象提出单纯的假设。他观察"头顶的星空",并且将它"与自己的存在意识直接"相联系。他自己的此在,他的经验能力和认识能力,他作为人的存在的意义,都是十分重要的。

康德在自己的精神和灵魂的能力方面也作出了无神论的论证,这说明了他的宇宙论研究的特点。作为肉体的生物,他认为自己是渺小的,不能将自己作为灵魂的存在提高到无限。康德在他的《实践理性批判》的结尾得出结论说,"只要看一眼多得数不胜数的世界,作为一个动物性的人的重要性就仿佛荡然无存,这个动物性的人在短期内(不知怎样)被赋予生命力以后,又不得不把它所由以造成的那些物质还给它所在的那个行星(宇宙中的一个点)"。因此,他又一次表达了那个他在早期宇宙学研究中已经独创性地解决了的矛盾。这就是尘世的有限与宇宙的无限、肉体的短暂与灵魂的不朽、感觉经验与精神的认识能力之间的矛盾。《一般自然史和天体理论》的第三部分就是首先论述这个问题,而且描述了"各星球的居民"和"未来生活中的事情"以及贯穿康德生平事业的主题——对崇高的审美感。

地球以外的生物。哥白尼革命的结果是宇宙大厦的重构,而要重构宇宙大厦,人就必须进行非比寻常的自我贬低。由于以地球为中心的宇宙观的失败,人似乎也变得微不足道了。人在无尽的宇宙中只占据一个渺小的、非中心的地位。人面临跌入"一个真正无法测度的深渊"的危险。布莱茨·帕斯卡尔死后于1670年出版的《思想录》中记录了他面对宇宙的无尽空间和客观冷漠所突然感到的"恐惧"。人似乎在任意一个点上迷途了,在冰冷而空洞的宇宙中感到孤独。

追寻古老的旧观念有助于抗拒这种恐惧。德谟克利特已经用人类生存的无数的世界填满了他的宇宙的虚空。上帝创世的神话没有迫使他承认地球是唯一的家园。18世纪,人们再次发现了世界的众多,当然前提不一样。人类不是独自居住在这个无尽的宇宙大厦中,因为不可理解的是,说上帝独自在广阔无垠的宇宙中的这个离心点上按照自己的形象创造了人。人被驱逐出宇宙的中心点,到恒星定居作为补偿。1686年,牛顿将其数学原理运用于对宇宙体系的力学解释,同年,极为畅销的《关于多个世界的对话——一个女人和一个学者之间关于不止存在一个世界的谈话》出版。在这部著作中,风度翩翩的启蒙思想家贝尔纳·布维·丰特奈尔充满想象地描绘了新的日心说宇宙观,并将其他星球上的居民生动地展现在我们面前。1698年,伟大的数学家和天文学家克里斯蒂安·惠更斯在《已发现的天上的世界》第一卷中描绘了各星球居民的肉体的和精神的特性和活动,甚至详尽地对细节加以说明。他甚至还认为,这些居民也搞天文学研究。克里斯蒂安·沃尔夫于1726年撰写了《对自然事物的意图的理性思考》,认为地球和行星的目的在于被居住,因为只有这样,上帝才能到处实现他的完美的启示。这里还必须提到亚历山大·蒲柏。蒲柏是康德最喜欢的著作家之一,康德喜欢引用他 1740 年出版的形而上学诗集《论人》(1733 年)的德译文。全部宇宙在感觉和观念上虽然是不可捉摸的,却是我们的家园,因为一个又一个的世界上居住着与人类相似的生物:

亚历山大·蒲柏

谁能看透遥不可及的距离,
一个又一个世界是怎样构成宇宙的,
一个星系是怎样转向另一个星系的,
一个个行星是如何追随太阳的,
每一个恒星都充满着何等繁多的生命,
我们也许能够揭穿天体的计划。

康德感觉指的是他自己,他实现了蒲柏的愿望。他透过一望无垠的宇宙,观察到"一个又一个世界是怎样构成宇宙的,一个星系是怎样转向另一个星系的"。他设想了在遥远的恒星和行星上生活的不同居民的情景。康德的想象力非常丰富,甚至还能设想没有生命的、由于无限的空间而产生重力作用的虚空而荒芜的天体的存在。但对于他的同时代人所确信的东西,他丝毫也不怀疑。"然而,绝大多数行星上肯定有居民,即使现在没有,将来也会有。"

也许是瑞典博物学家伊曼努尔·斯威登伯格启发了康德,使他在拜访其他星球的居民时多少"放任"幻想。因为斯威登伯格不仅在1734年出版的《自然界的原则》第一卷中设计了与康德的混沌理论极为相似的宇宙形成模型,而且后来还同遥远的恒星上的居民的神灵建立了假想联系,并对他们作了相互比较。在天文学家和哲学家们那里仅仅是假设的事情,据说斯威登伯格都有亲身体验。他梦游般旅行了太阳系,拜访了遥远的神灵。这些神灵不仅具有人的模样,而且一起构成了至人,宇宙中的万能人。

康德远没有达到这样的程度,虽然后来以他的名字发表过有关亡灵在冥府旅游的报告:《关于我在太空旅行的真实报道,伊曼努尔·康德撰》。在报告中,他警告身后的追随者:"不要沉湎于我们对彼岸的希望这种幻想,谨防对希腊人的研究"。他停留在地球上,并且将人视为他思考问题的一般出发点。他从地球在太阳系中的位置出发,推断出地球以外的生物在肉体、精神和灵魂方面的可能的特点。他推测了不同星球上居民的共性和差异，同时以"自然关系的主线"为指导。

由于宇宙空间的引力作用，行星同它们所环绕的中心星体之间的距离起着决定性作用。因此康德选择重力作为独立的变量，以便对宇宙居民不同状况作出比较和分类。他从牛顿的万有引力定理出发，得出一个普遍的结论："一般来说，不同的行星距离太阳越远，构成其居民乃至动物和植物的物质就必定越轻巧、越精细，纤维的弹性连同其肌体的优越配置就越完善。"在这种自然的关系中，轻巧度、精细度和弹力都同行星与太阳的距离成正比地提高，这种自然关系不仅同物质的身体有关，而且同与身体有关的精神能力和灵魂质量有关。康德对精神能力作了一种宇宙唯物论的解释。重力增加，思维能力和判断能力的惰性也会增加；感觉动力越来越强，精神的灵活性和弹性就会消失，而灵魂也会变得越来越虚弱和无力。相反，生活在天空最上界内心充满喜悦的生物一定很优秀，他们思维敏捷，想象力丰富。

康德认为他的一般思考虽然可信，但不可靠。不管怎样，他的思考开辟了"一个从不同居民特性的比较出发作出适当猜想的广阔领域"。首先，人的本性可以从宇宙论的角度去考察，因为，人的本性在我们的太阳系占据中间的位置，仿佛处于接近太阳的行星的完全重力和惰性与远离太阳的天体的运动的灵巧之间的中间横木之上。人是生活于中间行星上的中间生物。就像康德所思考的那样，人的道德状况及其特点也许也可以这样理解。他认为，在迟钝的无理性和思想的明晰之间有一个中间层面，在那里美德和罪孽混合在一起。人不可能是完美的，因为他处于"危险的中间道路",在这里,他的犯罪的能力处处都伴随着他,不过他的道德意识并没有完全丧失。

灵魂转世。康德自己曾考虑过,他穿越天体的冒险旅行可能会陷于偏离理性信仰轨道的危险。他知道,他在大胆地提出人的道德能力、犯罪和遵循美德的能力是否也取决于牛顿精密计算的万有引力这个问题时,会放纵自己驰骋于幻想天地。可是,如何限定一个人想由此提高自己认识的道路呢?"谁能够给我们指出持之有据的可能性终结而任意的虚构开始的界限?"

这个问题不仅涉及我们对人这个灵魂存在物的真实了解:只要人活着,他实际是什么样的。在我们思考人的本质的时候,在智慧和无理性的宇宙中间状态不存在最终明确的解释。"至于人将来会成为什么样子,我们就更无法猜测了。"这说的不是人类的未来,而是人在肉体丧失生命力以后其灵魂的命运。康德以一种想象作为他的《一般自然史和天体理论》的结尾,对于这个想象,他不要求科学上可信,而是要表达一种希望。康德作为按照牛顿的数学原理和哲学原理为指导的自然哲学家,设计出了自己的宇宙模型,并且在想象中一直深入到遥远的时空。但作为一位灵魂的形而上学者,他在梦幻中漫游,将自己带向了作为研究人员永远也无法到达的地方。他使灵魂脱离地球,以便让它们能够接近宇宙天体。"谁知道,能不能设想人类灵魂有朝一日可能切近地认识从远处就如此吸引着其好奇心的世界大厦那些遥远星球及其美妙部署。"因此,康德似乎首先让灵魂移居宇宙,以便能够真正认识他青年时期就喜爱的自然哲学。正如一次考察旅行一样,他想最终发现他的目光在晴朗的夜晚所搜寻的东西。

崇高的内心喜悦。无穷的宇宙空间看上去像是密集的粉尘，它不仅唤起了康德认识宇宙的兴趣，而且激励他创作《一般自然史和天体理论》。与此同时，他还不时地感受到那种能够上升为伊壁鸠鲁式的"内心喜悦"的享受，这种享受只有高贵的灵魂才能体验得到，但却无法名状。那么，"不朽的精神的隐秘认识能力就会说出一种无法名状的语言"。在宇宙的精神世界中，精神只使用"一些未展开的概念，这些概念也许只可意会，不能言表"。康德以这种提示结束了他的《一般自然史和天体理论》。不朽的灵魂超越一切有限的、能够明确而清楚地描述的事物，一跃上升到"提高了的物种"，以便在那里找到永恒的幸福。

康德1755年开始追寻的东西，他一生都没有放弃。在他晚期的著作中，特别是在《判断力批判》（1790—1793）中，他试图从哲学的角度解释孩提时就令他兴奋不已的事情。与"美的分析"相反，他提出了一种独特的"崇高的分析"。头顶的星空景象被用作这种崇高分析的直观材料。这种观察没有对科学天文学的好奇，也没有关于天体上是否有理性存在物的思考。如果说天空的景象是"崇高的"，那么只是由于天体的无穷大。天体是"囊括一切的宽广的苍穹"。作为无限的宇宙大厦，天体大得惊人，因此使人产生冷静的赞赏和深深的敬畏，而这种赞赏和敬畏又将人面对宇宙深渊可能产生的恐惧转变为令人喜悦的乐观情绪。

康德要利用"崇高的分析"，在哲学概念上说明令这位年轻的自然哲学家激情涌动的事情。同时，他要阐明在《一般自然史和天体理论》的结尾没有展开的、还非常模糊的思想：整个宇宙大厦在感觉上是无法理解的，是概念的语言无法描述的，对于人的想象力来说，它又是硕大无比的。但是，人如果对无法言说的又不想保持沉默，那么他怎么办呢？康德认为，除了他不太擅长的诗外，他只能作形而上学的自我提升。人作为理智存在物必须意识到自己精神世界的伟大。这个精神世界使人超越一切感官感觉、语言描述以及荒诞的想象，对无限的天体产生纯粹的理性观念，克服人作为地球这个渺小的点上的自然生物所感受到的一切危险和恐惧。对崇高的审美感是主体的感觉，而主体的感觉是由无法把握的数量上的大和具有强大生命力的自然引起的，而且恰恰带来了主体对自身精神的伟大的领悟。康德在自己关于无限宇宙的宇宙学理性观念中融入了他十分内行的形而上学。

不过，康德在1755年还没有达到这一步，尽管他十分自豪地阐释他是如何可能将自己创造的混沌变成一个有序的整体。他谈到其他星球上的居民，是为了在宇宙中不感到毫无希望；他谈到灵魂转世，是为了在死后周游遥远的宇宙。当然，这位年轻的充满热情的天体观察家已经认识到，他谈到的精神和神灵、灵魂转世和天上的住所，只是浮现在他眼前的想象力的梦幻般的表象。能够为充满他内心情感的、难以理解的东西找到可靠的根据吗？或者，他也是整天幻想那些子虚乌有的事物的人吗？这就是伊曼努尔·康德在后来几年集中精力研究的问题。他想划清实际知识和梦想、清醒的理智和梦中的愿望、可靠的理性小径和无边无际的幻想领域之间的界限。他选择世俗智者伊萨克·牛顿为他进行宇宙冒险的向导，而当考察"持之有据的可能性终结而任意的虚构开始的界限"时，他以神灵世界最著名的视灵者斯威登伯格为指导。

第三章　我不知道是否有神灵

贝克尔 1768 年所作的康德铁刻画像

振作吧,先生们,我已看到陆地!
之前我们与德谟克利特无异,
展开形而上学的蝶翼,
在虚空的空间里漫游,
在那里与神灵谈天说地。

第三章 我不知道是否有神灵

1. 冥界旅行

1766年春天,柯尼斯堡书商和出版商约翰·雅科布·坎特尔出版了一本匿名著作,标题非常引人注目:《以形而上学的梦来阐释一位视灵者的梦》。扉页上印着一位坐着的赤裸的守护神像,左手拿着花冠,右手拿着古琴。据罗马的宗教传说,他起初是男人的守护神,赋予男人繁衍后代的能力。后来,这位守护神变成了一种活力的象征,赋予人身以灵魂,最后成了灵感和创造性想象力的化身。在这个精美的艺术形象下面引着贺拉斯《诗论》中的一句名言:"如同病人的梦,空想的观念是虚构出来的"。虽然贺拉斯在《诗论》中也主张自由,不拘泥于对现存事实的摹写,认为奇异的事情是可以描述的,但认为作为幻想,想象力不应该幻想出荒诞的怪物,不能将人和动物、羔羊和老虎幻想成温顺和不驯相混合的幻象。在狂热中将不相容的东西梦幻般地统一起来,只能遭到人们的讽刺和嘲笑。

混乱的噩梦、神灵世界、虚构的幻象——这些污七八糟的东西不以自然作为原型,形而上学也属于这一类吗?它所说的是严肃的吗?这部著作的文体也不容许对这个问题作出明确的回答。它的文体是变换不定的,一方面同最高的精神问题作深思熟虑的斗争,认为这些问题具有重要的道德意义,另一方面又像一部轻浮的"消遣小说",那个匿名作者在其中极尽讽刺和挖苦之能事,一会儿描写有趣的轶事,一会儿进行批判的反思和哲学的沉思。在严肃和戏谑的混合中,神灵世界和形而上学归于同一个梦，难道这是作者不愿署名的原因？

2. 模糊的概念和神秘的表象

不难看出，这本书的作者就是康德硕士。1762年起，康德的一些著作就在书商和出版商坎特尔的出版社出版。1766年初，他租住了坎特尔家三楼左边的一间斜顶式房间，并在这里开设讲座。坎特尔非常慷慨，只要这位已经非常出名的房客想要，什么书都乐意借给他，因为康德囊中羞涩。正因为如此，坎特尔才出版康德的著作。而且康德也立即给1764年由坎特尔创办、约翰·格奥尔格·哈曼编辑的《柯尼斯堡学者和政治报》的第一期投去他分为五个部分的《试论大脑的疾病》一文。他在文中赞扬了大自然的淳朴和知足，同时批评了人为的强制和市民奢靡的生活方式，认为这是制造骗人的假象和头脑发热产生幻想的原因。卢梭给了他有关的提示。

不过，大自然中的生活也不是一帆风顺的。哈曼讲了"山羊预言家"扬·科马尔尼茨的故事，科马尔尼茨在森林里过着原始的生活，据说40天的斋期刚过一半，他就见到了基督，从此不间断地在各种适宜或不宜的场合传达神谕。康德到蛮荒之地拜访了这位"兴奋的农神法乌努斯"（古罗马神话中的农神，善预言。——译者注），并乘机刻画了那些颠倒了经验概念的、大脑错乱的人的特征。这些人"完全疯了"，因为他们将自己想象中的表象当成了现实世界中的真实事物。他们被幻象支配的时候，就会白日做梦，成为"好幻想的人"。这位基督教的幻想家相信天堂的力量，相信自己具有直接灵感，因而他在经验方面也是疯癫的。

那本匿名出版的《一位视灵者的梦》的意图、行文和风格都与《试论大脑的疾病》一文非常相似,使人不由得猜测康德是这篇文章的作者。真相很快就大白了。朋友们对此早已一清二楚,哈曼早在1764年11月6日的信中就告诉柏林的著名哲学家莫泽斯·门德尔松,康德硕士同北欧的视灵者和预言家伊曼努尔·斯威登伯格进行了一场争论。而1762—1764年满怀敬意地师从康德的年轻人约翰·哥特弗里德·赫尔德为坎特尔写了一篇评论《一位视灵者的梦》的文章,文章于1766年3月3日同样发表在《柯尼斯堡学者和政治报》上。不过,这篇诙谐的论战性文章的深刻意义,不得不使人产生怀疑:"康德

莫泽斯·门德尔松

先生是想嘲讽形而上学,还是想让人相信神灵世界",这是门德尔松对这部著作所作的评论。康德1766年2月7日给他寄这篇文章的时候卖弄地暗示说,这只是"一篇相当混乱的文章",也只是一个粗略的草稿。

门德尔松对此感到非常奇怪。这篇论战性文章论述的虽然是形而上学的最为复杂的问题,但著作本身的意义被作者草率地削弱了。行文中的语调使他很不满,因为他认为康德的信念表达得模糊不清,而论述这个棘手的问题恰恰需要清晰和明确。4月8日,康德在信中驳斥了这个"指责"。不,他的性格中没有弄虚作假。虽然他以最清晰的信念思考了许多"我永远也没有勇气说出来的东西,但是,我永远不会说出我没有经过思考的东西"。

但是,康德就形而上学和神灵世界的问题实际上究竟作了哪些思考,说了哪些话?他把两者都算做梦,认为它们与那些颠倒经验的幻想家的大脑疾病非常相似。难道他想将"理性的另一面"——梦、幻觉、诗人的想象——贬抑为大脑发热的病态,而只让理性单独存在吗?还是他想在想象和幻想、想象力和疯癫之间划定界限,以便不受贺拉斯早已警告过的那种幻觉的引诱吗?但是,这个界限关系到的就不仅仅是在通神的视灵者面前显身的神灵,是否真实存在的问题,它同时决定着自古希腊以来就是哲学的中心的精神的形而上学的命运。

我们必须注意康德在论述神灵的著作中使用的驱除幻想的方法,才能领会他的意图。康德采用这种方法不是为了证明可能的假设或建构理论,而是用来进行解释;他用这种方法阐明

第三章 我不知道是否有神灵

了一些包括他的同时代人都搞不清楚的事情。他的哲学不是教义，而是旨在弄清关于精神的混乱不堪的思想的一种活动。他的《一位视灵者的梦》所形成的结果不是哲学原理，用他的追随者路德维希·维特根斯坦的话说，只是弄清楚各种定理。维特根斯坦的定理同样只需得到"解释"，以便抵制形而上学的胡言乱语，正确认识世界："哲学就是理顺从前那些仿佛似是而非、模糊不清的观念，并且作出明确的界定。"

康德在给门德尔松的信中说："实际上，我很难想出一种办法，既能表达我的思想，又不致遭受别人的嘲笑。"因此，康德认为，最好的办法是抢在别人嘲笑之前先自我嘲讽，并且通过巧妙的羊人剧演示自己的绝对诚实。康德关于神灵的文章是一部哲学的艺术品，同贺拉斯诗体化的《诗论》一样，讨论了必须加以驱除的幻觉。这篇文章也是康德在后来的主要著作中进行研究和阐述的各种线索相互交织的科学—文学—形而上学的交点。康德此后再也没有如此深入地研究过其他著作家，这绝不是偶然的。斯威登伯格使他明白了他自己想要的东西。哲学的解释有助于他澄清问题，这里，他首先不能忘记他本人10年前在《一般自然史和天体理论》中关于崇高的内心喜悦、灵魂转世以及遥远星体上的居民生活方式的论述。

他潜心研究神灵世界这个"吃力不讨好的题材"的直接原因——康德满怀歉意地解释说——是他的好奇心。他听说有一位著名的科学家，人们把他说得神乎奇神。人们在惊奇的同时谈论伊曼努尔·冯·斯威登伯格的能力，说他能同死者的灵魂交往，不管在地上还是天堂。

康德的世界

康德在自己著作的第二部分叙述了斯威登伯格其人，并且陪伴他踏上了通往神灵世界的心醉神迷之旅。在这之前，他在第一部分阐述了神灵现象这个形而上学的问题。这里的关键首先在于进行语言上的解释。康德一开始就解释概念，必须把不清楚的东西解释清楚。"神灵"这个表述虽然在日常生活和精神哲学中，在心理学和宗教与神学中，在神秘学和文学中被普遍使用，但是人们到底知道自己在说什么吗？在提出神灵的本质是什么的问题，并试图对此作出有见解的回答之前，必须弄清"神灵"这个词的含义。概念的解释没有对或错。解释概念就是提出有用的详尽的建议，将一个模糊而多义的单词用一个概念来表达，而这个概念虽然必须与需要阐明的单词的用法相联系，但可能比这个单词的用法更准确、更确定。只有这样，才能解释"神秘的表象"，康德对其作用深信不疑。他知道，是没有意识到的表象在耍弄人，特别是在事关感情问题的时候。

灵魂是存在的，而且有神灵。不管怎么说，几千年来，人们始终在谈论它们。这个话题将一直继续下去。随便翻开一本哲学词典，就会看到"灵魂"是欧洲哲学的一个基本概念。古希腊的自然哲学家已经谈到过普纽玛（Pneuma，原意为微风、空气和呼吸），以便了解宇宙和赋予灵魂的人的共同呼吸。亚里士多德作为形而上学者，在将这个普纽玛——灵魂理解为同身体分离的，但仍然对身体发挥作用的东西时，付出了巨大的努力。他认为，他的老师柏拉图，即提出先验的彼岸的第一位大师，将这二者严格分开，是没有道理的。保罗在《致哥林多

第三章　我不知道是否有神灵

前书》中，明确区别了自然的人、不属灵的人（animalis homo）和精神的人、属灵的人（spiritualis homo）。精神的人听得懂上帝的精神赐予我们的神的语言。德语单词"灵魂"，在日耳曼语中还有"狂喜"的意思，在古高地德语中还有"尘世外的、与身体分离的本质"之意，它的意思非常广泛，从单个人的个体灵魂经过社会各级的民众灵魂或世俗灵魂，直到绝对精神，绝对精神在上帝的精神中达到神学的顶峰。

不过，这个灵魂早已让位于幽灵般的相似物。在秘密的神秘宗教中，另一个世界一再受到召唤，这是一个神灵的王国，只有被拣选的人能够进入这个王国。甚至连思想严谨的柏拉图也相信不纯洁的神灵的存在，它们一定生活在冥界，在墓地四周徘徊，因为死者的灵魂没有同身体完全分离，因此不能回到看不见的神身边。

孩子们听各种鬼神的故事。他们相信乐于助人的保护天使，害怕尤其是在梦中出现的夜神。古老的神话和民间迷信都说，亡灵可以复归。发出敲打声的鬼怪生活在那些似乎无法控制的事物中。文学作品中，神灵故事作为一种固定的种类，在哥特时期的小说中达到了唯灵论的第一个巅峰。霍勒斯·沃尔波尔1764年出版的《奥特兰托城堡》开了这类小说的先河，当时康德正在潜心研究神灵世界的秘密。奇迹、幽灵、魔法、梦幻和"通常被称作超自然的事物"，在这些恐怖故事中占主要地位。掌握秘术者、降神术士召唤世俗神灵，神灵作为中介存在于一切事物中，并且懂得在天堂的灵魂和现实的肉身之间进行调解。神灵猎手做他们的工作，而萨满教的神灵拯救者正在走向他们的另一世界的途中。撒旦的追随者们今天还在谈论给他们下达命令的撒旦。他们不怕被杀害,就是为了把牺牲者的灵魂献给他们的主子。

如果把所有这一切加以综合,那么,就像康德颇有讽刺意味地指出的,关于灵魂和神灵的议论,看来"就构成我们知识的一个不小的部分"。但这些知识离不开神秘的表象和模糊的概念。康德提出一个简单的问题,就使所有这些不假思索地谈论灵魂和神灵的博学之士极为尴尬:"人们自以为理解的神灵究竟是个什么样的东西。"只有先弄清楚"神灵"究竟指的是什么东西,我们才能转向另一个更深入的问题:这个名词是某种真实的东西,还是仅仅是虚构的幻象。

如果"神灵"是从我们自己的经验概念中抽象出来的,那么,对它的意思和意义的询问就容易回答了。但遗憾的是,当谈到神灵的本性时,甚至不直接引用物质事物和事实的感性经验。这个颇有争议的概念没有加以经验的论证。因为感觉告诉我们没有神灵。我们既看不见它的身影,也听不见它的声音,既尝不到也闻不到或摸不到它。而只有这种非感官性能够合乎逻辑地提出神灵是现实的还是非现实的、真实的还是幻想的这个问题。

康德的概念解释是从一个简单的思想实验开始的。如果将精神的实体装满广延的、不可入的、可分的并且遵循牛顿力学运动定理的充满物质的空间,会发生什么事情呢?这里显然不会发生对空间的占有行为。也就是说,神灵可能作为内在的原则或非物质的力量发挥作用,但没有以物质的形式填充空间。

第三章 我不知道是否有神灵

"这一类的单纯实体将被称为非物质的实体,而且如果它们有理性,就被称为神灵。"康德认为,只有完全同物质分离,使用"非物质的神灵"这个名字才有意义。

谈到这个问题,就不能再忽视"错综复杂的形而上学之结",这个结使我们面临陷于哲学的极度混乱之危险。康德在这里暗指亚里士多德,后者在其《形而上学》中已经将思想上的疑问看做是对所争论的问题中的结的提示:"我们在怀疑的过程中,仿佛被束缚住了;被束缚着的思想,也像缚住了的人,难再前进。"这个问题似乎过分地要求我们进行明确而有

拉斐尔所作《雅典学院》的细节。柏拉图手指向天,象征他认为美德来自于智慧的"形式"世界。而亚里士多德则手指向地,象征他认为知识是透过经验观察所获得的概念。

针对性的思考。它将互相矛盾的论据纠缠在一起，在提出这些论据的时候，合理的论证和离奇的想象往往交织在一起，无法解开。于是，形而上学者开始做梦。我们可以根据三个征兆作出判断。

康德首先只承认，"我非常乐意断定世界上有非物质物类的存在，并把我的灵魂自身归于这些存在者的类别中。但是这样一来，一个神灵和一个躯体之间的结合岂不太过神秘了吗？"这位形而上学者喜欢神秘的东西。他是"神秘哲学"的首创者，并且承认，有些东西他本人也很不清楚，只好随它去。他相信属于某个世界、不屈服于物质活动条件的灵魂、非物质性物类、精神实体、内在的活动和状况。但它们究竟在哪里？康德猜测，由于这个问题，每一种科学的认识实践都必定是有止境的。

康德只谈属于整个宇宙的神灵。他研究的不是人们一开始就否认其物质性的上帝的无限精神。精神和物质、灵魂和躯体的关系使他感到困惑。因为将人的灵魂假设为精神实体使这位形而上学者陷入了一个似乎难以解决的难题："我应该设想它与有形体的存在者的相互结合成为一个整体，尽管如此却否定在物质性存在者中出现的唯——种为人熟知的结合方式。"

康德离开正题去谈道德和美德，使这个问题尖锐化。现在这个问题不再是仅仅涉及头脑，甚至还涉及人的心脏。人的心脏似乎是由体外的某种非物质的力量推动的。凡是不仅仅考虑自身和自己的私人需要的人，都愿意相信"人和神灵世界由于道德原因产生的相互影响"。似乎有某种超个人意志的美德倾向、道德情感和规律在现实世界中发挥作用,尽管不能把它们设想为物质存在。于是,康德达到了一种还难以同幻想的观念相区别的认识:"行为的一切道德性按照自然的秩序决不能在人的肉体生命中产生完全的效果,但在神灵世界却可以按照普纽玛的规律有其完全的效果。"

因此,康德尽管还不能确切地知道或证明,非物质的神灵是否存在,但他首先承认,他"愿意"相信神灵的存在。其次,他由此卷入了那个传统势力很大的结,而这个结同时要让人思考精神与躯体的结合和分离。第三,他从直接的、遵守普纽玛影响下的规律而没有物质事物作为中介的神灵世界推导出行为的道德。这似乎是自我诊断。甚至他自己也是那个神灵王国的居民,在那里,各个时代和地域的秘术者、神秘教教徒、受到秘传的人济济一堂。

3. 视灵者斯威登伯格

康德早在关于神灵的文章的开场白中,就已经铿锵有力地将形而上学的秘密、宗教希望和神灵的幻象结成一个非神圣的三位一体:"冥界是幻想家的乐园。"他描述冥界的语调听起来仿佛是一种警告。不,冥界的界限是不能逾越的。这位世俗智者把明确和清晰看做是自己哲学活动的方法论原则,因而不会成为幻想家。他不想像那些不是看事物本质,而是被爱好所欺骗的人那样自我蒙蔽。为了弄清这个问题,康德转而研究斯威登伯格。斯威登伯格是当时最著名的视灵者,在德国也有许多热情的追随者。康德把他看做镜像和幽灵,为了从形而上学的梦境中觉醒,自己必须与之划清界限。为了能够驳斥斯威登伯格,康德想克服自己心中的斯威登伯格,想认识关于神灵的奇特的胡说八道。不过,这个斯威登伯格到底是谁,康德详细了解这个人和他的生平吗?

"在斯德哥尔摩,有一位名叫斯威登伯格的先生,他没有任职或者利用他那相当可观的财产。他的全部活动在于,像他自己所说的,20多年来一直在亲密地与神灵和死者的灵魂打交道,从它们那里获取来自另一个世界的消息,反过来,也向它们发布这个世界的消息;他根据自己的发现撰写成鸿篇巨著,间或到伦敦旅行,设法出版这些著作。"康德就靠着仅有的这点信息开始准备论战,他"完全无所谓"地听凭读者对这些信息作出赞成的或反对的判断。他好像对这位"某先生"不怎么了解,似乎连他的名字都没弄确切。

斯威登伯格

第三章 我不知道是否有神灵

几年前，大概是 1763 年 8 月 10 日，康德给卡洛琳·冯·克诺布洛赫的一封信，说的是另一番话。当时，他对这位好学的"贤惠的小姐"说，他打听到了关于斯威登伯格的详情。虽然他不知道，人们在他身上是否总能发现"某种爱好新奇的气质"，但他说自己肯定更愿意遵循"健康理性的法则"。他不完全相信他所了解的有关神灵世界的现象和活动的各种故事。他虽然不想坚持这些故事是不可能的，但也不想轻易上当受骗。他就是在这样的心境下去了解冯·斯威登伯格先生的故事的。在康德看来，斯威登伯格被那些自己所欣赏、具有清晰而独特的判断力的人，描绘成了一个"明智的、讨人喜欢的、坦率的人"，优秀的学者；这个人神气十足地大谈上帝赋予他的能够与神灵和天使打交道的神奇本领，而且提供了大量这方面的证据。此外，康德给斯威登伯格写信，以便获得关于这个人与神灵打交道的第一手资料。这封信现在也能证明康德对这位奇人的浓厚兴趣。但斯威登伯格是怎样获得这种奇特的本领的呢？

伊曼努尔·斯威登伯格 1688 年 1 月 29 日生于斯德哥尔摩，父亲是随军牧师，名叫杰斯珀·斯威登伯格。伊·斯威登伯格早年由于对自然科学感兴趣，于是前往英国，在那儿听牛顿的讲座，学习数学、力学和天文学。他首先是一位发明家，在 1716—1746 年的 30 年间，是瑞典一座矿山的文员。为了表彰他的实际工作业绩和科学研究，他被授予"冯·斯威登伯格"这个贵族封号，并且成为皇家科学院院士。他主要研究行星和月亮的构成的宇宙起源学说，以及大脑活动的生理学。对于前者，他早在 1734 年就提出了星云的假说；对于后者，他首先研究大脑活动的唯物主义，以便能够将大脑活动融入他的机械论宇宙观。

18世纪40年代初，他在科学界的名声已经登峰造极。他撰写了大部头著作《动物王国》，以及一篇值得关注的关于大脑的论文《论大脑》。不过，由于这项科学研究，他同时陷入了严重的危机。他感到面临两个方面的危险。一方面，他担心肉体—灵魂的问题会首先超越他现有的科学理解力。他不能给灵魂的问题定位。斯威登伯格已经走到了正在研究的自然知识的尽头，他觉得再也不能前进了。他期盼上帝给他明示，他的认识道路是否正确。另一方面，他越来越怀疑自己的宗教信念。对他来说尤其困难的是，如何为圣经所讲述的奇迹找到一种可信的科学解释。而且他也知道同时代的思想家，如大卫·休谟或伏尔泰，已经开始按照这个问题即是否有奇迹存在的证明，而不是奇迹证明什么，来探讨信仰奇迹。甚至启蒙了的神学家也有迷信的嫌疑。

一方面自然知识已经到了极限，另一方面宗教信仰陷入了科学质疑的旋涡，在这种双重危机压迫下，斯威登伯格的梦越做越荒唐、越做越混乱。现在他还想使孩提时就熟悉的技能更加完美。他极力屏住呼吸，迫使自己进入一种几乎窒息的状态，这时他体验到梦一般的幻觉。一切都梦幻般地发生在他的身上，展现在他的幻觉中。他以那"精神的眼睛"看到了心中熊熊燃烧的烈火，他的思想变得越来越"光亮"。他甚至感到自己是与处于他心中的成群的天使在一起。

斯威登伯格在56岁的时候，即1744年复活节的时候，在

第三章　我不知道是否有神灵

4月6—7日的夜里第一次亲见了伟大的基督。虽然当上帝之子拣选他为至爱的时候，他并不是完全清醒，但这并不妨碍他实现一生中的决定性转折。在这之前，他一直致力于科学地认识各个领域。在这方面，他通常采取严格的经验方法，相信实验和观察。但现在他相信自己已经认识到，作为科学家他必须超越自己所遇到的极限。他探索完全不同的东西，并发现了上帝的神秘。他的愿望在伦敦非常出人意料地得到了最高当局的认可。1745年4月，在经过一场可怕的梦魇以后，上帝出现在他的面前。他从上帝那儿知道了他被拣选的原因：上帝要让他向人们解释圣经中的神意，要他在上帝的帮助和指引下，毕生去努力完成这一任务；要他设法揭开上帝的公开言论背后所隐含的秘密。"我确信，在这一天夜里，神灵世界、地狱和天堂均已向我敞开。我在这里又重新见到了尘世中的许多熟人。从这一天起，我放弃一切尘世的学识，像上帝吩咐的那样开始撰写有关神灵的著作。"斯威登伯格已经变成通神者和天堂知识的爱好者。他完成了唯灵论的转变，懂得了真正的上帝的真理，从而从科学的自然论使他陷入的危机中拯救了自己。

再来说康德。即使现在，对这位世俗智慧的爱好者来说，科学家伊曼努尔·斯威登伯格向通神者的转变也仅仅是宗教迷狂和幻想的漫长历史中一个无关紧要的小插曲，除非他在这位着迷的视灵者的著作中看到了他自己也向往的形而上学的充满诱惑的模型。康德将斯威登伯格视为自己志趣相投的对手。这位视灵者具有这位哲学家的某些特有的才能，就像在童话中一样，这种才能差一点把他诱骗到"形而上学的安乐园"。

康德认为这位北欧的视灵者不是骗子。他向康德坦白说，他所说的都是他亲身经历的事情。"他看来完全相信自己所说的事情，毫无故意欺骗或者招摇撞骗的样子。"因此，康德首先攻击的是那些社会传言。他试图在此岸证明斯威登伯格在彼岸的信念和经历。在他的调查的最后，康德虽然自嘲地承认，他自己的调查"就像通常人们必定什么也找不到一样"，也一无所获，但事情完全不是这么简单。我们只要看看康德也详细介绍过的那件事就知道了：收据失而复得。

4. 伪经验

荷兰驻斯德哥尔摩公使的遗孀玛特维勒夫人，受首饰匠的催讨，要她结清于1760年4月25日死去的丈夫的一笔欠款。她虽然确信丈夫已经付过款，但在丈夫的遗物中找不到任何凭据。因此，她于1761年去求助能够同死者的灵魂对话的斯威登伯格，帮她问问收据放在什么地方。斯威登伯格答应帮忙。"几天以后他到夫人的家中给她回应：他已经取得所要求的信息，在他指点的一个这位夫人以为已经完全腾空的柜子里，还有一个暗格，所找的收据就放在里面。人们立即按照他的描述去寻找，在秘密的荷兰文通信中找到了这张收据，由此完全勾销了首饰匠提出的要求。"

康德首先根本不知道应该如何评价这件事。他感到非常难办。有关斯威登伯格能力的传说，他觉得不可思议。他感到"无法抑制的怀疑油然而生"。但是那些非常理性的目击证人都信誓旦旦地保证，确实有这样的事情。

第三章 我不知道是否有神灵

康德自我解救的办法，是对他所知道的这些事实的证明力提出质疑。无法解释的现象、证据和事实之间的相互关系太复杂了，以致没有指望迅速找到唯灵论的解决办法。首先是银行家卡尔·罗布萨姆的证明使这件事有了进展。因为视灵者本人告诉他，他虽然按照这位寡妇的请求同她逝去的丈夫对过话，但她的丈夫只告诉他，他要晚上回自己的房子去找收据。斯威登伯格只能对这位寡妇说这么多。斯威登伯格还补充说，"后来我听说，她真的找到了这份重要的文件，否则我对这件事还真的无法交代。有传闻说，这位寡妇做了一个梦，梦见了自己的丈夫，丈夫告诉她这份材料在原来秘密的柜子里。"这听起来与一般传奇故事多么不一样！

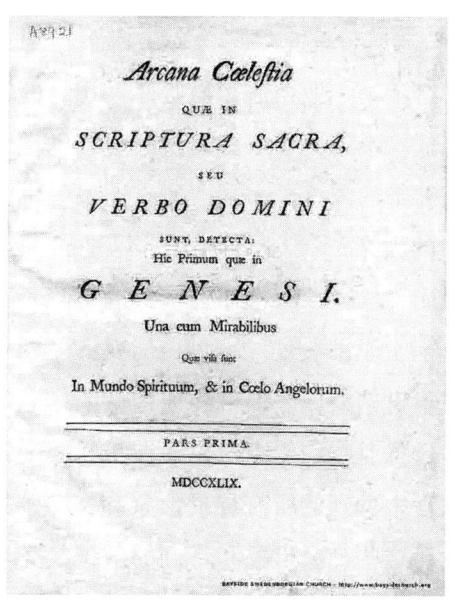

斯威登伯格代表作品《天堂的奥秘》
（*Arcana Cœlestia*）第一版扉页书影

神灵故事与感觉的解释有关。玛特维勒夫人的奇特事件也表明了这一点。没有能可靠说明事实真相的目击证人,只有一位一筹莫展的夫人,她想找某种东西,后来由于清楚地梦到了丈夫的魂灵,想找的东西找到了。不得不承认这里存在一个斯威登伯格享有特权可以随便出入的神秘的神灵世界。但是,怎么证明他同死者的灵魂谈过话了?这是一个关键问题,康德试图在他的论战性文章中寻找这个问题的令人信服的答案,借此增强自己的批判理性。这关系到科学理论和形而上学体系赖以建立的可靠的经验基础的认识论问题。

斯威登伯格见到基督和上帝显灵后撰写的第一部视灵著作《天堂的奥秘》,4开本,共8卷,于1747—1758年在伦敦出版。康德花了一笔不小的款项——7英镑买到了这部著作,并且阅读了这部启示录。他相信非物质性存在物的存在,似乎在这里得到了印证。不过,在认真阅读的过程中,这位好奇的读者发现,这部神奇的巨著原来是"所有幻想家中间最疯狂的幻想家的幻觉"的大杂烩,"8卷4开本尽是胡说八道"。但是,为什么说这是胡说八道,康德作为精神的冒险家,不是也敢于冒险乘坐"形而上学的飞船"吗?

康德几乎不讨论斯威登伯格的通神论的体系结构。他虽然大概介绍了据这位北欧幻想家所说是在不间断地往返于神灵世界和天堂的过程中见到的所有神灵形象和奇迹,而且,这位幻想家还说,他对这些神灵形象和奇迹的认识是完全从上帝那儿得来的;但是康德将这一切统统解释为一个人的想象。这个人误以为自己拿神话、圣经和文学故事拼凑的创作就是神秘的宇

第三章 我不知道是否有神灵

宙秩序。

康德更感兴趣的是斯威登伯格声称自己亲眼所见和亲耳所闻的东西,是他的知识的经验基础,因为康德认为"伪经验"在本质上比"出自理性的假理由"更有教益,他将伪经验解释为主体感觉经验的独特的、颠倒的说明。举几个例子就能够说明这个问题。

圣经中传说的"脱离尘世"是一个不同寻常的幻象,斯威登伯格就有身临其境的感觉。但是,据他说,他是处于一种半睡和半醒的状态,处于一个中间王国,在这里他的感觉,特别是触觉仍然极其敏锐。他"感触到了"天使和神灵活生生的存在,虽然这个时候他的躯体几乎完全不动。斯威登伯格经常感觉到"神灵带他到了另外的地方",也就是说,他在一个城市的胡同里徘徊的时候,频频想起另外的地方和在他想象中出现的人。他似乎完全是心不在焉地在行走,既不想时间也不想地点,直到他再次"看到自己的躯体"。"我发现自己到了另外的地方,我觉得非常惊讶。竟然会有这样的事,我也想知道为什么,人可以由上帝引路,却不知道从哪里来、到哪里去。"人如何死去、如何"再生",灵魂如何摆脱躯体进入精神世界,这一切斯威登伯格在活生生的经验中反复得到过昭示。他全力屏住呼吸,使自己的躯体失去感觉,"由此进入一种接近死亡的状态"。内在的呼吸取代了躯体的呼吸。在这种接近死亡的状态中,他脑海中的天使明亮的身影出现在远方,直到他最后再次"复活,回到物质世界"。——最后,特别值得思考的是斯威登伯格的语言感觉,首先是他的"天使的语言"。这位说话非常结巴的神灵和天使的听众最喜欢用这种万能的语言与人交往。因为,在这里他体验到一种美妙的语言,这种语言可以确切地表达一切原初的概念和思想观念,毫无掩饰地表达人类的一切爱好。这是一种精美绝伦的精神语言,同时"可以响亮地述说爱好,清楚地表达思想",这是一种纯粹的思想的语言,在他听来是多么的优雅、清晰、适用和真实。

康德对斯威登伯格所经历到的事情没有提出质疑。因为这些现象中没有什么是真正荒诞的,不管是半醒半睡的状态,还是心不在焉的散步,不管是催眠的感应作用,还是风趣的内心独白。每一个人都有这种感觉经历。但康德发现,斯威登伯格试图用以描述和解释他身上所发生事情的经验概念是颠倒的。幻想家喜欢荒诞的伪经验,而这种经验首先源于误解,即将他心醉神迷的圣经读本误解为上帝的启示。斯威登伯格与神灵世界的联系是一种他强烈地体验到的,并且根据想象作了牵强附会的解释的感觉和知觉的自我欺骗。

康德在《一位视灵者的梦》中以批判的分析,揭穿了形而上学的梦这个可能的假象。所有关于神灵和灵魂这些非物质实体(他承认自己倾向于此)的议论,关于肉体和灵魂的神秘共同体的思考,关于"遵守普纽玛规则的道德神灵世界"的想象,建立在虚假概念之上的超验世界的形而上学的海市蜃楼。——所有这些难道也都仅仅是形成虚假认识的想象力的幻象?康德根据自己的解释在哲学上得出了什么样的结论?下面五个方面应当坚持,这对于康德今后的发展具有重要意义。

5. 释梦

共同体而非个体，牛顿而非斯威登伯格。斯威登伯格在他关于天堂和地狱、冥府和尘世的秘密和奇迹的一切通神的启示中反复指出，所有这一切都是上帝告诉他的。这是他这个只有用"想象"才看得见这些令人惊异的事情的"内在人"的活生生的经验。康德概括说，这些只是斯威登伯格能够用以证明他的知识的"私人现象"。他是自己的唯一的证人。他生活于他自己的世界，用他天使般的私人语言与人交往。

这种唯我论充其量只能导致建立虔诚的斯威登伯格信徒的"新教"，康德与之相反，主张建立以一切人可能的共同经验为基础的主体间的世界。他相信各个主体的经验基础是一致的，这种一致性还表现在共同使用一种语言，每个人都能参与到一致的宇宙联系中去。康德反对斯威登伯格对人间秘密和天堂秘密的内在感觉经历，主张一种知识形式，他认为牛顿的《自然哲学的数学原理》是这种知识形式的典范。因为我们认为，这些按照牛顿原理能够观察和解释的对象、事实和过程属于主体的感觉，所以对世界的主体间认识是可能的。使自然哲学家对世界感兴趣的，不是秘密，而是实际存在的一切事物。

作为牛顿的拥护者，康德反对唯我论的"我"及其个体语言，而确立了同属一个共同世界的主体间的"我们"。苏格拉底以前的赫拉克利特（康德误认为是亚里士多德）在反对神秘的幻想的著作残篇第89篇中贴切地指出："当我们清醒时，我们有一个共同的世界；但当我们做梦时，每一个人都有他自己的世界。"康德将第二句话颠倒过来理解,于是就有了那种据以对神灵故事和形而上学进行论战的观念:"如果在不同的人中每一个人都有他自己的世界,那么就可以猜测说,他们是在做梦。"这是"一般"哲学指导认识的重要假设,它可以克服"神秘"哲学的一切幻想。

科学世界观的积极战士在20世纪将"战胜形而上学"的口号写在了自己的旗帜上,同样,康德在1766年左右也怀疑形而上学是愚蠢的,因为它借主体间可以体验的事实摆脱了各种检验。它既不能提供正确的定理,也不能提供确实错误的定理。它的伪经验、伪概念和伪判断都是无法证实的,但也无法证明是错误的,因为它们完全源自表面上具有视灵才能的个别主体的想象。康德不想再与之有任何瓜葛。在结束冥府旅行的时候,他认为形而上学的工作已经结束了。以后它与自己再也没有关系。与其长期纠缠于这些胡言乱语,倒不如做一些有用的事情。伏尔泰对自己笔下的诚实的憨第德说,应该做的事情是:"让我们为自己的幸福操心,走进花园,开始劳作!"

有限而非无限。我们可以把康德关于视灵者的文章的思想内容,用康德主义者维特根斯坦的话归结为:可以共同思考和言说的东西,一定是有限的,"而超越界限彼岸的东西,纯粹是胡说八道"。康德在释梦时说的第二句话,就把冥府描述为"一片自己能够任意耕作的无边无际的土地",幻想家感觉冥府就是自己的家,像在天堂一样。他用以揭露形而上学和唯灵论梦幻的其他画面也暗示无限:空中楼阁;似乎是"形而上学的蝶翼"将我们带往的虚空;1781年,他在《纯粹理性批判》

中谈到了柏拉图对无限性的欲求,谈到了轻盈的鸽子的翱翔,它离开感觉世界,鼓起"观念的翅膀飞向纯粹知性的真空";甚至还谈到广阔无边、波涛汹涌的海洋,这是"幻想"的本土,在那里,雾霭和悦耳动听的升E调被伴作坚实的土地,"四处飘荡的航海家带着虚空的希望"经不起诱惑,稀里糊涂地前去冒险。

《苏格拉底之死》,雅克·路易·大卫(Jacques Louis David)作于1787年,130×196厘米,原画藏于美国纽约大都会美术馆。公元前399年,雅典人苏格拉底被控不敬神和腐蚀青年。有501人作为此案的审判官,最后他们以281票对220票认为苏格拉底有罪,进而判他死刑。一个月之后,苏格拉底从容赴死。苏格拉底之死是西方思想史上的重大事件,与400年后那撒勒人耶稣被处死可堪比较。当时苏格拉底的亲友和弟子们都劝他逃往国外避难,均遭他严正拒绝,并且他当着弟子们的面从容服下毒药。

但康德想留在地面上,眼望大地。正是由于精神的本质和灵魂的非物质性这个哲学问题,要求划定一个明确的界限。因为在这个问题上人们太容易陷入梦幻思辨的竞赛。康德反对一切形而上学的幻觉,形而上学的任务仿佛只是否定的。在他与斯威登伯格的争论中,他认为已经完成的事情,不是关于灵魂和精神的肯定的知识。我们能够相信的肯定的事物,辩证地说,也包括某些否定的内容,也就是说,包括我们无法超越的知识的界限或界石。任何哲学研究都不能"任意超越"这个界限或界石。"就此而言,形而上学是一门关于人类理性的界限的科学。"人们在冒失地企图占领一个无边无际的幻想领域之前,必须首先认清和坚持自己的领地,或者说,人们在敢于出海之前,必须认清和坚持自己的小小岛国。

苏格拉底的无知,而非柏拉图的认识要求。当涉及精神和灵魂的问题、涉及非物质世界和遵循普纽玛法则的道德的神灵世界(康德倾向于相信它的存在)的问题时,那么,形而上学是一门有用的科学。然而,所谓形而上学有用,不是因为它扩充科学知识,而是因为它防止错误、伪经验和幻想。人们通过形而上学学到了苏格拉底所知道的东西:我对此一无所知。当学者碰到了可认识的界限并且不得不承认:确实有许多东西我不认识,那么,就会产生谦逊的怀疑。"我不知道有没有神灵存在。"这种"不知道"导致这样的结论:人们将来虽然对神灵和类似的存在物"仍然有各种各样的意见,但绝不可能有更多的认识"。康德不否认神灵存在的可能性,而且他也没有要求"完全否定各种神灵故事所具有的真实性",但他是一个坚定的不可知论者，他对人们试图借以超越主体间的世俗经验界限的各种知识要求表示怀疑。

这种确切无疑的"能够不知道"超越了就连经验的实在科学也承认的单纯的"我们不知道"（Ignoramus）：我们现在虽然不知道，但我们能够知道，有朝一日总会知道。这种棘手的"无知"不断引起猜测和反驳，是为了最终发现真理。当康德自问，在物质世界中怎么会存在灵魂或神灵，以及灵魂或神灵是否无需躯体也是可以设想的时，他并不是指这种无知。因为这里涉及的不是呈现给感官的、经验科学可以分析的自然对象，某种"不可知主义"进入了哲学讨论：我们将永远不会知道。关于精神的本质这个形而上学的学说概念没有给我们提出科学能够解决的任何问题。这个概念使我们面对一个谜，而这个谜超越了任何可能的经验科学的界限。精神和灵魂的神秘在理论上是无法理解的。甚至我的单纯的意志使我的胳膊动起来这样一种简单的经验都是神秘的。如果意志被看做是非物质的，那么它怎样使胳膊动起来呢？

作为世俗智者，康德觉得自己与学者斯威登伯格的处境差不多，斯威登伯格为了解决肉体和灵魂的关系问题，专心研究过大脑。这也说明康德对这位北欧视灵者有着浓厚的兴趣。不过，斯威登伯格在 40 年代初遇到知识和信仰危机以后，跳出理论自然认识的界限，开始幻想与神灵见面，而康德则保持着苏格拉底式的谦逊。

面对神灵这个谜，康德承认任何理论都无法消除的"无知"。因为不但人的理智无法理解超越自身界限的东西，而且感觉上也不能体验另一个世界可能存在的东西,而在我们的现实世界遇不到的东西,只有在误解了自己的感觉经验的幻想家的伪经验中。

释梦。凡是只有自己的世界的人,可能都是梦想家,他们受制于一种特殊的悖论。他们在梦中经历的世界只限于自己,不在有着共同经验的主体间开放。但这个世界同时又与辽阔的海洋和虚空的天空一样是无限的。这说明,为什么在梦中只有神秘的表象和模糊的概念。而这些表象和概念不受我们醒着、有着清醒意识时参与使用共同语言的规则的约束。

康德认为,毫不奇怪,人只要没有从梦中醒来,他就会认为梦是真实事物的真实体验。梦中的想象力也能想象出极为清楚的表象,能远远超越在清醒状态下可能经历到的事情。想象力在夜晚的活动没有固定的规则,而康德能敏锐地感觉到尤其是在介于沉睡和清醒之间的冥府出现的一切情景。只不过人们既不能将这些梦中的幻影看做真实的体验,也不能将之看做来自一个看不见的世界的启示。

康德没有花费力气去研究斯威登伯格赖以编织天堂梦的具体来源,因为这个梦幻的世界虽然由于个体的语言是封闭的,但它也是由大量支离破碎的文化史传说构成的。它自由地汲取人类共同的知识资源。视灵者的著作是用神话、宗教、神学、哲学和文学读物的残渣拼凑而成的。这位视灵者在梦中将这些残渣进行随心所欲的加工,使它们相互交织在一起:《旧约》开头几章以及摩西的天使,被他与古希腊哲学和天文学中的星象学联系在一起;荷马笔下的死者在阴曹地府的鬼怪形象;为

第三章　我不知道是否有神灵

了接近上帝人从冥府跃出而上升到柏拉图的理念；亚里士多德《形而上学》中的神的智慧；其神灵和守护神存在尘世和精神世界之间的中间王国新柏拉图主义超验学；而且还有奥德维《变形记》和约翰·弥尔顿《失乐园》中诗的要素。斯威登伯格将所有这些东西以及其他更多的东西统统都拿过来，在梦中把它们拼凑成了他的《天堂的奥秘》。他之所以成为一个能视灵的幻想家，是因为他将他梦幻般的提炼和剪辑、象征性的表现和生动的叙述误解为上帝恩赐给他一个人的真实性认识。

　　任何一个真实的神灵故事都包含强烈的情感。康德一心想着超越界限。他没有一丝一丝地去解开斯威登伯格的"胡说八道"的文字难点，而是分解了斯威登伯格，驳斥了他的认识要求。他的批判与他两年前所作的心理学解释有关。因为他1764年在《关于美感和崇高感的考察》中分析说，一个叫斯威登伯格的固执的幻想家只依赖于他自己的观念，他特有的性格首先是多愁善感。他对美的刺激几乎无动于衷。因此，毫不奇怪，在斯威登伯格的所有通神的著作中，崇高都占据了首位：对炼狱的恐惧，对天堂幸福、充满性欲生活的向往，或者对天父的无边想象。"无边的梦、惩罚和奇迹"使他战栗，并使他体验到了令他的精神力量极度紧张的神灵世界。他的人的灵魂中的一些超自然的东西使梦中的愿望变为真实的体验。因此他完全失去自制力，只希望在神的怀抱或天堂中找到他的宁静和永恒幸福。

　　归根结底，康德也许也有同斯威登伯格一样的希望，因为他对《一位视灵者的梦》的解构也带有超然物外的特点：无限的想象和个人的郁郁寡欢。因此他的解构也是受了那种许诺由模糊观念带来光明的乌托邦精神的影响。康德的"理智天平"虽然是中立的、冷漠的，但就像他承认的那样，他有点儿倾向于写有"未来之希望"那一边。"我承认，所有关于死者灵魂再现或者神灵感应的故事，所有关于神灵存在者的可能本性及其与我们的联系的理论，只有在希望的秤盘上才有显著的重量；相反，在思辨的秤盘上，它们似乎纯由空气构成。"

爱的形而上学。斯威登伯格感到有人要求他爱基督。这位唯灵论者的回忆录以人的欲望证明，要找寻感性幸福和精神解脱，就必须超越一种主体间的语言和一个共同的世界这个界限。于是就产生了那些康德只想勉强浏览的"胡说八道"。一群好奇而闲散、无所事事的朋友劝他不要太过认真，随便翻翻，分析分析。然而这又违背自己严肃认真的心理。据说这种题材是"吃力不讨好的"和"不可靠的"。失足是难免的，不过，康德最终承认，他的批判形而上学的技巧虽然将严肃和诙谐混杂在一起，但是在追求一个目的，"它在我看来比我所宣称的还重要"，因为他也是受了一个保护神的诱惑，这个保护神要求比他的科学理智更多的、不同的东西。

形而上学的世俗智慧要求康德只真正地爱它时，他却在研究宗教狂热的幻想家斯威登伯格。他想弄清自己所爱的对象。"我注定已经迷恋上了形而上学，但我能否自诩从它那里得到了几分青睐"。形而上学引导他走上了那条他希望找到精神幸福的道路。不过，哪一条是能够阻止他胡说八道的正确道路？1766年，康德虽然走了一趟那个幻想家的冥府，但是，他能留

第三章　我不知道是否有神灵

在形而上学作为"人类理性的界限的科学"为他安排的那个地方吗？康德不想满足于对"精神"和"灵魂"作出单纯否定的规定。在他的视野中正在出现一个关于大自然和精神的肯定的形而上学的大致轮廓。认识这种形而上学是康德的哲学推动力。因此，对幻想的灵魂和神奇的神灵故事作心理学或人类学的探究，也不能真正令他满意。灵魂和精神必须从哲学上加以说明，虽然它们回避以经验为基础的自然科学。这个形而上学的情人一定试图爱上形而上学，即使在禁止理论科学介入的另一个世界也爱慕它。康德首先在实践理性和道德生活的形而上学中才会发现，他将被推向何方。

第四章　唯有批判的道路仍是敞开的

德布勒（Doebler）1791年所作的康德铁刻画像

现在我踏上一条道路，
这是前人唯一没有走过的道路，
沿着这条道路前进，
我得意地以为
找到了避免一切错误的出路。

第四章 唯有批判的道路仍是敞开的

1. 康德对哲学的革命

1770年3月16日，年近46岁的康德硕士给财务大臣和陆军大臣冯·福斯特-库普费尔贝格男爵写了一封恳切的信，打算申请一个刚刚空缺的教授职位。一天前，宫廷传教士和数学教授朗汉森在长期病魔缠身后逝世。这难道不是实现长期萦绕在他脑海中的目标的最后一个机会吗？早在1756年康德就为申请教授职位作了努力，但没有成功，两年后的一次申请也没有下文。他当不领薪俸的编外老师已经有15个年头了，一直没有成为编内老师。康德每周平均要授课20小时，还要辛勤地耕耘，快要喘不过气了。现在，他担心他学生时期就给自己确定的学者生涯会就此终止，而且他感到自己的经济状况也很不稳定。"未来的无望"使他日益感到不安，甚至影响到他的身体健康。他经常感到自己命运多舛、充满坎坷，这是他作出这个决断的诱因。

康德对自己的境况的描写有些渲染，因为虽然他在大学教书没有什么薪水，但他的讲座听众很多，而听众通常是会支付听课费的。他自青年时代起就已习惯了清贫。不管怎样，康德硕士没有负债，他在书商坎特尔家的两个房间的租金还是付得起的，18世纪50年代末他还雇用退伍军人马丁·兰普当仆人，并负担他每天不错的伙食。自1766年2月起，他任王室宫廷图书馆低级馆员也能挣一笔小钱，而且副产品很喜人：为他的研究可以随便阅读各种书籍。

康德知道，冯·福斯特大臣会友好地支持他取得教授资格

康德的世界

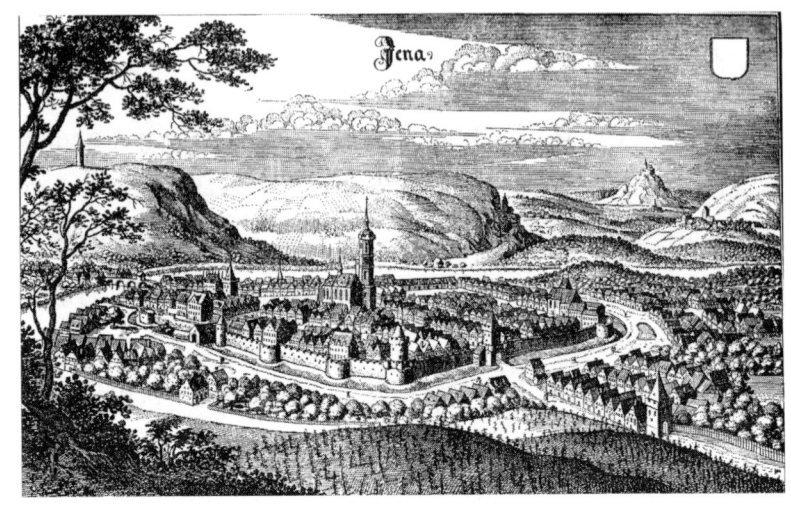

耶拿

的愿望。他最终拒绝了埃朗根大学(1769年12月)和耶拿大学(1770年1月)的两次聘请,理由是柯尼斯堡大学不久就将腾出一个职位,他很快就有机会在他亲爱的故乡得到哲学教授的职位,而且不会失去他越来越多的朋友和熟人。康德担心的只有一个问题。朗汉森是数学家,而康德竭诚期待的"只是一个适合我的能力和爱好的职位"。因此,他极其谦恭地建议作一个交换。能否把这个即将空出的教授职位给死者的女婿克里斯蒂安先生?卡尔·安德烈亚斯·克里斯蒂安虽然是伦理学教授,但也是一位非常出色的数学家。对康德本人来说这也不失为一个不错的解决办法,因为这样"我相信在申请伦理学教授职位的同时,能谦恭地希望大人阁下恩准我追随自己真正的使命"。

第四章 唯有批判的道路仍是敞开的

康德已经意识到自己精神和存在发展的独特动力。他在初步尝试了自然哲学以后,越来越急于进行实践哲学的研究。他在 1755 年《一般自然史和天体理论》的最后已经发现了道德世界,在这里,灵魂和幸福比天体的构造和历史更为重要。1766 年,他以伏尔泰给憨第德提出的进行生活实践的劝告结束自己关于神秘的和形而上学的梦的解释,也不是偶然的:"让我们为自己的幸福操心,走进花园,开始劳作!"

对整个宇宙的兴趣越来越让位给道德哲学的反思。地球上的人比天体系统更重要。康德 1768 年 5 月 9 日给他以前的学生约翰·哥特弗里德·赫尔德的信也说明了这一点,他在信中告诉赫尔德,他对理论认识体系抱"完全无所谓"的态度。他真正感兴趣的只有"认识人类的能力和爱好的实际规定性和局限性"。在这方面道德必然是重点。因此,他撰写了《道德形而上学》,试图规定道德原则。所以这位不再年轻的硕士希望获得伦理学教授资格,使他的哲学使命与他的大学教职顺利地结合在一起。

2. 第二选择的教授职位

如果康德的"希望落空",申请遇到阻力,他还保留第二种交换的可能。约翰·弗里德里希·布克博士先生自 1759 年来虽然是逻辑学和形而上学教授,但他也教授数学,因此也可以接替朗汉森的职位。而康德也可能成为逻辑学和形而上学教授,而且在这些方面他已经有所建树。三天后,1770 年 3 月 19 日,他向国王腓特烈二世陛下本人递交了一份正式申请。他觉得非常严肃。如果他不能得到所期望的教授职位,他将失去"未来继续在我的祖国生活的一切希望"。

现在所发生的事情,不仅对这位柯尼斯堡哲学家未来的命运,而且对现代欧洲的整个文化史具有决定性的影响。康德的伦理学教职申请没有得到支持。取而代之的是,至尊的国王于1770年3月31日以内阁令方式宣布说:"我们最仁慈地提名并通过任命伊曼努尔·康德老师……为逻辑学和形而上学教授。"在这个领域,他要作为国王忠实、正直而能干的奴仆和教授,勤勉地履行自己的教师职责,不倦地授课,并为柯尼斯堡大学的最高声望作出贡献。

康德虽然最终成了教授,但这是一个非常令人生疑的结果,因为他一生所期待的幸福——在道德和美德的实践领域能够追随自己的使命,被国王的一纸命令封杀了。他该怎么办呢?康德需要10年时间才找到摆脱这种窘境的道路。10年的沉默之后,不仅产生了最重要的德语哲学著作,而且产生了整个现代哲学的地籍簿:《纯粹理性批判》。从传记的角度看,这部著作是出于责任感而来的摆脱困境的一种手段。

不过,康德首先还是履行了学校的手续。阿尔伯特大学评议会虽然于1770年5月2日宣布了他的新职位的任命,但他必须递交一篇拉丁文的就职论文,并进行公开答辩,然后才能正式就任这个教授职位。因此,康德1770年整个夏天都在研究逻辑学—形而上学的问题,而不再集中研究道德生活实践的特殊品质问题。他再次从他关于形而上学和神灵的梦的论争中已经结束的地方开始。

第四章 唯有批判的道路仍是敞开的

这再次关系到划界的问题，不过他的看法已经发生变化。如果说康德以前反对斯威登伯格梦幻中的冥府旅行，批判的形而上学必须确定人类理性的界限，以便停留在经验的大地上，而不再在纯粹精神的幻象中徘徊，那么，现在他采用一种新的区分法。他将两个世界彻底分开。他论述感觉世界和理智世界的形式及其根据的论著《论感觉界和理智界的形式及其原则》于1770年8月20日在书商和出版商坎特尔的出版社出版，并献给了最仁慈的腓特烈国王陛下。第二天，8月21日，他在学校的大教室作了答辩。23岁的医学和哲学系学生马可·赫茨（1747—1803）作为辩护方出席。这位刚任命的教授居然请"来自柏林的、犹太血统的"赫茨为他的论文辩护，这下激怒了系里的同事们，不仅如此，在柯尼斯堡举足轻重的学院哲学家们也首先认为康德是一位没有受过良好教育的外行。应该怎样看待他那将一个世界分为两个世界的二元论呢？他的分割如此严格，以致任何调解几乎都是不可设想的或不可思考的。

一方面是感觉世界。它是感官上给定的，人类个体对客体的接受性。人类个体总是存在于客体的时间面前和空间身旁。各个主体及其感觉器官的自然特性，受到不同客体以不同的方式给以的刺激，因此感觉世界的表现是多样的、变化的。可见，感性认识取决于个体特殊的感官特质，而感觉世界的对象就是向人们"所显现"的东西。古代哲学流派从现象上称之为"表象"，在表象中，我们将感觉到的对象称为现象。

另一方面是理智世界。它是可以认识的，因为人类拥有理智或理性的能力。人类还具有设想或思考某些"不能进入其感官"的事物的能力。康德将人通过理智能力就能认识的对象称为"概念",就此,在哲学史上他首先想到了柏拉图不变的、永恒的"理念"。古代哲学流派称之为"本体",一种独立于感性的对象,对象是真实的,不是表现出来的。

康德在早期的形而上学批判中,以及后来在《一位视灵者的梦》中,为了不耽于超感觉世界,曾经不断地提出赖以进行认识的感官材料的问题,而今他肯定那个不受感官刺激的、独立的理智世界。他对精神的看法改变了。在同斯威登伯格的论战中,他只看见一种类似于幽灵的"神秘哲学"。这个幽灵在冥府出没。1766年,康德还觉得这个问题很有趣。神灵世界的非物质存在物照例应该相互联系,而无需物质事物的中介。斯威登伯格把这种非物质存在物想象为"至人",所有没有躯体的灵魂在这个至人身上"直接地联合在一起,也许能构成一个人们可以称之为非物质世界(理智世界)的巨大整体"。不过,到了今天,1770年,理智世界不再是什么人们只能梦想的、令人兴奋不已的东西。有人说它是某种超感官的东西,它比各个个体的低级的感觉世界具有更高级的品质。因此形而上学的任务发生了变化。形而上学不应当仅仅是消极地划定人类理性与超感觉的梦幻之间的界限。现在它的任务指向积极的方面,"包含着应用纯粹理性的最初原则的哲学,就是形而上学。然而,作为其预科的科学,就是教授区别感性认识与理智认识的科学。我们在这篇论文中为它提供了一个样品"。

不过,康德作为形而上学教授不仅仅将他关于感性世界和理智世界之间的划界问题提出来供大家讨论,同时还使自己一

第四章 唯有批判的道路仍是敞开的

年前的那个"重大想法"展现出来。他后来在自传体的《形而上学的反思》中还特别强调了这一点。问题是这样的：如果说空间和时间对我们的感官知觉是重要的和不可缺少的，那么它们具有什么实在内容？他"隐隐约约"觉得时间和空间已经成为一个哲学问题。他感到困惑，是因为他不再相信客观存在的、绝对思考出来的空间和相应的时间，而根据牛顿的定理它们是存在的。"1769年我有了个重大的想法。"

在康德1770年的教授就职论文中，这种想法第一次表达出来。这是他给听众阐述的具有重大影响的思想。他在1755年根据牛顿定理撰写的《一般自然史和天体理论》中认为，宇宙的碎形聚集于客观的时空中。碎形是在一定时刻从物质的混沌中产生的，并且填满了无限的空间。他的研究重点从天体转向了感性世界的形式及其原因，从而形成了一个全新的看法。

从牛顿客观的时空观点出发，康德陷入时间和空间观念的主观现象学。因为，如果将世界看做现象，就像它向有限主体所显现的那样，那么，空间和时间仿佛仅仅表现为感官能体验到的一切事物的模式或条件。康德在第14节"论时间"中提出了指导性的定理并解释说，时间的观念不是从感觉产生的，而是感觉的前提。"因为，进入感觉的事物是同时进入的还是先后进入的，只能通过时间观念来表象，先后相继发生并不形成时间的概念，而是诉诸时间的概念。""时间不是某种客观的、实在的东西。"它只是按照感觉世界的各种现象的一定变化对这些现象进行排列的主观条件。康德在第15节"论空间"中，阐述了同样的思想：空间的观念也不是从外部的感觉推导出来的，而是外部的感觉前提。"因为我不能把某种东西理解为设定在我之外的，除非我把它设想为处在一个与我自己所处的地方不同的地方，而如果我不把事物置于空间的各个不同的地方，也就不能把它们理解为彼此外在的。""空间本身不是某种客观的、实在的东西。"它只是对感觉世界的一切外部感觉进行彼此排列的主观的、理想的模式。

当康德1770年8月21日在马可·赫茨的帮助下，就自己新的教授论文进行陈述和辩护时，他还不知道，他的两个世界的二元论以及他对空间和时间的主观判断，已经使他陷入了错综复杂的迷宫。但他似乎预感到，自己面临的是一项艰巨的任务。因为几天后他写信给冯·福斯特-库普费尔贝格大臣说，他的教授就职论文仅仅是一个"学术尝试"，还远远没有达到国王和大臣们希望一个逻辑学和形而上学教授应该达到的水平。康德感到自己受到挑战。在这种情况下，他作出了一个影响很大的承诺："我未来的努力方向是接近这个目标，并且尽力提升学校的利益和声誉。"

1770年9月2日，康德最终被任命为教授，因而他非常兴奋，立即给约翰·亨利希·兰贝特（1728—1777）写了一封信。早在1765年9月，柏林的数学家和哲学家兰贝特就希望康德成为他的通信伙伴，以便一起研究"形而上学的真正方法"。当时康德不以为意，但是5年以后的今天，他通过马可·赫茨乘机给兰贝特寄去了他的论文并作了书面解释。他充满自信地向他叙述了自己1769年向主观主义的转变及其结果："大约一年以来，我可以自夸地说，我已经达到了那个概念，今后，我不用再费心改变这个概念，当然需要对它进行扩展。通过这个概念，任何形而上学的问题都可以按照完全可靠的、简单的标准加以检验，并且可以有把握地确定，它们多大程度上是可以解决的或者不可以解决的。"

这听起来非常自信。1769年的重大想法使他认识到，他永远不想改变的是什么东西。引导他解决各种形而上学问题的途径似乎是安全而简单的。当然，要完成他那美好而重要的计划还有待时日。因为在即将到来的这个冬天，他首先计划"把关于道德形而上学的研究列入日程，并努力完成"。康德对道德和美德的实践兴趣从未间断。不过，作为逻辑学和形而上学教授，他必须信守承诺，为理论认识设计可靠的形而上学大厦的蓝图。

3. 陷入危机

这两个问题比想象的要困难。康德既没有使自己的道德哲学见诸文字，也没有能够回答他在论文中提到的那些形而上学的问题：如果将感性世界和理智世界用明确的界标分开，那么，这两个世界之间有什么样的关系？对表现出来的对象的感性认识的主观条件与实际存在的事物或实体本身究竟怎么比较？如果纯粹理智或纯粹理性的形而上学不是感性直观的，那么它究竟以什么为根据？

1770—1771年冬季，康德似乎陷入了严重的危机。他计划中的道德形而上学研究毫无进展，他对兰贝特表达的愿望，即他对纯粹理论理性的形而上学的清理工作"不必经过太大的努力,就能轻易地获得适宜的详尽性和明晰性",也面临化成泡影的危险。他眼看着自己一筹莫展的哲学研究不能很快对形而上学的问题作出回答。正如他在1771年6月7日给友人马可·赫茨信中所说的,他已经认识到,这些问题需要努力设法解决,但可能比较费时。此外,这个冬天他的健康状况明显恶化,而有效的工作时间又太短,无法可靠地断定和批判地解释"以人类心灵力量的主观原则为基础的东西与涉及对象的东西之间的区别"。

大卫·休谟肖像,大卫·马丁(David Martin)作于1770年

康德化解了他自己所陷入的危机。他使自己镇静下来,并且还想消除他的学生心中的担忧。因为赫茨在康德的教授就职论文通过答辩之后,离开了柯尼斯堡。他可能已经听说,他最

第四章 唯有批判的道路仍是敞开的

尊敬的老师只认为形而上学的反思是无用的,是大家无法理解的冥想;只有少数呆在书斋中的学者对它感兴趣;它同生命毫无关系,对道德教育没有任何用处。这位逻辑学和形而上学教授据说对教书这个行当"极度反感","厌恶"取代了心醉神迷,而他从前曾因为这种心醉神迷注定沉溺于形而上学。赫茨从得到的消息中援引了下面的话:"因此您认为,道德对一般人而言,仅仅是衡量学者的研究。"

马可·赫茨的信写于1771年7月9日,康德收到这封信的时候,他正好在《柯尼斯堡学者和政治报》(1771年7月5和12日的副刊)上读到匿名文章《一个怀疑者的沉思》。他知道,这是他的朋友约翰·格奥尔格·哈曼翻译的大卫·休谟的早期(1739—1740)道德哲学巨著《人性论》的主要章节(第1卷第4章第7节"关于人类本性的论文")。现在,正像这位硕士早期的一位学生所说的那样,康德一直很赞赏这位苏格兰启蒙思想家和怀疑论者在理论哲学领域的研究,早在1755年,《人类理解研究》(1748年)的德译本刚刚问世的时候,他就认为,休谟"对他的深入研究极其重要,使他的思维能力有了很大的提高"。《人类理解研究》的语调焕然一新,打破了传统经院哲学的稳定和宁静,他对此感到激动不已。但是,现在他面临被这位怀疑论者的能量抛向漆黑的深渊的危险。因为休谟的《沉思》使人对康德的教授使命产生了怀疑。休谟《人性论》的第1卷第4章第7节放弃了任何传统形而上学这种知识形式。形而上学的失败使这位怀疑论者像一艘沉船一样搁浅在光秃秃的岩石边,面对自己的死亡,"不敢驶向无边无际的大海"。形而上学对世界、世界的第一因和基本根据的任何考察，结果都是陷入无法解决的、席卷一切的矛盾，只有错误、幻觉、欺骗和自相矛盾以最漆黑的黑暗包围着理智。"费力地研究人类理性中这些形形色色的矛盾和不足，使我感到筋疲力尽，使我脑袋发胀，因此我准备抛弃一切信仰、论证和各种等级的可能性。我在什么地方或者我是什么样的人？我由什么原因获得我的存在，我未来的使命将带我走向何方？"

首先是休谟的自我询问深深地触动了康德。他再次认识到自己的真正使命和道德职责。休谟从形而上学的幻觉向存在和道德这个生死攸关的问题的转变，给康德指明了他自己愿意选择的道路，但他的职业又不允许他作这样的选择。他犹豫了7个多月才答复马可·赫茨的担忧，直到1772年2月21日才给赫茨寄出"关于我的思想活动方式的简要说明"。深夜的黑暗逐渐见到了曙光。远方地平线上仿佛出现了一种可能：即国王下达逻辑学和形而上学教授的任命与休谟对每一种可能的形而上学及其不可解决的矛盾的攻击之间可能得到调解。康德感到自己面临一个新的任务。他第一次说明了《纯粹理性批判》的大纲，"如果纯粹理性完全是理智的，那么，这个批判就既包括理论认识的本性，也包括实践认识的本性。"这是那个同康德的名字密不可分的新构想：《纯粹理性批判》的诞生地和诞辰。

康德想通过《纯粹理性批判》反思他的职业令他卷入的是与非，而且还想照亮他在区分感性和理智、表象和对象、现象和本质时陷入的黑暗。康德打算以后再撰写研究道德的纯粹原

第四章 唯有批判的道路仍是敞开的

则的纯粹理性的实践部分。他打算首先撰写阐述形而上学认识世界的本原、方法和界限的纯粹理性的理论部分。他想借助这个理论部分摆脱休谟极端的怀疑论使他陷入的危机。他不想局限于那些人们用来否定一切,并当做纯粹幻想一笔勾销的纯粹否定的定理。他认为必须确立一种新的"纯粹理智的观点"或者至少划出它的界限。"这就是我目前正在做的事情",而且他相信能够在"大约3个月内"完成他的计划。

这本预告中的著作的写作大事记的描述十分详细。沉默寡言的康德成了一位哲学史上的人物。首先,他同赫茨的通信是一个资料来源,从中可以看到康德十年来的思想发展和心境变化的历程。在这十年中康德几乎没有发表任何东西。因为不仅他所设想的3个月很快过去了,而且多年过去了。需要证明的新的材料和新的问题越来越多。他一再承诺他的著作很快就能脱稿,却一拖再拖。康德要履行教授的义务,主持教学小组的工作,收集参考资料。他开设的形而上学、自然地理学和人类学的讲座听众踊跃。他大学时期的著作在学界广泛流传。但康德对此并不感到十分高兴。因为正如他在1778年8月28日给赫茨的信中所说的,首先就他的形而上学的讲座而言,"要想从笔记中准确地弄清楚我的思想"几乎是不可能的。

康德与那些对他的任命一开始就表示怀疑的同事们几乎没有什么交往。他不管这些人吹毛求疵的对抗和刁难,反而喜欢嘲笑他们学院式的"学者的傲慢和迂腐"。他更喜欢在每天吃午饭的公共客栈遇到的形形色色的人。他讨厌理智的狂妄自大和矫揉造作。"这位哲学家在乡村酒馆比跟心智颠三倒四的人

康德的世界

待在一起更自在"。关于他的社会交往下面再谈。不过，康德最喜欢的是同善于处世的朋友交往，可以同他们聊天、开玩笑和争论。他最好的朋友英国商人约瑟夫·格林就是这样的人，他们每天见面。还有格林的商业伙伴罗伯特·莫瑟比，法学家和著作家约翰·格奥尔格·舍弗奈尔，警察局的行政官员泰奥多尔·哥特利布·希波尔。康德同希波尔经常在格尔拉赫客栈——普雷格尔岛上的一家台球房——一起吃饭。饭后，康德喜欢散步，通常是沿着荷兰林荫道或后来以"哲学家之路"闻名的河滨小道。在新鲜的空气和自由的运动中，新思想不断涌现。鲍罗夫斯基写道："这里就是他的纯粹理性批判草稿的真正诞生地！——这就是我们所说的哲学家之路，康德当时常常在这条路上散步。"这样的话可能有些夸张，但他以前的创作之流似乎完全干涸了。

生活就这样过得平静安稳，要不是一本小说将康德吓了一跳，他的生活也许就这么过下去了。1778年幽默小说《先辈的生命历程》第一卷出版。康德对此可以发出由衷的笑声。小说中以第一人称出现的讲述者亚历山大从他父亲那里听到了对大学及其目光短浅的教授们的批判。康德首先从这种批判中认清了自己的立场。他的许多同事就完全吻合亚历山大父亲所描述的形象。这是一群不敢越行政法规和教科书通则这个雷池一步的奴仆。他们自己不思考，而是反刍别人的思想。他们在讲台上将书本知识灌输进年轻人的头脑。他们不讲生活实践所必需的知识，而是现买现卖他们在自己专业领域内的那点有限的知识。他们大多是枯燥乏味的学究。只有当他们彼此争吵时，他

第四章 唯有批判的道路仍是敞开的

们才有一点点生气。"教授是一潭死水,正在腐臭。"

1779年《先辈的生命历程》的第二卷出版。年轻的亚历山大没有听从父亲的警告,前往柯尼斯堡参加阿尔伯特大学哲学系主任安排的入学考试。这样,他认识了一位虚弱的小老头,"祖父辈的教授"。这位教授乱七八糟地预先给他将一切可能的东西加以哲学探讨,他似乎再也理不清自己的思路,原本挺好的想法,突然变得无法理解,没有针对性,往往离开本题,胡说八道。他从"天使般纯粹的理性哲学和人类感性哲学",谈到灵魂的自然学说和神灵故事,谈到必要的概念分析和辩证的"虚假逻辑"。不过,这位年青的考生没能弄明白这位禀性古怪的老哲学家头脑中的想法。

首先,当他谈到形而上学时,亚历山大觉得自己很迷惘。形而上学应该同感官无关,而应该是一本可以将纯粹思维的定理列入表格或判断图式的纯粹理性的词典。特别是一些自相矛盾的说法听起来无法理解,比如说"形而上学既包罗万象,又毫无内容。它不构成任何对象,不过,没有形而上学,人们无法构成任何对象。"作为逻辑学和形而上学教授,他最终只能将自己最新的想法告诉给这位如坠云雾的学生。他不仅被一只嗡嗡四处乱飞的蚊子吸引了注意力,而且也受到了他的妻子的干扰,"这位小祖母"右眼闪烁着光芒,如同灯光一样透过门缝射进房间。"理性(系主任受一只蚊子的折磨,这只蚊子在他耳边嗡嗡作响,却抓不住它)是没有客体的东西。我们往往将设想和理解对象的条件,看成对象本身的条件,将主观条件看成客观条件。——由于这只蚊子,系主任未能进一步详细论述这个论题。"

读者不难看出这位形而上学的系主任就是康德,他1776年第一次成为哲学系主任。而这位眼睛闪闪发光的小祖母是他多年的仆人兰普。叙述的主题和语言风格都是康德独有的。

泰奥多尔·哥特利布·冯·希波尔

可见这位年近55岁、已经近10年没有发表过任何东西的康德,无疑被人们认为是幽默而风趣的人。1779年2月21日,《生命历程》的第二卷刚刚出版不久,哈曼就告诉他们共同的朋友赫尔德说:"我在《生命历程》中又见到了康德的影子,有上百处地方影射了他的讲座。我们等着瞧结局吧。"小说中

第四章 唯有批判的道路仍是敞开的

首先详细摘引了康德可能于 1777—1778 年冬季学期开设的《关于哲学百科全书的讲座》的笔录。（这个讲演录到 1961 年才发表，并且使人们对小说同讲演录进行详细比较，意见分歧在于，《生命历程》是对康德抽象思想的好意普及还是对它的幽默讽刺。）

康德不知道，谁是这部大部头幽默小说的作者。小说不仅叙述了他的生活情况，而且首先叙述了他的纯粹理性的形而上学。作者肯定是他的亲密且熟悉的人中的某个人。他会觉得好笑吗？过几年他也许就会变得逆来顺受。因为他最后听说，小说的作者原来是他非常信任的朋友泰奥多尔·哥特利布·希波尔（1741—1796）。希波尔同康德及其哲学开了一个玩笑。可以说，希波尔是一位捉摸不透的双面人和谜一样的人物，一位杰出的法学家，行动果断的人，具有实践和组织方面的才能；同时他还是实事求是的普鲁士行政管理专家，1780 年被任命为柯尼斯堡警察局局长和市长。不过，他也是一位喜欢宗教狂想的人，并且在感性方面追求毫无节制的情欲，总是陷于沉思，对人类感到失望，并且为形而上学对他的宗教信仰的怀疑所折磨，这使他一度想到自杀。1758 年，当时他 17 岁，还是一名学生，就听过康德关于哲学、自然地理学和形而上学的讲座。两人之间的亲密交往始于 1766 年。他们经常见面、相互寒暄，并且常常一起去乡下。尤其是 70 年代，他们常常一起吃饭，因此希波尔有机会紧密跟踪康德的哲学发展。

多年后，康德还觉得希波尔对他开的这个玩笑很有趣。但 1779 年情况发生了变化。康德感到绝望，因为他同许多教授一样似乎变得懒惰了,人们对他不再抱什么希望。人们看到《生命历程》中这位不通世故的、深深陷于自己的思想不能自拔的"祖父辈教授",就捧腹大笑。1779年4月18日,他55岁生日的前4天,哈曼拜访了他。之后,哈曼立即吃惊地告诉赫尔德,康德"满脑子都是关于生与死的思考"。康德一定记下了他如此一再拖延、不肯发表的东西。他不想成为一个令人可笑的人,而是想证明他能够在哲学上有所作为。

"现代哲学的出生证"——《纯粹理性批评》扉页书影(1781年版)

第四章 唯有批判的道路仍是敞开的

1780年,他想将自己的体系最终公之于众的欲望越来越强烈。"由于担心无限期拖延下去,这样一项复杂的工作最终会成为我的负担。虽然整个体系装在我的头脑中,但随着年龄的增长,很可能最终一事无成"。康德在四五个月内以非常饱满的精力,仿佛飞一般地记录了他十多年来相继谨慎地提出的思想。1780年秋天,他写完手稿并把它交给刚接收坎特尔的书店的哥特利布·莱布雷希特·哈尔统出版。不过,哈尔统拒绝出版。出版这么抽象的形而上学著作不但挣不到钱,反而要赔钱。康德不知道该怎么办。哈曼帮了他的忙。他介绍康德结识了里加的出版商和书商哈特克诺赫。哈特克诺赫表示有兴趣出版,甚至愿意给康德支付少量的稿酬。在经过这么多年的推迟以后,这部著作最终得以出版。1781年5月,《纯粹理性批判》第一版在莱比锡博览会上展出,作者是柯尼斯堡大学教授伊曼努尔·康德,出版者是里加的约翰·弗里德里希·哈特克诺赫。

4. 我、上帝和整个世界

两年多后,康德给著名的通俗哲学家克里斯蒂安·伽尔韦写信说,他没有指望自己的"著作一开始就得到大众善意的认可"。伽尔韦对康德坦率地承认说,他不知道世界上还有什么样的书"要让我费这么大的精力去读"。这部著作深奥难懂,也许不是为他写的,面对不可克服的困难,他几乎快不耐烦了。但到底谁会去读这部著作,并且能读懂呢?这部著作的销售很不理想。似乎没有人想去理解康德的思想。

甚至连他最好的朋友看了都摇头。康德期望他们去读的东西是神秘的、晦涩的。希波尔在1781年7月17日给舍弗奈尔的信中说："你读过康德的《纯粹理性批判》吗？通篇晦涩难懂，不知所云！我觉得太难理解了，读这样的东西，有什么用呢？"门德尔松则干脆把赫茨转交给他的一本扔到了一边。康德对赫茨抱怨说，这使"我很不高兴，但我希望，不要总是发生这种事情"。两年以后，即1783年4月10日，门德尔松才发表看法，并且嘲弄地暗示自己神经衰弱，"您的《纯粹理性批判》也是健康的试金石。我常常自以为在体力方面日益强壮，敢于去阅读这部折磨神经元的著作，何况我也不是完全没有希望能够在有生之年把这部著作从头到尾思考一遍。"赫茨极力克制自己，保持沉默。而哈曼极为深入地研究了康德的《批判》，并于1784年准备撰写在语言哲学方面同样是纲领性的《关于纯粹理性的纯语主义的元批判》。他在1781年10月10日给赫尔德的信中说："我在第三遍阅读康德的著作时陷入了困境，看来还得读第四遍。但希望他继续讲下去，并期待他的下一部著作，不管是节本还是教科书。"

出版者也克制着自己的情绪。牵线搭桥的哈曼希望哈特克诺赫将康德当做作者继续予以关照，不要为经济损失吓倒，因为康德至少"真诚地与您交往，并自以为时间越久，这部著作的读者会越多"。如果哈特克诺赫能设法再给"陶醉于纯酒或为纯酒所鼓舞的"康德一次机会，让他写一本甚至连哲学门外汉也读得懂的通俗节本，那就太好了！哈曼知道康德最喜欢喝的饮料，并且确实说服了康德。1783年春，里加的哈特克诺赫

第四章　唯有批判的道路仍是敞开的

出版社出版了《任何一种能够作为科学出现的未来形而上学导论》。在这部著作中，康德力图使他最重要的思想及其哲学背景为更多的读者所理解。

《未来形而上学导论》扉页书影（1783 年版）

这部《导论》虽然也不是为初学者准备的读物，必须首先对形而上学史有一定的了解，才能够跟得上康德的新思路。但是，他作了自我批判，并承认，有些读者只是浏览了他的《纯粹理性批判》，而没有加以认真思考，因为他的著作"晦涩难懂，不合现有的一切概念，尤其是过于冗长"。所有这一切都是这部著作失败的原因。因此，现在他想对这一切作出更清楚的表达和更明确的阐释。

不过，他对缺少通俗性这种指责不想予以考虑。因为他内心关注的不是有多少读者，而是必须严肃对待的知识形式——形而上学的繁荣。如果他关注的仅仅是公众效应，那么他同样能够使他的《批判》完全通俗化。他本来可以执行他在1781年5月11日给马可·赫茨的信中已经概述的另一个计划，那样，他首先就不会花几百页稿纸去阐释概念和原理的抽象分析，而不举直观的例子，不作任何解释；他可能会以后面提出的扣人心弦的辩证法为开端，以便揭露传统形而上学的虚假逻辑和二律背反的矛盾。他可能会去打破一切旧事物，创造新事物。这样，他的著作也就有了"通俗性"。这对他来说非常容易。

因此，在康德那里是先有解决办法，后有问题，先回答，后提问，先建构，后解构。他的主要著作显然不是从对纯粹理性的辩证推论的冗长讨论开始的，他认为这是占统治地位的形而上学的所有错误。他一开始就想确保自己体系的基础的稳固。因此，他坚决反对戏剧性的紧张，赞成分析逻辑。

在这方面，相反的逻辑顺序不仅对著作有益于普及，而且也符合康德的精神和灵魂的发展。可以证明这一点的首先有大卫·休谟对形而上学信仰体系的打击，对现代思想史的发展，和对康德本人所起的作用。在《导论》的序言中，康德为休谟竖立了一块纪念碑。这位怀疑论的启蒙思想家的《一个怀疑者的沉思》十多年前曾令康德感到困惑，使他清醒。对于形而上

第四章 唯有批判的道路仍是敞开的

学的"命运"来说，没有什么能"比大卫·休谟所给予的打击"更为致命。可见，这又是一个与康德自己的发展有关的根本问题。如果说康德在《一个空想者经过神灵世界的迷狂之旅》中还在探讨斯威登伯格《天堂的奥秘》中吃力不讨好的材料，因为"迷恋上"形而上学是他命中注定的，那么，休谟则完全打破了他的幻想。在康德看来，休谟使形而上学异化为"我们与之反目的情人"。他将这位梦幻者从"独断论的迷梦"中唤醒。即使康德起初反对接受《一个怀疑者的沉思》，他也不能不看到，怀疑论者休谟使他明白，形而上学不能提供任何可靠的知识，而且一切逻辑地论证或推论其认识的尝试都只能得出辩证的错误结论。

康德每当谈到"怀疑派"摧毁形而上学时，就像他不得不承认的那样，反复援引休谟。形而上学"独断地"认为通过那三个重要的论题，也就是通过那些基本的概念，就可以认识一切；而借助这些概念，思辨的心理学、宇宙论和神学的最后的、绝对的条件：灵魂、世界和上帝得到说明。早在康德读大学期间，他就经老师马丁·克努岑的介绍，首先在真理的追求者克里斯蒂安·冯·沃尔夫著，1720年在哈雷出版的《德国形而上学：关于上帝、宇宙和人类灵魂以及一切普遍事物的理性思考》中对此有所认识，从辩证怀疑的眼光看，这种理性可以看做是独断主义的暴君。

早在第欧根尼·拉尔修描述"著名哲学家的生平和思想"的第一部哲学史编撰学著作中，就区别了独断论者和怀疑论者。独断论者从"事物是我们的理智可以理解的"这个前提出发，而怀疑论者则不作判断，前提是"事物是我们的理智所不能理解的"。康德以这种分类为出发点，但他把这种分类夸大为哲学发展史。独断论者是原来就有的，他们独断地坚持他们各自的形而上学真理，并且相互进行激烈的攻击。著名的沃尔夫也属于这个派系。怀疑论者是后来才有的，"他们是一种游牧民族，藐视一切安定的生活。"大卫·休谟是当时的领军人物。

休谟首先援引因果关系这个基本概念。在宇宙论的世界形而上学范围内，他描述了原因和结果的联结，认为自然界的任何事物都必然服从这种联结。正如休谟在《沉思》中让人思考的那样，人们在日常生活中也许已经习惯于这种联结，"它使人由一个对象联想到这个对象的通常伴随物，并由一个对象的印象联想到它的伴随物的生动观念"。但是，因果关系这个形而上学的终极概念本身，如果涉及原因作为原因发挥其效力的原始的最终根据，会怎么样呢？我们似乎被我们的哲学好奇心引向最终论证一切条件关系的、绝对的因果必然性。但这只可能是一种假象。"这种情形只能来源于想象力的欺骗，而问题在于，我们能够在多大程度上听从这种幻觉。"因为根本不知道，为什么某事会因为另外某事的发生而必然随之出现？只有习惯和主观的联想能力能使我们相信这一点。但对于思辨理性来说，没有什么比从这种信仰推导出形而上学的事实更危险的了。因此，想象力变成了不可认识的幻觉，它的错误结论创造了那种哲学观念，而休谟用怀疑论的锤子将这种哲学观念砸得粉碎。

第四章 唯有批判的道路仍是敞开的

康德将休谟的问题普遍化。他将怀疑论对"因果关系"这个形而上学的终极概念的怀疑，扩展到传统的特殊形而上学的所有三个重要方面。"纯粹理性的全部能力"进入了先验辩证论这个虚假逻辑的视野。这位逻辑学和形而上学教授揭露了那个连"一切人类中最智慧的人"在刚开始思考那些无止境的、最终的、最深刻的形而上学问题时，也几乎无法避免的错误结论。这同时也是在康德存在主义的和哲学的发展中发挥了重要作用的三个关键问题：

我的灵魂的同一性是什么？
宇宙的绝对整体是什么？
上帝的最高理想是什么？

康德带着这样的问题踏上形而上学的"战场"。他将自己推入黑暗和矛盾，以便通过黑暗和矛盾获得一种超越自身的启蒙理性。他仔细研究了独断论和怀疑论，从而越来越确信，只有采用第三种思维方式才能达到目的："唯有批判的道路仍然敞开着。"他的主要哲学著作《纯粹理性批判》的标题已经提出了纲要。在这里，他有意识地利用了德文中第二格结构的双重含义。他的《批判》首先以反对纯粹理性的第二格的客体面貌，以"消除理性在此以前在脱离经验的使用上自相矛盾的一切错误"的面貌出现；然后才作为第二格的主体本身，并以强烈的自我意识对哲学实行革命化。在这两个方面，康德的《纯粹理性批判》，正如米歇尔·福柯在回答"什么是批判？"这个问题时所说的那样，设计了"我们现代性的历史模式"。

我，或者无法识别的 X。康德对思辨的理性心理学的幻想的揭露是卓绝的。彼得·F. 斯特劳森是《纯粹理性批判》最敏锐的评论家之一，他欣喜若狂地说（而且不止他一人这样说）："这是一流的哲学批判"，虽然"行文中思想的阐述往往过于晦涩和混乱"。在它的自我离心过程中，它是绝对现代和现实的，尽管这个问题有很长的历史，这一点康德也是知道的。他知道这个的古老的自我提问的形式：我是谁？我是什么？早在斯多亚派的哲学中，这些问题就是对独特的自我的批判检验，以便能够找到灵魂的安宁。康德在休谟的《一个怀疑者的沉思》中也碰到了这个问题："我在什么地方或者我是什么样的人？我由什么原因获得我的存在，我的使命带我走向何方？"让-雅克·卢梭于 1762 年在《一个萨瓦牧师的信仰自白》中，为了让年轻的爱弥儿认识灵魂、宇宙和上帝而在哲学上作了自我证实。卢梭的这个自我证实成为康德最喜爱的读物，不是偶然的："我们不认识自我，我们既不认识我们的本性，也不认识我们的行动原则。……但我是谁？我有哪些权利决定事物？而又是什么东西决定我的判断？""我"的不断分裂的危险难道不是由于大量不断变化的不同感觉吗？我究竟怎样才能知道，不管是直接知道，还是根据我的记忆知道，我是一个"我"？

康德研究并深化了所有这些问题。他虽然认为对感觉和思想的主体的追问不是没有意义的。每个人都感受到一个"我"。一种内在的感觉让我们设想有一个用"我想"或"我感觉"

这样的判断来表达自己的"我",这种思想或感觉的各个对象也往往是多种多样的。因此,似乎存在某种东西,这个"某种东西"在理性心理学中被设想为非物质的灵魂实体、绝对的主体或同一的个人。不过,这也仅仅是一个错误的结论。经验的可能统一和实际统一的经验被混淆。可能的自我意识,即"转变中的同一性"在观念和思想的长河中形成。这种同一性在康德身上发挥作用,使这个小男子汉和伟大的世俗智者、有趣的对话者和冥思苦想的哲学家、纯酒的爱好者和纯粹理性清醒的分析家联系在一起。这种观点虽然是正确的,但由此能够推断出一个具有坚定性、统一性和单一性特点的灵魂的或"我"的实体吗?

康德以他作了详细而具体论证的明确的否定作为回答。因为这是一个错误的结论:根据我们一切可能的经验的、构成作为思想的自我(灵魂)的人的生命的主观条件,推论出这个"我"的绝对统一,这是理性灵魂学研究的主要问题。如果我们将"我"像某种东西一样解释为认识的客体,那么我们只能得到一个"完全空洞的表象:'我';我们甚至不能说这是一个概念,而只能说它是伴随着一切概念的单纯的意识而已"。关于一个"我"的讨论,也许说得太多了。也许只有某种碎形的主体,它在其丰富多彩的经历中的自我相似是一个无法识别和命名的虚数。它仅仅像那种作为变量填空的数学数字存在:"通过能思想的这个我,他或它(物),所表现出来的无非是思想的先验的主项,即 x。而这个 x 只有通过它的谓项的思想才被认识,而离开这种谓项,我们不能获得关于它的任何概念。"

世界，或者宇宙论的矛盾。 形而上学的心理学的灵魂学说由于一个错误的结论而失败，而形而上学的宇宙论臭不可闻的原因在于，用纯粹逻辑的论据能够同时证明和驳倒它的矛盾的命题。康德对四个二律背反的证明是哲学史上最著名的事件之一。只要理性纯粹地思考宇宙，也就是说不过问经验事实，那么它就不可避免地陷入二律背反。直到今天它还不断地激起宇宙论的好奇和反思。康德曾经最希望批判的读者首先研究二律背反，"因为它似乎是大自然本身提出来的，以便使理性对自身的过分要求提出质疑，并迫使它进行自我检查"。这是一个异常复杂的问题，它"为唤醒哲学摆脱独断论的迷梦，并且促使它从事一项艰难的事业：对理性本身进行批判，发挥了极为巨大的作用"。这个问题不仅涉及康德自己于 1755 年在《一般自然史和天体理论》中所设想的宇宙论。在这本专著中，他不加批判地谈论世界的开端、无尽的宇宙、原子的基本要素、力学的因果关系、上帝及其无穷的创造力。而且他还隐讳地提到大卫·休谟。多年以后，他在 1798 年 9 月 21 日给克里斯蒂安·伽尔韦的信中还最后一次强调指出："我的出发点不是对上帝存在、灵魂不朽等问题的研究，而是纯粹理性的二律背反，'世界有开端，世界没有开端'等等，直到第四个二律背反：'人享有自由，以及相反地：没有任何自由，在人那里，一切都是自然的必然性'；正是这个二律背反，首先使我从独断论的迷梦中醒来，使我转向对理性本身的批判，以便消除理性似乎与它自身矛盾这种怪事。"

违背法则的事物，更确切地说，法则本身存在的自相矛

第四章 唯有批判的道路仍是敞开的

世界哲学四大家：释迦牟尼、孔子、苏格拉底和康德，作者不详

盾，是二律背反的；法则推导出某个特殊事件既是合法的，又是违法的，法则就是二律背反的。从这种现代法学的习惯用语可以看出宇宙论的二律背反的作用。对康德而言，这不是模糊不清地用数学方法表述自然规律性的问题，而且他也没有对物理实验科学的往往是假设的知识进行研究。世界这个绝对统一的整体及其一切可能的现象，外加宇宙整体的形而上学概念，都被提交给理性的法庭进行审判。但是，这样一来，即使享有立法权的理性本身的活动也被提交给理性的法庭，理性认识到自己陷入对正题和反题的赞同和反对这个无法解决的矛盾，除非理性不提出下面四个形而上学的宇宙问题：

康德的世界

　　1. 从时间和空间看，宇宙有开端（界限），还是无穷的和没有界限的？

　　2. 宇宙中的万物都是由单纯的部分构成的，还是一切都是复合的事物？

　　3. 世界中的万物只依据自然规律发生的，还是还有自由的原因？

　　4. 作为宇宙部分或原因，有某种必然的存在物质，还是一切都是偶然发生的？

　　这些决不是任意提出的、故意吹毛求疵的问题。每一个有理性的人在研究宇宙的整体时都必然会碰到这些问题。但这里能够给出什么样确定的回答呢？历代的独断论者都早以为他们在这两个方面的一个方面取得了胜利。但这只可能是自欺欺人。所有的独断论者都带着这些问题陷入了一个原则上无法解决的矛盾，"因为无论正题还是反题，都能通过同样明白无误和不可辩驳的论证而得到证明"。

　　下面我们只考察涉及时间的第一个二律背反。康德知道这个问题的历史重要性。神话的创世故事、《旧约·创世纪》以及柏拉图关于蒂迈欧的创世说和牛顿的宇宙论都说，宇宙是在有限的时间之前开始的。相反，不管是在认为一切存在物都是不变的和永恒的巴门尼德的著作中，还是在认为宇宙是无限的、不变的和没有开端的德谟克利特的著作中，都可以看到关于宇宙的时间无限漫长、没有开端的学说；此外，亚里士多德也首先提到日月星辰表面上不变的运动，还有莱布尼茨，他也

第四章 唯有批判的道路仍是敞开的

至少认为宇宙的时间可能是无限漫长的。然而，康德对这个问题的历史沿革不十分感兴趣。在他的先验辩证论中，他给这种争论加上了一种纯体系的形式。他不是历史地而是逻辑地对待这种争论。如果我们不是对具体事件的期限进行时间测量，而是想知道，宇宙作为整体在时间上是有限的还是无限的，那么只存在两种逻辑可能性：宇宙要么在时间上有开端，要么没有开端。

让我们先来看这个命题：宇宙在时间上从来没有开端，而是早已永恒存在，那么，到目前为止已经过去了无限的年代序列（不管是天还是其他时间单位）。当然，无限的时间序列是一种永远无法结束的序列。一种"无限的、已经过去的时间序列"对康德来说是无法想象的、不可能的。由于我们自己的在场，时间序列被有限性限定，这就与上面的假设相反。让我们来考察反题：宇宙有一个开端，那么，宇宙必然在某个时间段没有存在过，"那就是一个空洞的时间"。而在空洞的时间里不可能发生任何事情。然而，我们不得不承认，虽然世界上的许多事物和事件是有开端的，但世界本身在时间上不可能有开端。因此，它是无限的，这种情况又与假设相反。

康德确信，不管正题还是反题，自身都存在矛盾。纯粹的逻辑推论揭示了独断主义的假设之间存在的无法解决的辩证矛盾。宇宙论的理性只要尝试将宇宙设想或思考为整体，就能发现自身存在矛盾。而怀疑论者也许会感到高兴，也许会像休谟在《一个怀疑者的沉思》中那样感到绝望，因为他们由于人类理性中显而易见的矛盾而感到非常恍惚、困惑和迷茫。总之，对于既不想成为独断论者,也不想成为怀疑论者的纯粹理性的批判者来说,有一个重大的问题必须解决,这个问题已经使他"求之不得,辗转反侧"。

上帝,或者无法证明的理想。在思辨的宇宙论的第四个二律背反(存在/不存在一个"绝对必然的存在者",或者作为世界的一部分,或者作为世界的原因)中,康德只是暗示了纯粹理论理性的最高点,没有直接说出它的名称:上帝。在宇宙论的论证中,这个最高点是作为绝对存在者出现的,它通过自己的绝对的整体性证明一切有限的、偶然的事物存在的理由。在先验辩证论的第三章,康德转而专门研究关于上帝的构想。在这里,只要人以道德生活实践为准则,康德就不对他的信仰提出质疑。他自己身上还留有虔诚的,首先是他母亲给他的教育的痕迹,虽然他后来的基督教信仰似乎"非常不可信"。康德经常向他从前的学生和后来的朋友卡尔·路德维希·珀尔施克郑重地说:"他当老师已经很久,还从来没有怀疑过基督教的教义。现在渐渐地有些失望。"不过,这种怀疑并没有减弱他对基督教信仰的道德品质的尊敬。对于那些专注研究宗教传统,而不是它的独断论的神学家,康德总是给予赞许的评价,赞赏他们是"真正的学问的维护者"。

关于哲学神学的可能性,情况不同。批判形而上学的康德对这个问题提出了直接的挑战。这不是实践信仰或历史教育的问题。"一个最完美的原始存在者的超验理念"受到了理性法庭的审判,康德在逻辑论证中揭露这种观念的神学独断化是完全虚假的。早在 1755 年,他在《一般自然史和天体理论》中,

第四章 唯有批判的道路仍是敞开的

就已经把物理—神学的论证,即从大自然合目的的、高度艺术性的秩序中可以推导出智慧的或理性的首创者当做错误结论进行了批判。因为,从值得赞赏的大自然的通过感觉而获得的经验中无法推导出超感官的上帝的存在。1763 年,他在分析"关于上帝存在证明的唯一可能的根据"时,继续阐发了这个论据。当时康德虽然还确信"绝对必然的存在者"的存在是有据可查的,这个存在者是唯一的、简单的、不变的和永恒的,而且他的绝对完满性也必然是真实的,否则它就不是真正完美的。但是就连这个从本体论角度推论出的上帝,在这篇论证文章的最后也只有一个粗略的形象:"人们相信上帝的存在是绝对必要的,但人们证明上帝的存在却并不同样必要。"对斯威登伯格《天堂的奥秘》的批判的阅读尤其使康德确信,上帝和神灵似乎是不可信的,如果我们想使它们变成知识的对象。只要往前迈进一小步,就能完全摆脱"上帝"这个神学上幻想出来的观念的魔力。

后来,康德在《纯粹理性批判》中最终证明,上帝的存在根本不可能在理论上得到证明。他将宇宙论、物理—神学和本体论关于上帝存在的证明送上了法庭,并且对所有三者进行了批判的考察。他同关于上帝的虚假知识—神学将近 30 年的争论就此结束。最后是一种启蒙批判:在理论上证明作为神性的最高存在物的存在根本是不可能的。为这个目的所采取的一切行动只能导致独断主义的幻觉、误入歧途和弄虚作假,因为我们不能把保持在可能经验界限内的理智的内在使用,上升为可能是神学这种形而上学的对象的超感觉的先验知识。"我认为,在神学上，任何纯粹思辨地使用理性的尝试都是没有结果的，而且从神学的内在本性来说也是无效的。"

当然，康德没有因发布这种无效的宣言而变为虚无主义者或无神论者。缺乏上帝存在的证据并不能证明上帝不存在。因此，"上帝不存在"这种说法就像它的对立面一样是独断主义的。"因为，某人通过理性的纯粹思辨从哪里获得这样的见解，即认为不存在一个作为万物始基的最高存在者。"在纯粹理性的领域内无法证明的东西，也是无法驳倒的。

康德在思辨的心理学、宇宙论和神学这三个基本概念方面完成的对形而上学的破坏，为欧洲现代的后形而上学的思考开启了一个新的视角。康德早在《虚假的逻辑》中就提出，要战胜形而上学。到了20世纪，这个口号首先被宣告为科学世界观的计划。任何一种脱离世俗事实的经验，想把自己上升为绝对的或无条件的存在物的形而上学，无论是纯粹的"我"，完整化的世界整体，还是理想化的上帝，都只能导致产生虚假的概念、虚假的判断和虚假的问题。

从文化历史的角度看，这种辩证的觉醒只有在启蒙的范围内是可能的。启蒙作为批判不承认任何其他权威，除了它自己的自我考察外。康德在《纯粹理性批判》第一版序言中明确指出："我们的时代是一个真正批判的时代，一切都必须受到批判。"甚至宗教也不能因为它的神圣和独断而躲避这种批判；它是批判的启蒙的主战场。首先对它进行考验是"时代成熟的判断力的结果，因为这个时代不能再被虚假的知识长期拖延下去了"。

5. 在纯粹理性批判的领域

康德已经意识到他因批判形而上学而面临的风险。让人如何忍受似乎已经没有明确方向的形而上学的黑暗？如果一个人不能再确信自己的"我"的同一性，连圣经或有传统影响力的宇宙观也不再具有权威，而人必须接受不承认任何"绝对命令"的批判的检验，那么，就会陷入彻底怀疑的、痛苦不堪的深渊，就会面临休谟在《一个怀疑者的沉思》中描述的沉船遇难的英雄们陷入的那种呼天喊地的危险，就会充满疑虑，孤苦伶仃地坐在岩石上，面对先前所经历的一切被证明的错误结论、二律背反和幻觉感到绝望。"我招呼他人来与我联合，至少专门组成一个小团体；但每个人都同我保持一定的距离，惧怕从四面袭击我的风暴。"

康德1771年7月5日读了哈曼翻译的休谟的《人性论》第1卷第4章第7节后，感到其中表达了他自己的绝望。面对自己只能充满怀疑地予以鄙弃的思辨的世俗智慧，他似乎也感到抑制不住的厌恶。他因批判形而上学的假定而陷入的理智的孤寂，也使他感到非常沮丧。1783年，他在《导论》的序言《预先的提醒：论一切形而上学知识的特点》中，再次回顾了1771年像噩梦一样侵扰着他的休谟的《沉思》。他记下了那个画面，那位怀疑者如何"为了安全起见，把自己的船弄到（怀疑论的）浅滩上，放在那里随它腐朽"。在这种情况下，他不想听天由命。对他来说，重要的是，给他的船"找一个驾驶员，而这个驾驶员根据从地球知识学来的航海技术的可靠原理，带着详细的航海图和罗盘，就可以将船安全地驶向他想去的地方"。

可见，这就是这位逻辑学和形而上学教授在《纯粹理性批判》中所追寻的新的建设性的目标。他希望找到一条既不会把他带向独断主义的幻觉，也不会把他带向怀疑主义的黑暗中去的安全之路。10年时间，他一直在途中默默地寻找。起初只有一条很小的"小径"向他敞开，他希望能够将这条小径扩建为一条想在他的世界漫步的所有人的"康庄大道"。这也是一条康德重返形而上学的路，"就像重返我们曾与之反目的情人那里一样"。因为他对形而上学的爱虽然出现了问题，但绝没有真的冷却。康德对形而上学曾极度厌倦和冷淡，这种情绪在1770年前后甚至完全控制了他。对此，康德不能容忍。他深信，由怀疑而来的"完全的冷淡"与形而上学的兴趣相矛盾，任何时代，任何人都有这种"本性"（形而上学的本性），"理性一旦在人的身上成熟到能进行思辨时"。

《纯粹理性批判》的结构体系的第一部分是康德对同时代人不关心自己情人的一种申诉。当然，形而上学研究必须认真对待的对象不能再以超感觉的冥府为领地，因为怀疑论者和启蒙思想家已经正确地宣布冥府为无效的，而且康德自己也辩证地解决了冥府的问题。在批判的时代，形而上学研究的对象首先是作为卓有成效的自然科学的认识问题出现的。

"我能够知道的是什么？"是康德的批判集中于纯粹理论理性时的关键问题。只有通过研究宇宙知识的根本条件的形而上学，才能回答这个问题。但是，思辨的心理学、宇宙论和神学

第四章 唯有批判的道路仍是敞开的

康德的《纯粹理性批判》扉页（1794年版）

不可能在这方面再起到示范作用，相反，数学和物理学又起到重要作用。他还是一名年轻的学生时就对数学和物理学感兴趣，并且由此撰写了《关于活的力的正确测算的思考》。他虽然没有成为这个领域的专家，并且他觉得物理学很难处理，在高等数学专业也没有受过特别的训练，但他特别喜欢阅读诸如约翰·克里斯蒂安·波利卡普斯·埃克斯莱本的《自然学说的初始根据》和莱昂哈德·欧拉的《运动理论》这样的自然科学著作，这些著作不断激发他的哲学思考。

在《纯粹理性批判》中，数学和物理学受到康德的特别重视。他想借此发掘形而上学的基础，从而获得最广义的真正可靠的自然知识。为了这项研究，他需要一种借此能够进行逻辑学—形而上学研究的模式或样板。他也确信已经找到这种模式。他首先参考的是他的老师马丁·克努岑1744年借给他自学的那本著作，即伊萨克·牛顿1687年出版的《自然哲学的数学原理》，一本令他痴迷的、对他长久产生影响的著作。首先在《自然哲学的数学原理》的前两卷中，这位20岁的大学生不仅看到了任何一种不关注于对某些现象的具体认识的自然哲学的出发点——数学的根据和前提，而且试图回答这样的根本问题：对现实的物质世界的理论认识究竟怎么才能做到逻辑上没有矛盾、普遍有效和必不可少？康德30岁时，根据牛顿的万有引力定律，还设计了天才的自然哲学体系；1755年，他根据为他提供可靠的结构指导的牛顿原理创作了他的《一般自然史和天体理论》。而现在年近60岁的康德不仅在思考牛顿原理的不可置疑的真理要求，同时在思考自己的自然哲学的宇宙模式，"以便最终完整地、根据一般原理确定纯粹理性的整个范围，包括它的界限和内容"。

这是一个形而上学的计划，形而上学在根据一般原理作出规定时不再超越物理学这门自然的经验科学。形而上学不超越物理学，不涉足超验物理学的王国：不管是超验的"我"、宇宙整体，还是万能的、永恒的上帝。相反，康德的形而上学旨在建立一个数学式的系统认识自然的基础。如果说年轻的天体

第四章 唯有批判的道路仍是敞开的

理论家以前踩在伊萨克·牛顿的肩膀上,那么,这位年老的理性批判者现在想最终弄清楚,牛顿本人是在什么样的基础上得以根据数学原理阐述他的实在论自然哲学的。

因此,如果说康德生动地描述岛屿和海洋、航海图和罗盘,提到小径、康庄大道和人行道,以及"一条还完全未涉足的道路",一定一开始就把读者弄得莫名其妙,那么,就是说他关心的不是按照牛顿的范例可以达到的具体认识。康德不是作为以数学为取向的物理学家进行研究,而是作为形而上学者进行论证。作为世俗智慧的爱好者,他为自己所遇到的问题制定了新的解决方案。这个方案建立了自己的领地,以便在思想过程中不致迷失方向。"哲学的对象是不断创造新的概念。因为必须创造概念,而概念表明,哲学家就是潜在地占有概念,或者具有概念的力量和权能的人。"

他的同时代人群起而攻之的《批判》的晦涩难懂,不仅要归因于,正如康德在 1871 年 5 月给马可·赫茨的信中所说的,"人的认识中与我们最为密切的那个部分的思想方式的彻底变化",而且首先取决于他的概念的创造力。愤怒而苛刻的克里斯蒂安·伽尔韦指责说,康德的体系本来可以表述得"通俗一些",以便实际可用,而且"新创的语言"也使这部著作变得极为难读。针对这种指责,康德于 1783 年 8 月 7 日以一句信心十足的话为自己辩解说:"最初被一大堆不熟悉的概念和必然与此相伴而来的更不熟悉的新语言所造成的头晕目眩状况将会消失。"

康德的建设性的经验形而上学以巨大的力量将新创的重要

概念置入哲学讨论中去,以便最终为他开启至今没人踏上、却是安全的道路。这些概念反对客观存在的先验幻想,建立起认识的主体在其中发挥重要作用的内在性的现代领地,并为之划定界限。所有这些概念都带有康德的标志,并且只有在康德的词典中才能找到:先验/后验;可能性的条件;纯粹知性概念的演绎;自在之物;纯粹理性的理想;统觉的综合统一性;综合的先验判断;先验哲学;先验分析论和辩证论,等等。

康德的主要哲学著作所带来的最初的头眩目眩状态始终没有彻底消除。两百年来对这部著作层出不穷的评论、诠释、解读或导读如滔滔涌动的洪流,并且最近几年似乎还有上升的势头,就说明了这一点。康德《纯粹理性批判》多样的或隐秘的含义、丰富的概念和语言的创新,不仅开启了哲学研究的一种新的可能性,同时还使大量的注释者陷入了矛盾的境地:"第一次说出人家已经说过的东西,不断重复实际上人家从未说过的东西。"

这里,对这种状况不可能有任何改进。四个简短的关键词就足以概略地说明康德1781年达到的水平。需要强调的是牛顿的《自然哲学的数学原理》的作用,这部著作在正反两个方面对康德的《纯粹理性批判》起到了指导性的作用。

牛顿的虚假概念。康德特别反对牛顿的三种虚假逻辑学。但这不是指自然哲学家牛顿,而是指唯灵论者、神秘术者和上帝信仰者牛顿,他在其主要著作第三卷"论宇宙的结构"的解释性结束语,"一般评注"中描绘了三个形而上学的假定:非物质的人的灵魂在各个不同的时代和各种不同的感觉中应该始

第四章 唯有批判的道路仍是敞开的

终是"同一的、不可分的",在无限的时空根源中绝对同一;事物的真正本质或"实体的内在性"在感觉上不能体验到,在理智上也不能认识,但仍然是自然哲学研究的对象;最后牛顿召唤最高的上帝这个永恒的、无限的和绝对完美的存在,这个没有物质性的纯粹同一,但牛顿仍然认为物质性的存在是"不可避免的事实":"根据自然现象解释上帝,绝对是自然哲学的任务。"

康德将牛顿哲学的这三个对象解释为梦幻形象。他虽然不想完全放弃灵魂、实体或上帝,但他不能承认这些对象是可能的自然哲学认识的客体。如果非要承认,那么,它们也只能被想象为理论上绝对不可知,并且决不可能作为"现象"出现的"自在之物本身",但人的认识能力必须以此为指导。由于这种严格的分割,康德相信他已经找到批判地解决纯粹理性的辩证假象问题的关键。同一的"我"、宇宙整体和上帝的理想都不会显现。因此它们不可能是经验和知识的对象。人们只有在试图把它们作为有限的现象的最后绝对条件加以对象化的时候,才不可避免地陷入错误结论、二律背反和纯粹的理想化。

数学的感性论。根据牛顿自然哲学的数学原理,康德提出了这样的问题:"纯粹数学是如何可能的?"他在先验感性论中找到了答案。在这里,他将感性论(出自希腊语的。aisthesis,意为"感觉")理解为感觉的理论。他非常固执地将数学定位于感觉世界,而感觉世界是人的认识的独立的基本源泉。我们通过感官获得在思想上表现为"直观"的已知对象。直观是可能的,只是因为它取决于时间和空间的主观条件。在这方面,康德也是以牛顿为出发点，他同时也与牛顿有矛盾。"1768年的重要想法"在程度上又进了一步。牛顿认为存在绝对的、真正的时间，它与任何事物和事件无关，自在地节奏不变地流动；存在绝对的、真正的空间，它是不动的，始终如一，而且同样"与外在于它的任何事物无关"。相反，相对的时间和相对的空间是感官可以根据物体的运动和状态直接感觉到的。

对此，康德认为牛顿的专制主义是多余的。他将时空解释为我们感性的纯形式的条件。他将时空主观化，抛弃了其客观性质。康德从形而上学的角度将重建我们得以先验地感性直观时空中的客体的形式条件，解释为纯数学的任务，构建空间的纯粹直观形式是几何学的任务；而算术"是在时间里把单位一个又一个地加起来"来形成数的概念。

物理学的逻辑。根据牛顿的自然哲学，康德提出这样的问题："纯粹自然科学是如何可能的？"物理学是重点，涉及作为一切经验对象的总和的自然，只要对象的存在"按照普遍规律来规定"。自然的可能的有效性问题，康德在他的"分析逻辑学"中作了回答。这种逻辑学不是只关注合理推论规则的纯粹的形式逻辑。作为一种非形式的、有内容的逻辑，分析逻辑涉及与牛顿的自然科学知识要求紧密相关的严格的普遍性和必然性。因为牛顿不单是要提出关于具体现象的实验性假设，而且要对根据普遍规律总是而且必然发生的一切事件提出客观真理要求。

因此，纯粹的自然科学不能再在关注人类感觉的感性论范围内进行研究。理智作为人的认识的第二个根源——理智世

第四章 唯有批判的道路仍是敞开的

康德与朋友聚会，埃米尔·德斯特林（Emil Doerstling）作于1892年

界——发挥作用。必须弄清人思考事物、形成清楚而明确的概念和作出客观有效的判断的能力。人的理论能力的创造的自发性，要求对理智概念和判断形式作出分析，像牛顿所证明的那样，人利用这种能力可以从数学上演绎和理解宇宙结构的运动和力的普遍规律。正如康德在回顾自己几十年来的思考时所说的，这是"所从事过的形而上学事业中最难的"。

哥白尼式的转变。不过，在思想史上，与康德根据牛顿原理确定一切可能认识的基本原理相比，这种困难就不算什么了：不仅要从避免对不可知的"自在之物"的超自然的思辨中得出结论，而且要从时空的主体化和对人的自发认识的高度评价中得出结论。这读起来仿佛是康德在事后为自己的伟大计划作形而上学的辩护。1755年，康德根据这个计划首先将宇宙整体推入混沌，以便接着设计新的宇宙模型。康德本人是一种自然哲学构想的创造者，这种构想表明，宇宙结构是如何自然历史地形成的，如何系统地排列的。

20多年以后，康德自豪地对他的朋友赫茨说，不管《纯粹理性批判》的命运如何，它毕竟是"思维方式的彻底转变"，每一位读者起初都会觉得它是晦涩难懂、陌生怪异、不够通俗，因为它完全颠倒了原来熟悉的关系；它虽然枯燥和抽象，但在改变人们习以为常的哲学观念方面是绝对革命性的。唯理论认为，在认识的主体和客体之间存在某种相似性或一致性，因为真实性本身是按照理性的原则安排的；唯理论的对手经验主义则相信，我们的所有认识都是由感性经验开始的，也是从感性经验中产生的。而康德的批判道路带来了形而上学方面的理论哲学的"革命"。

康德完成自己的转变经历了各种坎坷，最终使认识的客体服从于认识的主体。他自己也承认，这似乎有些夸张和不合情理。但他仍然认为，这是正确的并且合乎经验。他的"革命"使他振奋，这也证明了他由以进行这种革命的那种升华，即革命以一个简单的生理学论断为开始，以自主的认识主体在现代哲学的中心粉墨登场而结束：对象作为感觉的客体取决于我们的直观能力的性质；认识对象的经验取决于概念，通过概念我们以表象的形式规定经验；知识不取决于对象，相反，对象必须取决于我们的认识；"我们称作自然的现象的秩序和规律，都是我们自己放到那里去的，并且如果我们最初没有把这些秩序和规律，或者是我们情感的自然放到那里去，那么，我们也

第四章　唯有批判的道路仍是敞开的

就无法在这里发现它们";"理智本身是自然规律的源泉";"理智的法则不是理智（先验地）从大自然获得的，而是理智给大自然规定的"。

这就是康德大胆的革命，他给这次革命标上了"哥白尼"的名字。就像 1543 年弗劳恩贝格大教堂教士出版的《天体运行论》一样，康德身上也发生了一次人的地位和人的认识客体之间的倒转。但康德的革命同时也是反对哥白尼的，它纠正了哥白尼因分离人类在宇宙中的中心地位而产生的弊端。人似乎变得无关紧要，从宇宙的中心地位滚落到宇宙的随便哪个角落。与此相反，康德在《纯粹理性批判》中，重新将人置于中心的地位，因为创造性地认识世界的就是人自己。人赢得了一种至高无上的主权。人不让"自然的引带牵着走"，而是将一切现象纳入自己的法则来理解。他迫使自然来回答他的问题。一个创造性主体满怀重新觉醒的自我意识登上了舞台，他通过自己的创造力照亮了人在其中面临迷失方向危险的形而上学的黑暗。现代哲学各个主要流派都在康德的《批判》中找到了它们的根据。它们设定了人类认识主体的建设性作用、批判能力和自主的力量。就连那些不想按照法院庭审的程序，理智地占有自然的人，也没有将康德看做最强大、最尖刻的对手而退避三舍。对于另外一种看法，即不想为自然规定什么，而只想与自然保持和谐，康德也说了一些十分重要的话。

可见，确实发生了一次有利的转变，不过这次转变 1770 年将康德推向了危机。与康德对道德的"真正使命"不相符的是，国王腓特烈二世任命他为逻辑学和形而上学教授，要他在

■ 康德的世界

城市雕像——康德，康德的"哥白尼式转变"为其赢得了巨大的声望

专业领域最大限度地提高柯尼斯堡大学的声望，而这对他而言是无关紧要的。他花了 10 年时间才得以完成这项任命。最后他找到了一条有望将他引向理论哲学这个目标的批判的道路："也就是说，人类理性在那一向热烈从事但至今尚一无所成的事业上，得到完全的满足。"当然，在道德上向他提出挑战的

第四章　唯有批判的道路仍是敞开的

实践哲学的三个重大问题，在这条道路上是无法回答的。存在构成人的本性的不朽的灵魂吗？在自然规律规定的世界里，人的意志的自由如何？上帝的存在难道仅仅是只能真实地存在于视灵者观念中的幻象吗？理论理性的形而上学将这些问题排除在自然哲学的知识之外，并不能削弱自己的吸引力。但它同时证明了自己的局限。它达不到那"实际上必定只关系到实践方面"的范围。康德在《纯粹理性批判》的结尾谈到的"我们理性的纯粹使用的最终目的"，他只能在道德的形而上学和实践理性批判中进行论述。这是他的下一个重大任务。老年康德还打算做许多事情。

1781年，康德的哥白尼式转变公之于众时，没有人表示认同。甚至好心的朋友都不知道如何阅读他的《批判》。人们读不懂这部著作，认为它晦涩难懂，没有现实意义，于是把它搁置一边。康德似乎与希波尔《生命历程》中的文学形象"祖父辈教授"非常吻合。人们有一种印象，仿佛他要用没有实际生活意义的形而上学的沙子来迷惑读者的眼睛。

只有约翰·格奥尔格·哈曼，康德最重要的"同时代的对手"，立即觉察到了由康德的思想方式的革命所带来的挑战。1781年5月10日，他写信给赫尔德说，康德理应得到"普鲁士的休谟这个头衔"。哈曼仔细阅读了《批判》的笔记，并让冯·哈特克诺赫寄来清样，以便能够在他的朋友一拖再拖的著作出版之前先睹为快。但在阅读过程中，他也总是举步维艰。4月8日，他写信给出版商说，"在沙地长久跋涉之后"，他发现了大量"诱人的和兴旺的休息场所"。他觉得整部著作似乎是纯粹的形式主义,读来不能让人热血沸腾。不过,这并不妨碍他去推动这部著作的普及,甚至使看重经济利益的哈特克诺赫也很感兴趣。7月1日,哈曼为《柯尼斯堡学者和政治报》写了一篇书评。但他又把它搁在了一边,"因为我不想冒犯这部著作的作者,一位老朋友,我不得不说他是一位好人,因为我的第一份工作,我必须十分感谢他"。

哈曼的回忆提到1767年他通过康德的介绍在柯尼斯堡海关管理处得到了一份当翻译的工作,但掩盖了他的真实动机。因为他的"书评"(在他1801年去世后才发表)完全是赞许的,并且以"真诚的钦佩"预告了康德的《批判》,以方便读者对这部难读费解的著作进行自由而公开的评述。1781年哈曼发现自己仍然没有能力对康德的理性构想作真正专业的评论,因为康德的理性构想使他对自己的信念产生了怀疑。这种说法是可信的。在以后的几年中,他一再深入地研究康德的著作,就可以说明这一点。1782年4月,他撰写了《关于理性的纯语主义的元批判》,1784年作了详细说明。这部著作在他生前也没有出版,哈曼自己认为这部著作不成功。从信奉圣经和上帝的角度来看,这部著作涉及康德的《批判》的核心问题。哈曼认为,康德的《纯粹理性批判》是对自己所认为的一切神圣事物的纯语主义的"哲学洗涤":传说、传统、社交、信仰和感性经验,但首先是"语言,它是理性使用的唯一一个工具和标准,而不需要其他证书作为传统和惯例"。康德只设定了自主的理性及其抽象的概念逻辑和判断逻辑。相反,哈曼强调活的单词的力量、标点符号和"语言的神秘",在这里真正的信仰

第四章　唯有批判的道路仍是敞开的

和上帝的精神也能找到一种感性形象。

将康德的主要理论著作当做具有精神自律的革命的纲领性著作来阅读，是需要时间的，读懂这部著作不能靠超验的虚假知识和传统的语言习惯。这不仅涉及独断主义的形而上学的广阔领域，而且还要批判一切规避自我批判的理性的"绝对命令"。康德列举了他的《纯粹理性批判》在政治上表示反对的敌人："我们的时代是一个真正批判的时代，一切都必须受到批判。宗教想借口它的神圣，立法想借口它的尊严，企图在一般情况下规避批判。可是，这样一来，它们恰恰就引起别人对它们正当的怀疑，而不能要求人家真诚的尊敬了。只有经得住理性的自由和公开的检验的东西，理性才给以真诚的尊敬。"三年后，康德把这种批判的立场解释为启蒙的准则。这位形而上学者转向公众这个新的论坛，在这个论坛上他懂得利用自己独特的理智，而且再次发现他的朋友哈曼是他最机智的对手。

第五章　勇敢地使用自己的理智！

康德像，弗里德里希·威廉·塞内瓦尔特
(Friedrich Wilhelm Senewaldt) 作于 1786 年

如果有人问：
我们现在生活在一个开明的时代吗？
回答是：否，
我们生活在一个启蒙的时代。

第五章　勇敢地使用自己的理智！

1. 一位启蒙思想家的座右铭

1784年12月18日，约翰·格奥尔格·哈曼给克里斯蒂安·雅科布·克劳斯（1753—1807）写了一封长达4页的信。克劳斯自1780年起在柯尼斯堡大学任实践哲学和政治学教授，他不仅是他昔日的老师康德的同事，而且还是康德亲密的朋友，尽管他们的年龄相差将近30岁。这是一封有具体原因的私人信件。但这封信与哈曼25年前写给康德的那些"情书"相比，也不完全是即兴之作。康德在1784年《柏林月刊》12月号上发表的题为《对"何为启蒙运动？"这个问题的回答》一文触动了哈曼的心灵。他想起了他们初次相识时的热烈感情，于是信手拿起鹅毛笔，再一次就他们之间的共性和分歧进行反思，"而此时他那僵硬的四肢几乎不再适宜于逍遥学派的哲学"。他不愿像亚里士多德那样在哲学体系内运动，而是再次写下那些击中开明的自我意识的要害的思想。

那时，即1759年7月27日，当他的朋友贝伦斯和康德鼓励他接受法国启蒙运动的思想时，他拒绝了理性主义者康德。他宁可做一个打断其对话者的仅凭幻想的理性的苏格拉底，因为这些对话者虽然能干预宇宙的秩序，却不能认识自己。因此他更赞赏心灵的抒情语言，而不赞赏任何被主观的自我认识清洗过的理智的概念性论证。而那时，他们同时还有一个共同的《儿童物理学》的计划，他有时问康德，他这个如此聪明而且开明的哲学家是否也"特别喜欢孩子"，甚至参与孩子们那些简单的、貌似愚蠢的活动。给有学问的人们讲一点东西，这对哈曼来说容易得就像去欺骗老实人。但是，要为儿童写一部物理学，这就要求放弃任何优越感、虚荣心或掌握的知识形式，只需要一颗敏感的心灵和独立思考的勇气，杜绝对他人思想的模仿。"鼓起勇气！"这是哈曼写在书信末尾的祝福语。他同时还附加了一句："如果您感觉到在自己的爱心中对儿童有一份特别的爱，那么您的胆识就会陡然倍增，而才气也会汹涌澎湃。"

毫不奇怪，哈曼已经进入"灵魂深处"，康德1784年如是说。他说这话的时候仿佛想起了自己这位最尖刻的批评者，在这位批评者的眼中，大多数开明的哲学家都是谎言预言家、作秀预言家和口头预言家，唯独没有勇气进行自我思考。"鼓起勇气！勇敢地使用自己的理智！"25年前，哈曼将这句话送给康德，以便使他放弃对没有心灵和自我认识的开明理性的模仿；那么，康德究竟为什么恰恰选择这句话作为他进行研究的座右铭呢？为了澄清这个问题，他给共同的朋友克劳斯写了这封信。克劳斯不仅对哈曼佩服得五体投地，热爱他的"心灵"；而且对老教授康德也钦佩有加，赞赏他的"头脑"。

哈曼给克劳斯教授的私人信件是一份哲学史文献，可以同康德为开明读者公开发表的纲领性文章相提并论。在对启蒙运动的批评中，哈曼的机敏和实力至今仍无人超越。这封信的重要性远远超出哈曼动笔撰写的具体原因。所争论的不仅仅是一个200多年以来支配着哲学史的问题，而且是一个涉及我们同时代人的自我理解的问题。"正如文字记载的那样，几乎从未有过与之可比的争论，因为它具有如此高度的示范性，人们不

第五章　勇敢地使用自己的理智！

哈曼

得不问，而且从各个方面问，什么是真正的、彻底的启蒙运动。"可是，这个问题究竟是怎么产生的，从哈曼和康德对这个问题的回答，我们也可以看出他们迥异的性格，而他们两人进行如此激烈的争论，还能继续保持友谊吗？

2. 什么是启蒙运动？

我们最初从词源学角度听到"启蒙"这个单词时，它是气象学上的一个比喻。这个概念的基本的词源性含义表示这样一种希望：在经过黑暗和阴霾的时期之后，天空最终会变得晴朗、明亮和清澈。光的比喻正在日益被世俗化，而它的渊源可以追溯到古代，包括当时的"超自然之光"。正如天空变得晴朗一样，理智也应该清澄明晰，而信仰、启示和超自然的光亮不应该再起任何作用。早在 1691 年，"理智的启蒙"这个术语就已经被收进了词典。清晰的头脑借助清晰的概念和明确的判断，可以认识事情的真相。"启蒙"是近代反对那些把一切都混淆成一团迷雾的模糊观念的斗争观念。最后，这个概念成了一个时代的名称。18世纪启蒙运动的自我解释涉及一种被比喻为光的理性，这种理性主动"照亮"了世界。康德在《70年代人类学讲座》的草稿中有这样的记载："一个被照亮的（经过启蒙的，需要清晰概念的）时代；一个清晰的（经过启蒙的）头脑。"

启蒙（局部），丹尼尔·霍多维茨基（Daniel Chodowiecki）作于1791年

当然，"启蒙"这个词的积极意义并不是说，启蒙运动首先在德国是没有争议的。在法国，哲学家们（特别是伏尔泰、孟德斯鸠或启蒙运动的参加者、百科全书派成员狄德罗和达朗

第五章 勇敢地使用自己的理智！

贝尔）作为争取自由而勇敢地进行自主判断的榜样而享有很高的声望，为了进行自主判断，他们甘冒被流放和监禁的危险；而在德国，启蒙运动的参加者在许多同时代人的眼中却只是冷漠的理智工人，他们既不能理解自然生动的丰富性和多样性，也不能理解心灵深处的秘密。德国启蒙运动的主要代表，从克里斯蒂安·托马斯（1665—1728）、克里斯蒂安·沃尔夫（1679—1754）到赫尔曼·赛米尔·赖马鲁斯（1694—1788）和伊曼努尔·康德，不无巧合，都是大学教授，往往喜欢追求学究式的彻底性和系统性，因而很难激发人们的热情。启蒙运动的哲学即使为了打算在认识世界的过程中相信世俗的理性，为了为尘世的人所利用，而当做世俗智慧进行宣传，但它仍然首先是大学的事情。它的世界被视为鬼魅的，它的概念被视为抽象化的，它的体系被视为等级制的，它的理性被视为形式化的，它的理论体系被视为可望而不可即的。从18世纪末启蒙运动的那些狂热而咄咄逼人、敏感而罗曼蒂克的反对者，到麦克斯·霍克海默和泰奥多尔·阿多诺在《启蒙辩证法》（1944）中所作的判断："启蒙运动像任何一种体系一样是极权主义的"，到哈特穆特和格尔诺·伯默以康德为例对各种唯理论构想所作的批判［他们反对这些唯理论的构想，希望《另外一种理性》（1985）再次发挥作用］，这构成了启蒙运动的哲学的批评者和反对者的主力阵容。

值得一提的是启蒙运动的另外一位激进的批评者，他在其思想史和文明史的研究中首先揭示了启蒙运动的惩戒权力；在他去世前不久，打开了重新解读康德的纲领性著作的另一个视角。1983 年，米歇尔·福柯开设了关于康德的《对"何为启蒙运动?"这个问题的回答》的讲座。在时间过去 200 年之后，他又将这篇文章的巨大现实意义展现在人们的眼前。

黑格尔，施莱辛格（Schlesinger）作于 1831 年

福柯在讲座中不仅援引了下面这个哲学史上的事实，即从费希特和黑格尔经叔本华和尼采，再到霍克海默和哈贝马斯，没有一种哲学不是直接或间接地面对康德提出的问题。因为，毫无疑问，启蒙运动开始了一个决定现代思想和行动本身，而且不可能再逆转的过程。福柯关注的重点首先是纯粹的现实性方面，因为康德不仅是 18 世纪一位杰出的启蒙思想家，而且他还在其宇宙论中提出了关于天体的科学理论和自然史；他针对所有可能的视灵者和神秘主义者的混乱概念、模糊思想和荒

第五章 勇敢地使用自己的理智!

唐经验,动用了主体间的检验方法;他在纯粹理论理性的批判中回答了在哪些条件下才能真正认识整个世界的问题。1784年,康德以一种绝对现代的哲学家的姿态回答了关于启蒙运动的问题。康德没有提出怎么区别当代与过去,它是否优于过去,或者说劣于过去的问题。关于古代人的示范性和现代人的互不相让的争执已经耳熟能详,但康德与此毫无关系。根据福柯的看法,在康德对"何为启蒙运动?"这个问题的回答中,当代问题是第一次作为哲学事件出现的,提出这个问题的哲学家本人也是这个事件的当事人:"哲学是这个哲学家对现实性

讽刺康德与黑格尔的漫画,作者不详

的怀疑,是对这种现实性提出的问题,而这位哲学家一定在分享并满足于这种现实性——这一切大概都可以将哲学定性为现代关于现代的讨论。"由于康德,现代哲学从18世纪末开始怀疑自己的现实性。正如于尔根·哈贝马斯1984年6月25日在福柯逝世时所说的,福柯承认康德是第一位这样的哲学家,"他像弓箭手那样将利箭射向浓缩为现实性的当代的心脏,从而开启了对现代性讨论的序幕"。

当然,60岁的康德开启这个序幕,不只是思想史上的一个普通事件。康德的天赋尤其在于,每当他泛泛地谈到"启蒙运动"的时候,总是将自己作为一个活的例子;反过来也一样,他根据自己积极参与的现实问题研究,阐明自己的认识意图。到底发生了什么事,康德才一定要提出抗辩呢?

有一个固执的人在这个问题上起了关键作用,但这个人几乎被人遗忘了。约翰·沃尔夫冈·歌德在他的《哈兹山的冬日之旅》中勾画了这个人——弗里德里希·维克多·莱贝雷希特·普莱辛的性格,给人留下了深刻的印象。这个人属于那些患有心理分裂症的年轻人,他们聪明、思想活跃,但注意力不集中,没有明确的目标,只想学习所有符合他们感情世界的东西。普莱辛与歌德一样,生于1749年,是哈兹山前面一个小地方韦尔尼格罗德的高级牧师的儿子,他在这里作为年轻人感觉特别寂寞,将自己封闭在黑暗的内心世界,得不到同伴们的理解和尊敬。读了歌德1774年出版的《少年维特之烦恼》以后,更激化了他自我折磨式的孤独。为了逃避这种孤独,普莱辛决定到柯尼斯堡去学习。1779年10月22日,他在阿尔伯特

第五章 勇敢地使用自己的理智！

大学注了册。他学习所有自己感兴趣的东西，而没有职业取向。他埋头于宗教史，探究埃及的神秘祭礼和希腊哲学的源头。于是他找到了康德。康德在接下来的几年中成了他的哲学老师，似乎缓解了他由于寂寞而带来的痛苦。不管怎么说，普莱辛巧妙而固执地将康德拉入了自己的生活戏剧。他一再请求康德予以帮助和支持，而康德是有求必应。最后，康德终于满足了普莱辛的迫切愿望，给他写了一封推荐信，让他去柏林找约翰·埃里希·比斯特（1749—1816）。比斯特是普鲁士文化大臣卡尔·亚伯拉罕·冯·泽德利茨男爵的私人秘书，而泽德利茨男爵是柏林启蒙运动最有影响的代表。因为普莱辛想见到大臣本人，以便实现自己成为教授的目标，于是，他带着康德的良好的祝愿和推荐信于1783年夏天前往柏林，在那里加入了一个引人注目的社团。

普莱辛回到韦尔尼格罗德以后，于1783年10月15日给康德写了一封信。他再一次热情洋溢地感谢他的老教授、行善者和慷慨的朋友，发誓永远爱他。"您把我从那将要吞噬我的旋涡中拉了出来。我现在能够这样体面，都要归功于您。您是我现在一切宁静和安逸的赐予者，因为我此前多年的生活都是在凄惨的心境中度过的。"可是，他的这种幸福却由于轻信别人而受到了影响，因为普莱辛的心性本来就喜欢阴暗的秘密和深藏的真理，所以很容易相信别人的话。他谨小慎微地暗示有一个阴谋，但他几乎不敢说出来："遗憾的是，我们很快又会面临一个凄惨狂热和愚昧的时代；这种狂热正在阔步走来；不是每个人都知道，这些新的危险会从那些方面向人类精神袭来；

仅仅在信中吐露自己真诚的思想，就够危险的了。当然，您，尊敬的阁下，在这方面也许知道得比我更多。"

康德至少知道，这种担忧首先已经在柏林那个友好地接待了自己门生的圈子里蔓延。因为普莱辛曾经在枢密顾问冯·多姆和普罗布斯特·威廉·特勒尔，哲学家莫泽斯·门德尔松和柏林启蒙运动的主要代表弗里德里希·尼古拉，大臣的私人秘书比斯特和中学校长弗里德里希·格迪克等人那里作过客，而格迪克甚至还去过普莱辛的家乡，一起攀登了布罗肯峰。同一些人不无巧合地出现在1783年成立的"星期三协会"这个"启蒙运动之友的秘密社团"的成员名单之中，他们定期依次轮流在私人住宅中聚会，"以便通过友好的思想交流，思想上得到互相启迪，从而自己澄清某些概念"。由法学家、政治家、神学家、哲学家、教育家和医学家组成的这个团体的秘书是比斯特。这个人虽然身材矮小、有些畸形，却异常活跃，声音洪亮，大家的共同计划就是由他安排实施的。正如章程所规定的，关键不是要达到一个大家事先一致确定的目标。相反，他们尝试遵守一定的规则，通过互相讨论，找出大家普遍认为正确的东西。在讨论中，每个人都可以先提出哪怕荒谬的观点或者大胆的猜想。但关键在于，在进行论证的时候，既不能援引外在的权威，也不能感情用事。在共同的讨论中，大家通过提出论据和理由，表示赞成或反对，最终显示互相启蒙的力量。他们还热烈地讨论了康德的批判哲学。对此，尼古拉在自传体著作《我接受的教育》中写道："赞成或反对意见都很琐细，有时许多文章以不同的方式反复讨论同一个问题。"值得一提

第五章 勇敢地使用自己的理智！

的还有康德昔日的大学学友和舍友约翰·亨利希·弗勒默，他是枢密院财政、军事和土地顾问，也是星期三协会最有影响的成员之一，而当年康德和他那么成功地玩过台球。

通过这种提纲挈领的讨论，启蒙运动之友同时也结成了对付敌人的统一阵线。他们共同反对感情用事的形形色色的狂热分子，这些人把自己的突发奇想当做上帝的启示；当然，他们也反对自由思想的任何反对者，特别是耶稣会士和秘密的天主教徒，他们不仅想通过论证将这些人作为文化政策方面的敌人加以驳斥，而且还想从组织上自力更生地与之作斗争。因此他们很注意严格保守讨论、报告和内部流通的手稿的秘密。他们不让启蒙运动的敌人有任何进行反击的机会。

毫不奇怪，对秘密事物本来就兴趣盎然的普莱辛对柏林启蒙思想家的密谋嫌疑有敏锐的感觉，他还把这种怀疑告诉了昔日的教授。当然，康德是不会轻易上当的，虽然他在1784年2月3日的信中也表现得很好奇："狂热和愚昧再次出现的危险到底来自哪个方面，我猜不出来；想必来自共济会的某些集会场所，但我觉得那里也不会有特别大的危险，因为我不理解，为什么互相坦率地交流自己的思想也会有危险，您方便的话顺便打听一下。"

普莱辛满足了康德的要求。他1784年3月15日给康德回信，更加强调了他的担忧。他说，他最终在柏林上层人士的社交聚会中亲自听说，狂热主义、迷信和灵魂巫术在整个欧洲又在死灰复燃；普鲁士王储正处于一位视灵者的影响之下。特别是耶稣会士们正在毒化人们的心灵。理性和人类幸福的敌人正干着他们无耻的勾当。之所以还有一丝希望，是因为腓特烈二世还活着。他乞求开明的、人类理性对之感激不尽的国王不要那么快就去世，然后普莱辛也请求自己敬爱的康德教授："为人正直的男子汉，依您现在所处的地位，完全可以奋笔疾书，为理性和人类的事业写出惊人之作。"

事实上，康德当时在这方面随手记下的东西令人信服，也令人吃惊，而且中肯贴切，所选择的媒体也很合适。1784年11月，《柏林月刊》发表了他的《从世界公民观点看一般历史的观念》。这是他第一篇较长的历史哲学论文，他想借此公开投身于捍卫理性和人性的斗争，并乘机表明他的批判的哲学对于"世界公民"也具有重要意义。他没有直接回应普莱辛的警告和担忧，而是直接阐述了自己的观念：人的行为"在世界大舞台上一直以来都是由愚蠢幼稚的虚荣，往往还由天真的恶毒和破坏欲交织而成的"。大多数人都有不理性的时候。人是由"弯曲的材料"制成的，不能按照计划修理成笔直的东西。大部分个体的人生和活动是混乱和没有规则的。当然，清楚地看一眼人类的状况并不排除这样的可能性，人类整体上正在日益接近这样的观念：世界公民的行为是由理性的自由使用引导的。因为"公民自由"本身会开始这样一个过程，在这个过程中，社会化了的人的生产能力会越来越有力地限制个人对权力、恶行和破坏的追求。"因此，个人的行或止方面所受的限制会日益取消，宗教的普遍自由会得以实现；于是，随着一些奇怪的想法和念头的产生，慢慢就形成了启蒙运动这笔巨大的财富。"

第五章　勇敢地使用自己的理智！

康德在《柏林月刊》上有针对性地发表了关于启蒙运动的思想，在后来的几年中他也一直没有中断为这家杂志撰稿。在他 1784—1796 年所写的 15 篇论文中，除一篇外，首次都是发表在这家于 1796 年停刊的杂志上。这里首先有两个原因：

一方面，康德的《纯粹理性批判》出版后反响平平，他痛苦地意识到了几年来一直困扰他的事情：如果文化大臣泽德利茨男爵和他的私人秘书比斯特收到了寄给他们的赠送样本，只是没有回音而已；如果他极为赞赏的莫泽斯·门德尔松将他的书扔到了一边，还说"折磨神经元"；如果他的老学友弗勒默风趣地表示怀疑，自己在阅读《纯粹理性批判》时十个手指头不够用（"真的，亲爱的朋友，您写的东西有那么多的括号，那么多的限制条件，让人目不暇接；于是我用一根手指指着单词，接着使用第二，第三，第四个手指，而我想翻页的时候，已经没有空余的手指了。"）；那么，康德就一定会严肃地扪心自问，他的精神劳动究竟有什么社会意义。对于他写的东西，似乎没有人理解，也没有人感兴趣。显然，不仅他的思想活动，而且他那不常见的复杂的语言风格也给潜在的读者造成了极大的"麻烦"，康德在 1783 年 8 月 7 日给克里斯蒂安·伽尔韦的信中这样写道，并且他还忧心忡忡地指出，"您总是提到缺少通俗性的问题，认为这是可以对我的著作所能提出的最合理的指责，因为每一种哲学著作实际上都能做到通俗，否则这种哲学就是看起来尖刻，实际上尽是废话。"怎么才能弥补这种不足呢？正如他在 1779 年 1 月给马可·赫茨的信中所说的，一段时间以来，"一般科学，特别是哲学中的通俗性原则"这个问题一直纠缠着他。面对这个问题，有人及时给他提出了为《柏林月刊》撰稿的建议。

叔本华与康德，奥拉夫·居尔布兰松（Olaf Gulbransson）作于 1937 年

另一方面，《柏林月刊》不是传统的学术月刊或大学校刊，它是秘密的星期三协会的公开刊物。那些在紧闭大门后面秘密地讨论的东西，应该有助于资产阶级公众的教育。这家杂志是 1783 年初由约翰·埃里希·比斯特和弗里德里希·格迪克创办的，星期三协会的成员几乎都是杂志的撰稿人。该杂志是德国启蒙运动最后阶段，也是最高阶段的最重要的公共论坛。杂志第一期的卷首插图是泽德利茨大臣的肖像，其《致读者》简述了自己的纲领性目标："对真理的热情，热衷于推广有益的启蒙运动，消除有害的错误，坚信这是一项并非无益的事业。"

第五章　勇敢地使用自己的理智！

政论是最重要的目标，外加对思想自由和新闻出版自由、独立思考和社会政治自由的巨大热情。他们反对神秘的感觉哲学、非理性的各种枷锁、宗教独断主义和教会强制、狂热主义和迷信。

这与康德的信念完全一致。两位编者敏锐地捕捉到了康德对公开性和通俗性的期望。自从 1779 年起，康德就与比斯特保持通信联系，还向他推荐了自己的弟子、聪明的普莱辛。而且康德还知道，在柏林，他的学生马可·赫茨开设的讲座，听众日益增多，从而唤醒了公众对康德哲学的极大兴趣。那么，为了通过《柏林月刊》向受过教育的公众传播自己的思想和信念，还有什么方法比成为该杂志的撰稿人来得更直接呢？

当然，这位柯尼斯堡人并不想与柏林盛行的密谋倾向有任何瓜葛。他在杂志 1784 年 12 月号上发表的《对"何为启蒙运动？"这个问题的回答》就首先说明了这一点；他以这篇文章直接参与了现实问题的讨论。他巧妙地利用启蒙运动的公开性原则，反对启蒙思想家的密谋理论和秘密行动。约翰·弗里德里希·策尔纳（1753—1804）的一篇论文为此提供了具体的根据，他是马利亚教堂的传教士和副主祭，也属于柏林启蒙运动的小圈子。

《柏林月刊》是一家论争性的刊物，各种不同意见和认识可以得到不偏不倚、以诚相待的讨论。讨论中人们只关注无拘无束的更有说服力的论证。1783 年，基督教婚姻和资产阶级婚姻之间的关系是一个争论特别激烈的案例。激进的法学家比斯特，以姓名缩写字母 E. v. K. 作掩护，主张无需神职人员就可以建立婚姻关系。他说，在成年人的契约中掺入宗教和教会因素是完全不必要的和无益的。国家的法律具有足够的约束力，但像任何契约一样，可以重新失去效力。人们必须坚决保护自己，反对"到处咄咄逼人、指手画脚的神职人员"。

相反，神学家和牧师策尔纳在1783年12月反对说：婚姻完全不同于其他契约关系，它必须通过宗教的认可。没有这种宗教性的庄严，即使是最开明的人士的道德也会面临危险。而道德的堕落已经足以为人所不齿。"贬低宗教的价值，以启蒙运动的名义混淆人们的思想"，是不负责任的行为。在这里也提到了那个可以说明德国后期启蒙运动的自我理解的关键问题。因为策尔纳解释说："何为启蒙运动？这个问题几乎与何为真理同样重要，应该在人们开始启蒙运动之前就得到回答！可是我在什么地方也没有找到这个问题的答案！"这虽然只是一个小小的注释，但它将社会政治争论变成了哲学基本原则的讨论，这不仅要求康德作出回答并引起了哈曼的坚决反对，而且这个问题迄今仍和1784年一样具有争议和现实意义。

3. 勇敢的独立思想者

康德的论文是以四个重要的定理开始的。他并不打算从历史的角度详细分析18世纪末的社会、政治和文化状况。康德反思了自己思想的现实意义。他一方面保持自己的写作心境，另一方面实现在哲学上毕生追求的目标，自从他预先为自己选定学者之路以后，任何事物都无法阻挡。

早在40年前，当他还在大学学习并写作《关于活的力的

第五章　勇敢地使用自己的理智！

真正测算的思考》时，就决定，只听从自己的理智。那时，他觉得大肆反驳笛卡尔、牛顿、莱布尼茨和沃尔夫等大人物的时机已经成熟。他认为，"人类理智已经顺利摆脱那些过去由愚昧和敬畏所加给它的枷锁"，虽然他也知道，大多数人可能不会放弃像羊群跟在头羊后面悠然前行的那种安逸。40年之后，康德再次鼓起青年时期的勇气，并再次抨击他的同时代人："启蒙运动就是人类摆脱因自己的原因造成的幼稚的起点。而幼稚就是无能，需要他人的引导才能使用自己的理智。幼稚是自己造成的，除非幼稚的原因是缺乏理智，而不是缺乏决心和勇气，不需要他人的引导也能使用自己的理智。鼓起勇气！使用你自己的理智！这就是启蒙运动的座右铭。"

康德说到这个重大问题时使用的语调，使人不得不将他有关启蒙运动的文章理解为不涉及任何具体问题的哲学预告。有人说，康德老于世故地采取超然立场，充当"远离真正的党派斗争的哲学家"和"宣告精神自由的预言者"。康德的《回答》被人认为是脱离现实的修身养心的文章，针对这种印象，需要特别强调以下四点：

自己造成的幼稚。启蒙运动不是一种状态，而是一个过程。这个过程可以使我们"开始"摆脱一种与成年人不相称的情境。康德没有说，人已经成年。他只说，幼稚到处可见；同时他还指出，到摆脱幼稚的时候了。从概念史角度出发，康德首先使用了"成年"（majorennes）这个法律术语。"成年"这个古罗马的法律概念表明孩子已经摆脱对父亲的依赖，不再需要父亲的扶持，已经能够自立的一种状态。移植到德国法律以后，成年的观念可以翻译成日耳曼语的"munt"：谁已经成年，谁就既不需要地主的照顾，也不需要家庭的"监护"这种辅助性保护。比如，早在1721年，克里斯蒂安·沃尔夫就在《德国政治》中指出："孩子一旦能够自己照顾和支配自己，那么按照天赋人权他们就已经成年。"康德也同意这个规定，他指出，大多数人虽然"早已被自然免除了他人的引导（天赋人权意义上的成年，naturaliter majorennes）"，可遗憾的是，他们还是非常幼稚。康德1797年在《道德形而上学》的"法学"一章中，再次强调了"成年"这个词的法律意义；在1798年的《人类学》中也有这样的规定："孩子自然没有成年，他们的父母是他们的自然监护人。"

然而，自然的发展过程表明，孩子将来会"成年（majorennes），会当家做主（sui iuris）"，并在家庭生活之外获得自己的自然独立性，而社会存在和普遍意识却非常可悲。幼稚到处可见。正如康德举例说明的那样，幼稚甚至也蛮好的。人们相信书本上的东西，自己不思考。在这方面，宗教或神学著作尤其享有极大的权威。教士们总是牢牢地控制信众，不让他们成年，并以灵魂救助者自居，关心他们的幸福，给他们指明通往天国的道路，而且闭着眼睛就能到达天国。"帮我鉴定食谱的医生"虽然无微不至地照顾自己的病人，但是也往往自以为是权威，人们会自愿服从。在《人类学》中，康德还举了另外两个例子。他提到了自称为"国父"的国家元首，因为他们需要比臣民更清楚地知道，怎样引领作为群体的臣民走向幸福；对那些本来早应该成年的学者，康德也提出了幽默的批评："学者们

第五章　勇敢地使用自己的理智！

在家务事上通常乐意听夫人的，让她们像照顾孩子一样照顾自己。有一位埋头于著书立说的学者听到仆人'房间里着火了！'的呼叫声以后回答说：'你们知道，这类事情归我的夫人管。'"

所有这类幼稚的事实际上是存在的，是正常情况。然而，它们既不是天生的，也不是不能改变的。这一切都可归因于"自己造成"这个谓词。因为这显然是两回事，作为成年人能够做一些他想做、也确实能做的事。康德认为，可能的事不等于现实的事的原因，不完全在于权威、宗教、医生和家庭这些监护人，而是在于人们自己，他们像孩子一样永远长不大，安逸舒适。康德向人们呼吁，最终要使用成年人的权利，而且自然早就给了他们这种权利。康德知道，迈步走出摇篮，没有监护人的引导，独立行走是非常困难的。在刚开始自己行走时，谁要是害怕磕碰和跌倒，"谁通常就不敢再尝试向远处走"。因此，对每一个单个的人来说，"要摆脱几乎已成常态的幼稚，绝对是非常困难的。他甚至已经爱上这种幼稚"。

然而，人们已经认识到，能够自立和独立思考，是人的天然本性。能够做什么事，包含这样的知识：能够做的事情，就要去做。但这种知识还不表明能做，因为一个人只有做了自己能做的事，他才能确信自己能做了。这一步是不可避免的：鼓起勇气。康德反对懒惰、胆怯和懒散习气这种第二本性，提出了"决心"和"勇气"，必须敢于行动。

鼓起勇气！鼓起勇气进行思考！我们不知道康德到了1784年是否还记得，哈曼1759年对他提出的这个要求。但是他知道，这是他最喜爱的一个拉丁语作家说的话，他总是很喜欢引用这位作家。事情是这样的，贺拉斯给洛利乌斯·马克西姆写信，鼓励这位年轻的朋友，不要游手好闲和精神散漫，而是要积极行动，使自己的精神力量充满张力：鼓起勇气！行动吧！"你要下定决心追求真理！大胆地走出第一步！"谁要是打算开始一种新的生活，谁就得立即开始，否则他就会像那个农民一样遗憾终生：他静静地站着，等着河水流走；而河流却一直流淌着、涌动着并且永远奔腾不息。——这是贺拉斯提出的一个符合生活实际的建议。他的"鼓起勇气"距离启蒙运动的哲学准则还很遥远，必须赋予文化语义学的含义，才能为康德的哲学准则所引用。

  从文本学的角度看，贺拉斯到康德经过的是一条非常曲折的小径。许多哲学史家都曾搜寻他们的足迹，连一家大型日报的小品栏不久前还就这条准则本身进行了讨论。可以肯定的是，"鼓起勇气"对"真理爱好者"起了重要作用，"真理爱好者"是1736年在柏林由恩斯特·克里斯托夫·冯·曼托伊费尔伯爵发起成立的一个小型学者团体。这个团体的宗旨，首先是保护克里斯蒂安·沃尔夫的哲学免受保守的基督教社团的攻击。人们还记忆犹新，沃尔夫于1723年被驱逐出哈雷，10年之后才获准重回故地任教，但遭到正统教士们的敌视和攻击。哲学研究应当摆脱宗教和意识形态偏见的条条框框。当时人们还特意按照意大利社团的风格铸造了一枚纪念币，纪念币的象征性寓意是由激进的自由思想家约翰·弗里德里希·瓦赫特设计的。1740年11月23日第47期的《历史纪念币娱乐周刊》上刊登了这枚纪念币的图片，文字说明是："正面为密纳

第五章 勇敢地使用自己的理智！

发（罗马神话中司智慧、学术、工艺和战争的女神；在古希腊神话中是雅典的保护神，叫雅典娜·帕拉斯。——译者注）侧面的半身像，可见脸的左部，带着头盔，身穿铠甲。头盔的装饰是月桂花环环绕的莱布尼茨和沃尔夫的形象和羽毛笔。题词：'鼓起勇气！'这是引用了贺拉斯的话：你要勇敢地迈向理性！"将密纳发这个手工业者行会的保护女神和卓越的女战神同莱布尼茨和沃尔夫放在一起，寓意启蒙运动的哲学的斗争的一面。如果你只爱真理，那么你必须鼓起勇气，正如"真理爱好者协会章程"（Hexalogus Alethophilorum）所规定的，即"所有成员应当坚信，没有充分的根据（沃尔夫语），不能判定任何事物的真与伪"。

喜欢追根寻踪的读者大有人在，比如有人在一个名叫约翰·科赫洛伊斯提出的人道主义中就发现了"鼓起勇气"这个说法，此人1512年跟随哥伦布探险旅行时呼吁年轻人"要勇敢"；还有的人经考证，认为"鼓起勇气"这句话是路德的人道主义顾问菲利浦·梅兰希顿于1518年说的。其他的例子这里就不再一一叙述了。总之，康德使用的座右铭是有故事的，在这个故事中，进行研究的自由和独立思考的意志起着重要作用。康德非常重视使用自己的理智，因而强调启蒙运动的纲领性观念，认为这种观念早在人文主义时期和启蒙运动早期就已经提出来，并首先得到了沃尔夫的通俗化。老年康德也没有忘记沃尔夫的拥护者马丁·克努岑曾经给他介绍的东西：使哲学认知（cognitio philosophica）在其他认知意图或与事实相关的单纯知识中一枝独秀的，是成年人摆脱他人引导，进行自我思考并检验这个真理要求的能力。理性的自主思考的自主权应当代替由外来因素决定的理智的非主权。康德在《对"何为启蒙运动?"这个问题的回答》发表两年之后,在《柏林月刊》上再次明确强调了这一点。能够在思考过程中保持方向,这是使用自己的理智的前提。"自我思考通过自身,即通过自己的理性寻找检验真理的最高准则;而随时进行自我思考的准则就是启蒙运动。"

公开使用理性,或学者的自由。康德的启蒙概念看起来是纯粹公式化的。康德不同于其他更多地援引确定的知识或得到肯定评价的教材的启蒙思想家,他只要求自我思考的自由。对理性思考的可能内容他没有预先作出任何规定。他的准则是"在使用自己的认识能力时采用否定的原则"。这个准则反对由现有的教育观点、宗教体系、原教旨主义的目标规定或国家规定的教条所施加的任何强制。不过,对康德而言,这条准则也仅仅是一个虚数,他没有找到正面的例子。现在康德开始进行自己的研究。"对这场启蒙运动别无所求,只要自由;也就是说,只要可以称之为自由的自由中最不可侵害的自由,即全面而公开地使用自己的理性的自由。"

然而,在一个实施军事纪律、政治权力和宗教权威的国家中,谁拥有这种自由呢?"军官说:别发牢骚,好好操练!财政大臣说:别发牢骚,好好纳税!牧师说:别发牢骚,好好信仰!"相反,谁又能捍卫"发牢骚"的自由力量,即捍卫为了自身利益的理性的自由力量呢?只有能够传播自己思想的学者能够捍卫。"我的理解是,所谓公开使用自己的理性,就是每

第五章　勇敢地使用自己的理智！

个人作为理性的学者在读者面前使用理性。"

康德在这里所作的归纳是非常独特的。它与通常的语言使用不相符。他将理性的使用分为"公开的"和"私下的"，并分别归纳为自由或顺从，这一看就知道同人们习以为常的观念相矛盾：人们在私底下进行的思想活动是自由的，而人们要在公众场合表达这些思想，就得服从强制。康德恰恰挑衅性地颠倒了这一点，从而使他的启蒙构想有了社会政治的冲击力。

也就是说，康德认为，人们根据自己享有的"公民地位"可以思考和表达的内容就是理性的私人使用。人是"机器的一个部件"，必须发挥他们的作用并且履行各种职能。军官和士兵服从命令，公民纳税，牧师要以上帝的名义布道，并且照料自己的教区。所有这一切都使人成为机器系统的零件，这个系统让各个零件适得其所，允许它们进行自由的理智活动。相反，康德认为，所谓理性的"公开"使用，就是人们不是根据其有限的地位去遵守的内容，而是作为理性的人想给不受限制的公众介绍的内容。归根到底，这就是普遍的"世界公民社会"，只有在这个社会，理性的公开使用才能充分自由地得到发展。因为按照康德的看法，这是学者对真正的公众"即世界"说话的无限权利，只是在使用自己的理智，无需宗教、国家或军队等监护人的引导。

康德极为重视自己所作的区分，结果引起一场引人注目的争论，因为他的区分割裂了人的统一性，主张一种使国家机器运转不稳定的双重生活。因为康德同样承认军官、公民和神职人员享有无限的思想和新闻出版自由，只要他们作为"学者"

公开使用自己的理性。这样一来,军官对作战中的失误也能发牢骚,公民对国家规定的非法也能提出抗议,而神职人员也享有充分的自由,可以对所在教会的象征、机构和教义提出批评。

　　康德所作的是一分为二的归纳法,一方面是理性的私人使用,遵纪守法,公民的地位和社会机制,另一方面是理性的公开使用,自由,人的存在和世界公民社会。这种归纳法虽然非常独特,但也与一些事件和当时进行的讨论有关。康德将启蒙运动的重点首先放在"宗教事务"方面,因为在宗教领域,当权者特别喜欢"扮演其臣民的监护人的角色"。这一点虽然不能证明以下说法:康德当时具体援引了两个宗教案件,而开明的泽德利茨分别在1776年和1783年以宗教事务部内阁令的方式对这两个案件进行了干预,理由是,不得限制神学家们的思想自由,除非他们不是作为学者面向公众;只有在他们作为所在教区的灵魂救助者的时候,他们的上级才可以约束他们并规定他们的义务;可以相信,那些受到指控的牧师们知道区分这两点。总之,康德的辩护表明了他所认为的启蒙运动的现实性:"在宗教问题上不是要给人们作预先规定,而是要给他们以完全的自由"。

　　可以肯定地说,康德读过恩斯特·斐迪南·克莱因1784年在《柏林月刊》4月号上匿名发表的《论思想自由和新闻出版自由》。克莱因在巧妙地收集并详细引用了腓特烈二世破口大骂那些"权力欲膨胀的牧师们"早就不该限制思想自由的话之后,谈到了康德后来所作的那种区分:普鲁士军队的权力和

第五章　勇敢地使用自己的理智！

"普鲁士市民阶层"的秩序是以"服从"为基础的,而著作家享有"真正思想的自由"。公民、军官或国家公务人员必须以服从为天职,但面向普通公众的著作家能够,必须,而且应当是善于勇敢地使用密纳发长矛的"大胆的发牢骚者"。

哲学家和国王。克莱因拼凑国王的引文,将已经执政 44 年之久的腓特烈二世作为自由思想的保护人加以介绍,一定正合康德的心意。他想知道克莱因将读者的想象力引向了何方;那个酷爱哲学和艺术、1740 年登上王位的年轻腓特烈是如何积累自己的思想并阐述自己的启蒙运动纲领的。——所有人都享有追求幸福的同等权利。哲学和出色的鉴赏力的曙光也应照耀到他的臣民。启蒙越多,迷信越少。一个国家不应只有一种宗教,因为一种宗教的垄断会导致精神的暴政。各种信念,包括不可知论和无神论的信念,都可以得到同样自由的表达。权力欲膨胀的神职人员不应该限制思想自由。在我国,每个人都可以按照自己的方式追求至福。——康德在评价中概述了这些意见:虽然还没有太多的人在宗教问题上安全而顺利地使用自己的理智,这个时代还远未完成启蒙,但是国王已经为臣民"开辟了一个可以修身养心完成启蒙的领域"。在这方面,对于康德来说,启蒙时代和"腓特烈世纪"是一回事。

当然,康德也看到了克莱因以"服从"一词所总结的事情的反面。也许腓特烈大帝当时很厌恶自己的政治手艺,咒骂自己生于帝王之家。但他精力充沛,无情地推行强权政治,锻造了一个公民在其中必须服从和履行职能的军事和国家机器。普鲁士国家占据了上帝空出的位置,对国家的义务取代了对上帝的敬畏。在普鲁士盛行对国家发牢骚；因此康德同意克莱因的评价：即使"勇敢的发牢骚者"也必须无条件地承认不可或缺的服从精神，这种精神"仿佛是普鲁士国家的灵魂"。康德借老弗里茨的嘴说出了克莱因的话。"但是，只有一个自身完成启蒙，无所畏惧，而且拥有一支纪律严明，人数众多，能保证社会安宁的军队的人才能说出一个自由国家不敢冒险说的话：你们爱发多少牢骚，爱发什么牢骚，随便！但必须服从！"

热爱自由的哲学家康德的性格说明，他不会简单地听任开放的领域和封闭的机制之间，理性的公开而自由的使用和国家公民义务的履行之间的冲突。他简述了解决这种紧张关系的方式，读起来仿佛是警告。因为在这种语境中有必要提到"自由国家"和"革命"吗？一个月以前，康德在发表于《柏林月刊》11月号的《从世界公民观点看一般历史的观念》中指出，启蒙运动反对占统治地位的国家机器的极端可疑的战争，终将导致一种世界公民的制度，在这种制度下"经过几次颠覆性的革命"，人的禀赋能得到自由的发展。在他《对"何为启蒙运动？"这个问题的回答》一文的末尾也有类似思想的火花。康德以前曾经说过，他不希望发生革命，因为革命不会带来任何真正的思想革新，只能产生"为毫无思想的广大群众服务"这样一种新的偏见。他说这种模棱两可的话虽然在表面上安抚了大家的情绪，但是，如果"鼓起勇气！"成了群众的座右铭，如果人的自由思想的可能性成为普遍的现实，那会发生什么事情呢？康德虽然没有预测详细安排的启蒙运动的政治规模，但他暗示了强制的国家压制和无拘无束的牢骚之间可能发生冲突的可能性。如果自然"点燃"了人类对"成年"的希望和使命，并且自由思想掌握了"人民的精神"，那么，启蒙运动将逐渐影响"人民的性情（人民因此越来越能够自由行动），最终甚至会影响政府的基本原则，到时政府本身会认为，按照人的尊严对待目前被视为机器的人，是正常的"。

这位博学的哲学家以几乎毫不掩饰的话语向他的喜欢思辨的国王建议签订某种契约：自主理性的公开且自由的使用，是社会秩序和国家秩序的最有力的保证，但条件是，应该遵循的政治原则本身要与理性的自由、普遍、公开和无限的使用相一致。1784年的革命行动的威胁就反对将大多数人—机器作为庞大的国家机器的零部件驯服得像孩子一样。5年后，这种威胁在法国变成了现实，而康德成了法国大革命的狂热旁观者。

4. 自己造成的监护权

对于策尔纳根据启蒙运动的本质提出的什么是启蒙运动的问题，康德只作了一个总的回答。这看起来是纯粹的陈述句或定义，康德据此回答了什么"是"启蒙运动。可是不容忽视的是，问题首先在于对康德的性格和社会地位的表达。他本人是一位勇敢的学者，善于公开使用自己的理智。而且从他的《回答》中也可以明显感觉到呼吁的性质。他有意将《回答》发表在《柏林月刊》上，因为他希望借此直接面对那些作为资产阶级公众已经开始自己启蒙自己的读者。

哈曼收到克劳斯教授寄来的载有康德文章的《柏林月刊》时，觉得遭到了挑战。在"1784年基督降临节期间的第四个也是最后一个星期日那个圣洁的晚上",他写下了那封著名的信,他在信中也不只是谈什么是启蒙运动。像他所有的信一样,这份文献生动地记录了哈曼那种天马行空的生活方式和思维方式;这封信同样呼吁收信人,希望他醒悟,并鼓起勇气争取真正的自由。哈曼这封信虽然是写给克劳斯的,可他抨击的是康德,因为他对康德对何为启蒙运动的回答绝对不满意。

哈曼没有作为匿名学者直面公共媒体的某些不确定的读者,而是用自己独特的风格向一位朋友写了一封私人信件,他模仿这位朋友的语言,是为了揭露他的错误和偏见。他以一个文字游戏开始了炮轰康德的论证。他戴上"康德风格"这个面具,不仅模仿这位学者的抽象语言,即康德个人的语言习惯,而且揶揄地将这种语言贬低到一个很低的水平,因为在18世纪的英国,人们称"康德风格"为骗子的语言,也称为普通人的让人听不懂的语言。在这封精练的信中,可怜的宫廷管家以博学的职业哲学家的语言和思维方式攻击他本人,每一句话都值得回味,下面我们只想简述哈曼反驳朋友康德的4个问题。

自己造成的幼稚。康德批评那些不开化的人为幼稚。他们应该找到一条摆脱那种自己造成的幼稚状态的出路。但是,这么多人没有成年,需要"他人"引导,这难道真的是一个缺乏定力的问题吗?哈曼认为,这个"伪质子",也就是康德的第一个错误,"是由那些该死的词语或修饰词自己造成的",由于这个错误,他将其他的一切统统颠倒了过来。因为这样一来,就把所有的过错都推到了未成年者身上,而免除了"他人"的责任。但这些康德屡屡提到但又没有点名的"他人"是谁呢?

第五章 勇敢地使用自己的理智！

哈曼说，这位形而上学者像猫一样围着热粥团团转。他只描绘了未成年人的举止。相反，哈曼要"辩证地"加以说明。因此他问道："谁是那个作者明知却没有胆量说出来的其他懒汉或引导者？"而康德回答说："是那个可恶的、可以含蓄地理解为未成年者的对象的监护人"。于是，哈曼将注意力转向这些有权引导未成年者的监护人。他攻击有权的人，而不是宣布无权的人有过错。哈曼认为，至高无上的"自我造成的监护人"是真正的敌人。

康德要求未成年者"鼓起勇气"。他就这样不知不觉地扮演了那个"他人"的角色。正如哈曼所揭露的，康德把自己算作监护人。他为自己作为学者可以擅自行动而感到自豪，在公众面前提升了自己作为榜样的形象，人们想成年，就必须跟着他。因此，他的"鼓起勇气！"的呼吁只能是矛盾的和混乱的。如果未成年者跟着他，那他们就得始终不情愿地听他的引导；如果他们不跟着他，那他们就一定会自己造成自己的幼稚。为了摆脱这种两难的困境，哈曼援引贺拉斯给朋友努米齐乌斯的信中所说的"不要惊叹和敬畏任何东西"这句话，为贺拉斯的"鼓起勇气"作了补充。从根本上讲，只有这样才能使人获得并保持幸福。康德这个学者也只是一个抽象的大人物，不可能成为榜样。这种抽象的大人物貌似神通广大，但面对未成年者的具体生活条件照样束手无策。为什么人们会听从这个"坐在火炉旁，带着睡帽"悠闲地过着自己的学者生活的爱发牢骚者和思辨哲学家的呼吁呢？可这个博学的监护人只不过是"整个戏剧的一个傻观众"，只会隔靴搔痒地说出自己的判断。

理性的公开使用。根据康德的看法，理性的公开使用是启蒙运动所必需的不可侵犯的自由。在私下使用的时候，未成年者根据自己的公民地位有服从的义务，相反，在公开发牢骚的场合，作为监护人可以自由地发表意见；哈曼认为这种区分是可笑和滑稽的。学者为开明的读者进行写作并不是表达自由的唯一形式。真正的启蒙运动必须干预现实生活中的权力关系，而康德将这种权力关系当做纯粹"私人的事情"，排除出了人们所期望的公共的自由领域。"我在家里穿着奴隶的长罩衣，自由这件节日的盛装对我有什么用呢！"

康德将启蒙运动的时代特征刻画为腓特烈世纪。他将实行专制统治的国王誉为开明君主；同时他也假想自己正在扮演国王的角色。他不同于"毫无思想的广大群众"，他只想勤奋地、勇敢地满足自己追求自由的渴望。哈曼称康德为"我们的柏拉图"，因为像康德这位王室哲学家一样，也要求一个公共监护人的强权地位，这个监护人居高临下地发牢骚，自称博学的对话者，与国王平起平坐。相反，哈曼将自己比作苏格拉底，自称个人主义者和门外汉，他将利箭从自己低贱卑微的私人地位射向所有那些言谈举止像监护人和引路人的人们，不管他们的初衷有多好。他用法语写给"普鲁士的所罗门"腓特烈二世的信也证明了这一点。他在信中将自己说成是一个可怜的小人，面临饿死的危险，在社会上是最让人不可思议的恶人，是"自由思想的奴隶"。

所有这些对康德立场的颠覆在一个"判决"中达到顶峰，这个判决对哈曼很重要，因此他还重复了一次。康德作为开明

第五章　勇敢地使用自己的理智！

的监护人，是真正的"该死之人"。他们共同的朋友克里斯蒂安·雅科布·克劳斯知道这个比喻，哈曼将康德《对"何为启蒙运动？"这个问题的回答》触动他心灵的内容浓缩成了这个比喻。因为旧约《撒母耳记下》中关于富人和穷人的比喻就谈到这个"该死之人"，哈曼将它现实化并用来反对康德。

先知拿单向大卫王讲述了富人的故事，他拥有许多牛羊，却宁可让人偷了那个穷人唯一的一只羊，并让人做成菜肴款待客人。大卫对此非常生气，对拿单说："我指着永生的耶和华起誓，行这事的人该死！"此时拿单对大卫说："你就是那人！"（见旧约《撒母耳记下》第12章第7节。——译者注）因为大卫本人做了在上帝眼中为恶的事情。他让人杀害了贫穷的海地特人乌利亚，并娶他的媳妇为妻。拿单将王国君主认作"该死之人"，并且让人宣布他的判决，同样，哈曼认定哲学家监护人是真正的罪人。因为他认为，未成年人被错误指控的无能或罪过源自"他的监护人的盲目无知，监护人假装清高，因此必须负全责"。

在围绕真正的启蒙运动所展开的争论中，康德要求未成年人敢于摆脱自己造成的未成年状态。相反，哈曼反对至高无上的自我造成的监护身份，而康德不知不觉中也成了监护人。当然，这种关于真正的启蒙思想家的作用问题的争论没有形成哲学的或政治的规模。问题仅仅涉及知识分子在监护人和未成年人、君主和臣民、主人和仆役、统治者和被统治者、领袖和民众之间应持的现实立场和应负的责任。他们站在哪一方，在这种持续存在的辩证关系中，扮演什么角色？这里还有个性格的问题，康德难道真的像哈曼所说的那样，是一个事不关己的"傻观众"，他的学者式启蒙只散发出"徒劳无益的冰冷月光"，没有同胞间的温暖吗？

5. 康德的性格

情况不可能有这么糟糕。因为哈曼写给克劳斯的信是以友好的表白开始的。"知道吗，我是多么喜欢我们的柏拉图，多么喜欢阅读他的著作。"1786年4月9日，他写信给好朋友、哲学家和著作家弗里德里希·亨利希·雅科比，后者当时正与莫泽斯·门德尔松进行无神论方面的争论，而康德以《思想上找准方向意味着什么》一文参加了这场争论。哈曼在信中说："康德这个人天赋极高，而且有着善良高尚的思想，他容易轻信偏见，但敢于收回、放弃和否定这些偏见。只要给他时间，让他自己去反思。……康德天性活跃，是一个正直无邪的人。……我同他进行过几次激烈的争论，有时明显是我不对；因此他一直是我的朋友，如果您崇尚真理，那么也就不要将他视为敌人。"

康德的性格已经有许多人作了描述和分析。他本人也在闲聊、书信和性格研究论文中谈到过自己，谈到过自己的秉性、情感和思维方式。在他身边学习过的朋友们都兴奋地描述过他的教学风格。他经常和朋友聚会，一起吃饭、喝酒、聊天，刚开始在饭店，1787年起就在公主大街他自己的家里，这些酒友记录和评述了康德典型的行为方式和奇特的谈吐。那些最了解他的人描绘了他的生活和性格。早在1804年，康德刚去世不

第五章 勇敢地使用自己的理智！

康德搅拌芥子粉，弗里德里希·哈格曼
（Friedrich Hagermann）作于1801年

久，路德维希·恩斯特·鲍罗夫斯基、霍尔德·伯恩哈德·雅赫曼和安德烈亚斯·克里斯托夫·瓦西安斯基就出版了第一批大部头传记，后来，首先是库诺·费舍（1860）和卡尔·福尔伦德（1911—1924）以及阿尔森·古留加（1977）、沃尔夫冈·里策尔（1985）和曼弗雷德·库恩（2001）又陆续撰写了大部头传记。我们再不能抱怨缺少有关康德生平和性格的材料了。

人们对康德性格的描述当然是五花八门，色彩纷呈：有些描述充满爱、感激和敬意，有些描述不带任何感情色彩，呈中立化（"真实的事件发生在思想中；康德没有其他的传记，只有他进行哲学思考的历史"），有些描述则侧重心理分析，这些分析从这位哲学家表明的各种态度中破解反面的潜在意义。据说，康德的真正性格表明"理性的疯狂"和"生活的压抑"这种病态结构，因为他的生活是为自卫、排斥、郁闷、审查、克制、压制、自闭和自我陶醉所支配的。通过分析可以断定，"在无意识的层面上，康德自从母亲去世后也就死了"。康德这个"该死之人"一辈子陷于母亲和儿子、妈妈和小男子汉这个恋母情结中不能自拔？

让我们先来说说大家都知道的几件事情。当然，首先要回答一个问题：性格到底是什么意思？康德1798年在《人类学》中自己回答了这个问题。一个人的性格不只是某种性情或自然秉性。康德认为，在思想上、行动上遵循与自身意愿相符的原则的人，就是"有性格"的人。一个有性格的人"不会像无头的苍蝇一样，一会儿朝东，一会儿朝西"。一个人在遵循自己的理性给自己所规定的实践原则或准则过程中形成的风格，就可以理解为他的性格，哪怕这些原则完全是错误的或邪恶的。即使最无耻的恶棍也有自己的性格，只要他的行为符合对于他个人的身份具有本质意义的某些原则。康德不仅在理论上分析了所谓的"性格"，而且也努力按照原则去生活，试图作为一个性格善良的人，根据人类的博爱精神确定善良性格的准则。所有认识他的人都提到过这一点。"根据所有认识他的人的感觉，康德固有的性格是一贯追求在所有问题上都按照深思熟虑的、至少是他相信经过论证的原则行事。"

准则是主体自身的规则,它不像法律或规定那样是由外部强加给主体的。每个人都可以根据习惯、日常锻炼和自己形成的信念,使自己的某些行为规则变为指导原则。这些指导原则通过复杂的生活实践引导他,但却没有法律那样严格。作为行为和意愿的主观原则,它们始终涉及具体的生活。它们是多种多样的,有些是对自己提出的善意的或有益的建议(我每天天不亮就起床;我愿意和大家一起喝酒,但不想喝醉;有朋友求助,我会乐意帮助他们;我还清欠账),有些则是一些奇怪的想法,仿佛是一个僵化的准则,使行为服从于已经没有贴近生活准则的灵活性的强迫机制。

柯尼斯堡,前方左下角就是康德故居

> 康德的世界

执行准则不仅表明了康德行为的特点，而且也对康德的自我意识产生了决定性影响。康德在准则和性格之间确立的紧密联系就说明了这一点。康德曾试图稳定自己的性格，因为他极力遵守深思熟虑的，合理论证的规则。然而，由于他对自己提出的论证要求过于严格，无法忘记同样起着决定性作用的感情因素。在康德的晚年生活中，也可能是想过一种有理性依据的生活这种意愿支配着他。在临终时，他的一生似乎只包括各种滑稽的行为方式在内的"一大堆准则"。总之，他的性格形成的时候，他是另外一种样子。1764年，他40岁时撰写的《关于美感和崇高感的考察》首先证明了这一点。康德根据人的崇高感和审美感的特点，虽然也指出，"真正的德行"源自原则，说他不想与轻浮的小丑和放荡的无赖打交道，但他已经猜到，他刻意追求的坚强性格，首先是由他非常熟悉的那种感情——对崇高的感情确定或引导的：这种感情比"优美的翩翩起舞的蝶翼的吸引力"更使康德着魔。面对"头顶的星空"，这种感情首先征服了他，而"头顶的星空"越过渺小的人类，向无限延伸，使观察者的"心灵"充满惊叹和敬畏。1755年，康德在《一般自然史和天体理论》中试图不放弃崇高感，而科学地理解星空。（1788年，康德在《实践理性批判》中怀着同样的感情开始研究在自己看不见的、作为无限大的"自我"中发挥作用的"道德法则"，它比个人的心理特点和特性崇高得多。）

能感受到崇高的人大多数多愁善感。康德早在1764年的《考察》中就援引了关于四种气质（多愁善感型、爽朗活泼型、易怒暴躁型、迟钝冷漠型）的学说，以便弄清自己的性格。康

第五章 勇敢地使用自己的理智！

德虽然不认为自己是陷入抑郁状态的多愁善感的人，但他有向多愁善感发展的趋势，感觉自己有容易抑郁的心境。"真正的德行源自原则，它是自在的东西，这种东西似乎多数在心平气和的情况下与多愁善感的心境相中和。"在这方面，还有那种以感情为中心的描述，总是把康德的性格说得美不可言。因此，让我们具体看看康德本人是怎么说的：

> 具有多愁善感型心境的人较少关注别人的看法，别人认为好或真，都无所谓，既然这样，他就完全依靠自己的认识。因为他自己的活动理由具有原则的性质，因此他不容易被其他思想所左右；他的坚定不移有时会变为固执。他对时尚的变换无动于衷，并鄙视时尚的光鲜。友谊是崇高的，所以他对此情有独钟。他可能会失去一个善变的朋友，但这个朋友不会同样快地失去他。甚至怀念已经终结的友谊对他都还是一件令人崇敬的事件。健谈固然很好，但睿智的沉默是崇高的。他能很好地保守自己的和他人的秘密。真诚是崇高的，他憎恶撒谎或伪装。他对人性的尊严有一种崇高的情感。他自尊，将人类视为值得敬重的创造物。他不能忍受任何无耻的卑躬屈膝，以高贵的胸怀享受自由。所有的锁链，从人们在宫廷中所佩戴的镀金锁链，到橹舰奴隶的沉重铁锁链，对他来说都是可怕的。对自己，对他人，他都是一名严厉的法官，他对自己和这个世界会感到厌恶，这并不罕见。

看到这个自我分析，康德性格的许多典型特征就不言自明了。因为这里汇集了那些最重要的价值观，它们在康德一生中遇到的那么多的事件中像准则一样有效：自己的认识，可靠的友谊，对自己对他人的真诚，自主的自由需求。

康德早在第一部著作《关于活的力的正确测算的思考》中，就表述了自己对自由的向往这一最重要的思想和生活准则。什么东西也阻挡不了他去继续走自己预先确定的道路。他中学时期遭受过奴役。他追求自主、独立和自我思考，后来他也鼓励自己作为教师或朋友与之交往的所有人都这么做。这不仅涉及一个精神主体的内在自由，而且也为康德这个人的性格规定了在现实生活中的方向。那些对他来说"可怕的"锁链并不是仅仅存在于他的想象中，也许还可以说明康德不结婚的原因，即他反对那种由于婚姻而产生的依赖性。他既不想作为学者在家里由一个女人说了算，也不想自己装腔作势地做家长；他显然也绝没有想过要生孩子，因为他要考虑他们追求生存的自由意愿。

在经济方面，康德一生都追求独立。他上大学时没有申请奖学金，而是靠打台球和给人辅导挣钱，因为他不想欠国家的。"没有债务地走完自己的一生，就是说，在金钱方面以及其他一切方面，完全不依赖他人。这就是准则。"他也承认所有与他关系密切的人都享有同等的自由。这也许可以解释他邀请朋友们到家里去的独特做法。他到当天早上才请他们吃饭，"因为他觉得这样做可以给客人随意参加留下余地"。

康德不是墨守家庭成规的人。"爸爸—妈妈—我"这种局

第五章 勇敢地使用自己的理智！

限性的三角关系不符合他的性格。康德和姊妹们来往很少，据说他25年都没有和他的姊妹们说过话，尽管她们也住在柯尼斯堡。但康德也不是一个心情乖戾的人，他乐于参加"不仅有学者和理性主义者，而且还有商人和妇女参加的各种社交聚会"。他有一些经常聚会的好朋友。他有最要好、最亲密的朋友英国商人约瑟夫·格林，此人的商业伙伴罗伯特·莫瑟比，年轻同事克里斯蒂安·雅科布·克劳斯和争强好胜的约翰·格奥尔格·哈曼，军事顾问约翰·格奥尔格·舍弗奈尔和银行经理威廉·路德维希·鲁夫曼，那个令人捉摸不透的法学家和著作家泰奥多尔·哥特利布·冯·希波尔，此外还有许多大学生朋友和一些欣赏他的机智和礼貌的来自名门望族的有教养的妇女，他们在康德的聚会上都感到很惬意。康德喜欢"聚餐会"，此时他不再是那个"晦涩的批判的世俗智者"，而是"一个开朗的普通的哲学家"。为此他还编造了一个很好的理由，因为对那些整天被他的思想弄得晕头转向的哲学家来说，聚餐是一个放松和享受的机会。"一个人吃饭（solipsismus convictorii）对于进行哲学思考的学者来说是不健康的。"相反，与别人共同进餐和饮酒是健康的，因为人们这时可以开心地讲故事、发牢骚和开玩笑，没有孤寂思想家的那种殚精竭虑。

康德的多愁善感在社交聚会中变成了幽默的嘲讽。他"用诙谐和即兴幽默"调剂自己的讲座。1762—1764年在康德身边学习的约翰·哥特弗里德·赫尔德特别指出了这一点。他那"坦率的、天生用来思考的额头总是充满永不消退的愉悦和欢乐；丰富的思想从他嘴中荡漾出来；玩笑、诙谐和幽默信手拈来。"康德喜欢在餐桌上逗得人们哄堂大笑,他甚至能说出他幽默逗趣的理由。如果朋友聚会中有一个滑稽的家伙以表面的单纯突然让大家紧张的期待落空,那"就会笑得大家消化系统的肌肉痉挛,而这样的大笑甚至比医生的良方更有益于消化系统"。笑得膈膜和小腹痉挛颤动,效果比消化剂更好。有时候我们真的不清楚,康德的诙谐已经让听众笑得前仰后合,而他本人竟然不动声色,我们真不知道他是在开玩笑,还是当真。总之,他对别人的幽默也会发出由衷的笑声。

"一个富有亲戚的继承人想风风光光地给他亲戚举办葬礼,但同时又抱怨说,他并不想办得特别风光,因为(他说):我给参加葬礼的装哭人的钱越多,他们看起来就越可笑。"不仅是这个笑话的荒谬的矛盾性让康德觉得喜欢,而且这个笑话也迎合了他多愁善感的心境。因为康德喜欢真诚,憎恨虚伪。因为人家给了钱才悲哭得有点模样,这就有矫揉造作的性质。康德用现实主义的目光看到了人类的弱点。多愁善感者的感情关注的纯粹道德的崇高伟大总会与每个人一生难免会经历的各种欺骗伎俩发生冲突。康德是一个幽默风趣的人,就是因为他将真诚过高地评价为道德准则,并努力去实践。他鄙视矫揉造作的伪装,反对华而不实。"关于我们的这位哲人,我们可以肯定地说:从他的嘴里听不到半点谎言;如果说有一个人尊重真理,并用全部身心表露这种尊重,而且认为崇尚他人高于一切,那么,这个人就是康德。他只想表现真实的自己,他一旦发现别人的自负和狂妄,就会感到厌恶。"

让-雅克·卢梭首先在这方面打开了康德的眼界。1762 年,

第五章 勇敢地使用自己的理智！

让-雅克·卢梭，莫里斯-昆廷·德拉·图尔（Maurice-Quentin de La Tour）作于 1753 年

康德一翻开卢梭的《爱弥儿或关于教育》就爱不释手，甚至放弃了每天的散步习惯。卢梭有关自然的人的描述使他着迷，应该教会自己的人不带面具地生活。当然，这种境界对康德来说还很遥远，他一方面希望为人诚实，另一方面又进行痛苦的自我观察和自我启发，以便澄清一切问题。因为他被早年与虔诚派打交道的经验吓怕了。由于多愁善感的性格，他善于保守自己的秘密。而且康德 1766 年 7 月 8 日给门德尔松（他对康德的《一位视灵者的梦》感到吃惊）的信也表明，他虽然有憎恨伪装的好性情，但正因为如此，长期不愿坦荡地说出一切。"我非常自信，也非常满意，我虽然有许多永远也没有勇气说出来的想法，但是，我永远不会说出我没有经过思考的东西。"

当康德同视灵者伊曼努尔·斯威登伯格进行争论,并深入研究他的冥府的时候,也想知道自己的性格。他在《关于美感和崇高感的考察》中认定的多愁善感和狂热之间的紧密联系也证明了这一点。谁的性格多愁善感,谁的情感和思想就面临蜕变成狂热的危险,特别是在宗教问题上。"一个人在情感颠倒而且缺乏乐观理性的情况下,就会产生离奇的想法。灵感、显灵和诱惑。如果这个人的理智再脆弱一些,就会变得神魂颠倒,做噩梦、产生幻想和幻觉。他就可能变成幻想家或郁郁寡欢的人。"对崇高的敬畏很容易转化成狂热,而这种狂热一旦从自己灰暗的内心世界爆发出来,就没有主体间的监督,心理上自闭,头脑不冷静。因此康德将《一位视灵者的梦》与《形而上学的梦》相联系,"我命中注定要爱上形而上学"。他以分析的理智和讽刺性幽默总结了形而上学的梦和神秘的唯灵论的梦的异同,以免盲目地相信幻觉和假象。出于同样的原因,他在《纯粹理性批判》中试图为理智划清可以防止暴发不可遏制的狂热的界线。

1783年10月15日,康德收到柏林那个神秘兮兮、悲悲切切和多愁善感的学生普莱辛的来信,普莱辛在信中告诉他,狂热和迷信的悲惨时代即将来临。康德从中看到了他的批判哲学在文化政治上的现实意义。接着在1784年3月15日,普莱辛再次请求康德发表"惊人之作",以便康德在理性和人性问题上的呼声发挥作用。于是,康德撰写了他的第一篇历史哲学论文,由此他进入了启蒙思想家的行列。柏林启蒙运动最为重要的刊物《柏林月刊》1784年11月号发表了康德的《从世界公

第五章　勇敢地使用自己的理智！

民观点看一般历史的观念》。

　　一个月之后，策尔纳提出的"何为启蒙运动？"这个问题使康德有机会作出原则《回答》。现在，康德20年前在对斯威登伯格的批判中所阐述的思想具有了当代史的现实意义。他一方面使用自己的理智，另一方面提倡公开性原则，而这种公开性不是局限于学者群，而是面对所有读者。康德动用学者的精神能力，反对不可遏制的狂热。他只要求学者享有"在一切方面公开使用自己的理性"的自由。因为康德认为，只有在不受限制的、向公众开放的论坛上，才能澄清和阐明那些在阴暗的角落私下议论的东西，使清澈自由的思想不致卷入它们的旋涡。

第六章　我内心的道德法则

德布勒 1791 年所作康德像

实践的一般理性只要稍加培育，从中就会悄然形成一种辩证法，而辩证法必须寻求哲学的帮助。

第六章 我内心的道德法则

1. 介于善良意志和极端邪恶之间

1785年4月8日,书商和出版商约翰·弗里德里希·哈特克诺赫来到柯尼斯堡。他从他委托书籍印刷的格鲁纳特印刷厂的所在地哈雷,带来了刚刚印好的康德的《道德形而上学的基础》的几本样书,其中4本给作者。人们对这部著作翘首以待已久,康德在这部著作中原则上第一次研究了伦理学问题。他终于兑现了他20年前所作的承诺,因为早在1764年2月1日,哈曼就对共同的朋友约翰·哥特黑尔夫·林德纳说过:"他脑子里装着一堆想法:道德"。

也就是说,60岁的教授写下的这部长达128页的著作(里加约翰·弗里德里希·哈特克诺赫出版社出版)的内容,早在他40岁当老师的时候就构思好了。这部著作不仅很快引起了公众的极大兴趣,而且为哲学伦理学奠定了崭新的基础,同时为人们深入了解康德的性格提供了可能。康德的其他著作都没有如此清楚地表明他的批判哲学想达到的目的和他一生的追求。《道德形而上学的基础》不仅是现代伦理学最重要的里程碑之一,语言精练纯正而抽象,不失为一部哲学的杰作,字里行间向人们展现了康德这个人的形象,以及他的经验财富和反思能力,对人的现实主义的认识和人道主义的理想。可是,为什么20多年后,他才动手撰写试图论证自己的道德观念的《基础》呢?

康德的世界

约翰·查普曼画的康德像

康德晚年画像，V. C. 韦内特
（V. C. Vernet）作于1800年

康德头像邮票

第六章 我内心的道德法则

H. 利普斯（H. Lips）所作的康德画像　　　施米特所作的康德像

康德画像，1760 年　　　康德雕像

2. 一个完全不同的世界

康德迈出那些大胆的步伐是需要时间的，他一步一步缓慢地、起初是几乎无意识地摆脱了人类行为的可感觉的现象及能够感受到善的单纯情感，以便能够向纯粹的道德法则稳步过渡。康德的伦理学将人从那个熟悉的世界请出来，让他们进入事物的另一种秩序和"一种与决定性原因完全不同的关系"。

倒叙。柏林皇家科学院1763年的有奖征文活动使康德想到了这样一个问题：道德的形而上学原理也能像几何学真理一样得到明确的证明吗？如果不能得到证明，那么，怎么能有肯定性和说服力呢？为了赶上1762年12月31日这个截止日期，康德奋笔疾书，许多东西只是一带而过。当然倾向性非常明确，那就是打算进行一场道德哲学的革命。为了解决提出的问题，首先必须进行概念的说明和分析。因为首先由克里斯蒂安·沃尔夫于1720年在《德国伦理学》中提出的实践哲学，还远远没有"提供为证明这些基本概念和基本原理所必需的明确性和可靠性"。人们只有了解了"义务"这个核心概念，才能看到普遍存在的模糊性。沃尔夫将职责定义为"我们有义务完成的"行为。每个法则都是义务。人们应该有义务做这或做那！但这里"应该"是什么意思？

正如康德在迈出第一步的时候所证明的，这个概念具有双重含义。首先，"我应该"一方面涉及我可以达到某种目的的手段。这是一种明智的命令，命令你去巧妙地选择手段。比如，我在学校里应该勤奋学习，争取或得到好成绩；我应该进

第六章 我内心的道德法则

行体育锻炼,以便保持身体健康;我应该勤俭节约,以便能够缴纳税款。但是从中推导不出行为的真正的道德义务。另外一方面,"我应该"也可以直接指向目标。唯有这样,这个命令才有道德的分量。这个"我应该",在绝对表达道德的第一因和"全部义务的直接的最高规则"时,必须以目的本身的必然性为取向。但什么东西一定能够作为"我应该"的必然目标,使义务具有道德内涵呢?

所有这一切都还非常抽象。可是康德已经以他的回答隐隐叙述了他后来在伦理学中将要阐述并进行直观论证的基本思想。"而我现在只能向少数人指出:我对这个问题作了长期思考以后,已经确信,把你能做的事情做得最完美这个规则就是全部义务的第一个形式上的根据。"康德的《关于自然神学和道德的基本原则的明确性之研究》虽然没有获得一等奖,一等奖1763年5月31日由门德尔松摘取。这部著作1764年由科学院出版,科学院的评价是,这部著作与一等奖作品"难分伯仲"。

1763年,康德试图从心理学的角度证明每一种义务的"应该"的"第一个形式上的根据"。为此他调动了感情的因素。每个人都能直接感觉到,什么是善。人的道德直觉就表明了科学院所询问的那种证明性。他1764年发表的《关于美感和崇高感的考察》一文证明,康德那时向感情的转变是与自己的个性和性格结构紧密联系在一起的。这篇文章是他在孤寂的莫蒂滕森林中,在他寒暑假常去的护林员沃布瑟尔的小屋子里写成的。这里非常安静,他可以首先弄清感情的问题并找到一种描写感情的新形式。总之，这篇文章让人认识了一位对人的特点观察细致入微、描述丝丝入扣的人。他不仅是一位善于分析、富有思想的自然科学家、逻辑学家和形而上学者，而且他还能敏锐地洞察人的内心世界的错误和混乱。他仔细观察各色人等在面对复杂多样的事物时所产生的不同感受。为什么一个人感觉是享受的东西，另一个人会感觉恶心？为什么有些事情能让一个人感动，而让其他人捧腹大笑或无动于衷？"观察人的本性的特点这个领域非常广阔，而且还有诙谐风趣而富有教益的宝库等待发现。"

首先，他的《关于美感和崇高感的考察》和《试论大脑的疾病》表明，40岁时的康德是人的行为和精神生活的极其敏感的分析家。我们可以感觉到卢梭对康德的影响，康德1762年开始阅读卢梭的著作。年轻的大学生康德曾经接受牛顿的自然科学世界观的基本原理，并在《一般自然史和天体理论》中第一次达到顶点。从卢梭那里他学会了重新审视人。特别是卢梭的悖论有助于他观察人的灵魂的隐秘角落。人的本性和文明社会之间、自然的人和戴着面具的同时代人之间看似不可解决的矛盾也感染了康德。在资产阶级社会中，"各种阴谋和虚伪的手段"已经逐渐成为人们习以为常的准则，并且使人的行为变得极为复杂。与无赖和骗子相比，"好人"被视为幼稚的傻瓜。

可是，卢梭不仅让他看到了人的各种弱点（康德也善于找出这些弱点的有趣的方面），还完全唤醒了他对人的实践他的认识兴趣。1765年，他在1764年出版的《关于美感和崇高感的考察》的页边空白处写道，以前，他喜欢研究的倾向差一点

第六章 我内心的道德法则

把他引向蔑视人类的骄傲自大的歧路，他把一切都押在对物理世界的认识上。"那时，我以为这一切就能构成人类的荣誉，我瞧不起那些什么都不知道的下层民众。卢梭及时救了我，那种盲目的优越感消失了，我学会了尊敬人。"康德不想再像独眼巨人那样只满足自己对世界事实的理论兴趣。卢梭给他安上了第二只眼睛，以便让他观察和认识人的生活的实际的深层次层面。

如果说康德像哈曼所说的那样，在1764年就已经"满脑子道德"，那么，首先也是以原理或准则这个决定人的愿望和行动的主观原则的形态出现的。对他来说，关键一开始就在于主观特性的经验心理学。康德《考察》的目标就是道德原则在其中起决定作用的性格，不管是体现在好人还是坏人身上。特别是多愁善感的心境与"出于原则的真正德行"密切相关，康德认为德行是高贵的、值得尊敬的，它不同于爽朗活泼的乐天派，一味地变着法子找乐。显然，康德的性格喜欢让自己的感受和情感服从原理。

康德用了20年的时间为按照准则生活的各种崇高品质，寻找道德论据。他觉得光有经验的精神学说还不够。最后，他在进行哲学思考的过程中发现了道德形而上学。早在1765年12月31日，康德就在给著名的数学家、哲学家、柏林科学院院士约翰·亨利希·兰贝特的信中说，终于到时候了，可以抨击"那些爱开玩笑的人无休止的打情骂俏和现在那些蹩脚的著作家们喋喋不休的饶舌"，澄清形而上学的独特方法，并由此开始人们期待已久的"自然科学的革命"了。他说他已经为此写好了草稿,"其中《自然的世俗智慧的形而上学的初始原因》和《实践的世俗智慧的形而上学的初始原因》将是第一批著作"。这些著作都没有出版。也许康德自己还没有把握,一方面是经验地研究人的实际行为,另一方面是形而上学地论证迫使人从本性转向道德原则的东西,这二者怎么融会贯通。5年之后,即1770年9月2日,他就这方面的问题告诉兰贝特,他现在终于找到了那个也能应用于广大道德领域的形而上学概念。就在这一年的冬天,康德写道,他打算尝试"整理和完成有关纯粹道德的世俗智慧的研究,其中不掺杂一点经验原则,暂且就叫道德形而上学吧"。

1770年前后,康德终于明白,他的"道德形而上学"必须超越可能观察到的人的行为方式和情感这个范围,才能找到"初始原因";它不能局限于只作诙谐风趣而富有教益的发现;而且它也不能停留在准则上,因为准则只不过是各个主体的意愿和行为的主观原则。康德身为道德形而上学者,试图静下心来透彻地思考"道德法则",因为这是经验现象不起任何作用的整个道德的最高原则。

可是,把这些思想记录下来得需要十多年的时间。因为康德于1770年3月31日由王室内阁令任命他为逻辑学和形而上学教授,他提出的伦理学教授职位的申请没有获得批准,其他事情也非常多。康德写作《纯粹理性批判》用了10年时间,他在这部著作中只能简单叙述实践哲学,而着重论述了经验形而上学和幻象的辩证逻辑学。只有在完成对纯粹理论理性的分析之后,康德才能再次转向他的真正使命——实践理性的研究。

第六章 我内心的道德法则

1785 年 4 月 8 日，他的《道德形而上学的基础》终于面世，并很快在他的朋友中传阅。康德 4 月 9 日星期六到希波尔市长家里"参加了一场盛宴"，同时送给市长一本作为礼物。第二天，市长把这本书借给哈曼阅读。哈曼在 4 月 14 日给他的"最贴心的朋友"魏玛的赫尔德的信中写道："这本书我用几个小时就看完了——您知道这是为什么吗？当天我就把它还回去了。"他继续写道："书中没有论及纯粹理性，而是阐述了另外一种幻影和偶像——善良意志。康德是我们当中最具洞察力的人，这一点他的对手也不得不承认，但遗憾的是，这种洞察力使他着了魔。"

哈曼 1785 年 4 月 22 日给军事顾问舍弗奈尔的信，语气比较友好，在拜访了希波尔，并且在他家里"很遗憾，大大地违背了"自己的誓言——像圣约翰那样在这一天既不吃也不喝——之后，他去了康德那里。这一天是康德的 61 岁生日。在康德那里，他"无偿得到了一本《基础》，这让我感到受宠若惊，高兴不已，虽然不是完全受之有愧，却完全超出我的意料"。3 个星期之后，5 月 12 日，哈曼又给舍弗奈尔写信，并随信附上了他从康德那里得到的《基础》。他在信中说，自己想再认真地读一遍，还有许多地方没有看懂。"纯粹理性和善良意志对我来说还是单词，我绞尽脑汁也无法理解它们的含义，而我对哲学一窍不通。因此我得耐心地慢慢揭开这些秘密。"

正如哈曼在《关于理性的纯语主义的元批判》中和对康德的启蒙构想提出的指责中所说的那样，指出了康德伦理学的一个关键问题，对于这个问题，今天仍像 1785 年一样争论不休。康德的《道德形而上学的基础》似乎将这个世界一撕两瓣，从此再也不能弥合。"道德领域不属于这个世界！"这一直是人们反对康德的道德观念的理由。在最理想的情况下，康德的道德观念也仅仅是常人的理智不能理解的哲学抽象；而在最糟糕的情况下，是一种与生活毫无关系的纯粹的捏造。特别是弗里德里希·尼采指责康德的道德概念是空洞的偶像，是"柯尼斯堡这个古板的人表达自己的失败和苟延残喘的幻觉。……生命的本性所强制的行为都乐于证明是正当的行为；而那位虚无主义者用基督教教义的'内脏'将欢乐理解为异议"。有人说，康德只不过是热衷于空洞、纯粹的形式，是一个畸形的概念低能儿。因此这种指责并不新鲜，只不过人们总喜欢提出这种指责："道德理性是由感性的排他性能力构成的。这种招法在各种幻想体系中是屡见不鲜的。"

康德《基础》一书的"前言"想必就已经深深刺激了哈曼。因为康德在"前言"中明确区分了经验和纯洁性。在实际生活中，各种不成规矩的行为方式和模糊不清的信念起着重要作用。康德并不否认，实践哲学也可以涉及经验现象；甚至也不否认，人的意志也"受到自然的影响"。人的意志毕竟不能摆脱人的具有感觉、欲望和兴趣的躯体。不同的秉性发挥着经验的灵魂学说可以研究的作用，社会环境的影响也不能低估。康德完全承认，伦理学也有他称之为"实践人类学"的经验的成分。实践人类学研究感性、快乐和不快的情感、情绪和激情，还有人的性格。可是，康德认为纯粹道德哲学也是可能的，是值得研究的。正是在一个道德普遍堕落的时代，他认为值得尝试纯粹地、实事求是地挖掘道德法则。但是，在这方面，只能是"可能的纯粹意志"的观念在其中占据重要地位的道德形而上学，同时也是纯粹的"善良意志"，因为这里的关键是道德。

3. 向实践理性的三次转变

康德分三步完成了《道德形而上学的基础》，他仿佛已经考虑到他的朋友和辩论对象哈曼，因为他声称自己对哲学一窍不通，而且绞尽脑汁也无法理解"善良意志"这个概念。康德完成了分别从模糊的道德观念向善良意志、从感性向概念、从日常观念向道德哲学认识的三次转变。

第一次转变是从日常的道德意识向哲学启蒙的转变。为了挖掘道德的纯粹核心，并清楚明确地规定道德的概念，康德首先采取了一种类似现象学的归纳法。他采用一种严格的检验方法，澄清了道德意义上的善的概念。那么，在道德的层面上，究竟什么是真正的"善"？康德假定，这不是世界的事实，而是主体的能力。从道德的角度看，只有完全能够意识到道德的主体才可能是善的或恶的。但什么样的主体能力才能认为是善的源泉呢？难道是人的精神能力吗？不是，因为聪明、理智、机敏或学术知识也可能被有害地或邪恶地运用；难道是主体的性情吗？也不是，因为勇气、坚强、耐心或激动也能使人做好事或坏事；难道是主体的运气吗？也不是，因为有幸获得比如说权势、财富、社会认可或健康，固然可以使一个人生活得很好，但这本身不具有任何道德的价值。那么，难道是主体的性格吗？根据康德的看法，人们虽然需要有性格，以便被视为有道德的人，但是性格本身不是生来就是善的。那么还剩下什么呢？康德在《基础》中设定了一个简单的规定："在世界的任何地方，甚至在世界之外，除了善良意志，我们还能毫无限制地设想有什么东西是善的。"任何规定的或共同商定的法律，任何幸福的感觉，任何功利主义的有用性考虑，任何外在的财富或内在的天赋都不能成为道德的最高原则。只有意志才具有道德价值。

　　这是道德哲学中的一种崭新的声音。这种声音将人们的注意力不无意外地引向一种纯粹的、自身理由充分的品质。这种品质像"珠宝"一样熠熠生辉，"自身体现着它的全部价值"。这难道仅仅是康德馈赠给人们的一种虚无缥缈的幻想吗？为了消除这种异议，康德从每个道德哲学家都会选择的出发点开始自己的论证。他不能从外部观察人的行为方式，以便在此基础上确立科学理论。他必须援引从道德角度看人们在生活实践中已经具有的经验和见解。康德试图指出，善良意志这个基本概念"寓于自然的健康理性，需要教诲，更确切地说，不需要启蒙"。他一再诉诸每个人都知道的东西，尽管他们对此还不是完全清楚。为了使人们意识到他想启蒙的内容，他喜欢举例说明，用例证说明善良意志的特殊品质。他不想提出和执行任何规定，而只想提供一个榜样，以此说明什么东西可以视为真正的道德。

　　康德相信，每一个人，只要没有彻底变成野人，就都具有

第六章 我内心的道德法则

能够进行认真的思考和判断的发达的道德意识，除非不涉及人的行为和意志的道德品质。为此他既不需要科学，也不需要哲学。在《纯粹实践理性的方法论》中，康德引用了许多津津乐道地调侃这个或那个行为的道德价值和行为者的相应意图的谈话内容。"有些人在理论问题上不愿意，甚至讨厌作任何精细缜密和细致入微的思考，而问题一旦涉及故事中的某种善行或恶行的道德内涵时，他们就立即表示同意，而且将弱化意图的纯洁性，进而弱化意图中的德行程度的一切，或者只能怀疑的东西，设想得如此清楚明白，如此细致入微，如此精细缜密，以致超出了人们在没有思辨对象的情况下对他们的期待。"稍大一点的孩子都具备这种能力，即能够感觉或认识到人的行为的善良意志的纯粹内涵，不必给他们灌输任何教义。只需给他们讲讲富有教益的故事，就足以向他们说明善良意志的价值。最后，甚至最"无耻的恶棍也知道什么是善良意志，除非他原来一点没有使用理性的习惯"，虽然他由于自己的爱好和冲动不愿意遵循这种意志。

　　康德用日常生活和文献中的，自己设想的或从别人那里听说的大量例子，示范性地解释了他作为道德哲学家的意图。通常是善良意志在面临危险的情况下经受考验的例子。危险越大，这种珠宝就越能闪耀出纯粹的光芒。这是康德作为榜样设计的一种"尽管如此"的道德。最能说明问题的是康德在《纯粹实践理性的方法论》中给一个10岁小男孩讲的故事，他想证明，这么小的孩子就已经能够理解纯粹善良意志的内涵和意义。"有人讲了一个正直的人的故事：打算说服这个人也去诽谤一个无辜的而且没有能力的人［比如安妮遭到英王亨利八世的指控（安妮是英国国王亨利八世的第二个妻子，婚后生有一女，即后来的伊丽莎白一世；1536 年 5 月 2 日，亨利八世指控安妮犯有通奸和乱伦罪，并将她关入伦敦塔；同年 5 月 19 日安妮被绞死。其实安妮并没有犯被指控的罪行，她只不过是以托马斯·克伦威尔为首的宫廷奸党的阴谋的牺牲品。——译者注）］。"人们首先对这个人许以厚禄或高官，他都拒绝了。这虽然值得称道，但还不能真正证明他的善良意志具有不作伪证的力量。于是人们想了另外的办法，威胁让他一无所有；那帮已经参与诽谤的好朋友与他断绝友谊；亲人们威胁要剥夺他的继承权；位高权重者伤害他，迫害他；邦君威胁要剥夺他的自由，甚至生命。"为了让他感觉到只有道德善良的心灵才能从内心深处感受到的痛苦，让他遭受的痛苦达到极致"，人们请他面临厄运的家庭出面让他作出让步。毫不奇怪，这位正直的人不想活了，再不想过这种苦不堪言的日子了。尽管如此，他仍然坚定决心，毫不动摇，毫不怀疑。那么，这个故事的道德意义何在呢？"我的这位小听众是逐步明白的，从单纯的赞同到敬佩，从敬佩到惊叹，最后到满怀敬重，希望自己也能成为这样的人（尽管不愿遭遇同样的处境）；尽管如此，德行在这里显得如此高尚，是因为它使人付出了如此高昂的代价，而不是因为它创造了价值。"

第二次转变是从普通的幸福向绝对命令的转变。康德只是讲述了一个关于正直的人的故事，这个人也许并不存在，不管是威逼利诱，还是折磨和苦难，他都不为所动，都不去污蔑无

第六章 我内心的道德法则

辜的安妮。他的这种正直和诚实能够拯救她吗？总之，亨利八世的第二位王后在1536年5月19日由于所谓的罪行而被绞死。她不是亨利八世的最后一个牺牲品。然而，不管现实的世界历史怎么进展，康德这个纪实性例子让人看到了他的伦理学的独特之处。伦理学不是经验心理学，也不是实践人类学。它不以人的实际的行或止的经验为基础；因为大家都知道，实际生活中大多数事情都不会像康德所讲的善良意志的小故事那样发生。相反，伦理学提倡价值观——使我们在"原本不受限制的认为是善的"方面进行思考的价值观。是否有人能在死刑面前做出这种无私的举动，没有人能作出肯定的回答。但是，他原本可以不假思索地指出，始终没有人告诉他还有什么道德法则。这里大量使用的虚拟式表明，这个问题可以通过道德哲学范式的三个特点予以概述。

第一，可能没有人像康德所讲的主人公那样勇敢，即使有，也很少，也许根本没有。迟早会有足够的物质财富或让人遭受的痛苦能使人成为一个诽谤者。恰恰像康德这样对人的长处和弱点观察细致入微的人才会深深地怀疑，"世界上是否真的存在真正的德行"。他自己也认为不可能确凿地断定，这个人是否真的具有表现出来的那种善良意志。他也许只是讨厌人生，而将自己的真诚当做狡诈的手段，以便不致死在自己的手上。要真是这样，他的顽强行为就不是道德行为。

第二，总是只有个别人愿意支付与德行的价值相应的代价。一个人生活得好，就可能遵循自己的善良意志。相反，康德的故事讲述了难以言说的痛苦，使善良意志经受了极为严峻的考验。善良意志的价值是衡量一个人为了始终忠实于自己的意志，不对无辜的人作伪证而忍受的痛苦的尺度。这仿佛只是康德引用的纯粹实践理性的、衡量善良意志的内在价值的否定性动力。在《实践理性批判》中，他将再次强调这一点。只有在痛苦中，我们才能看到在纯粹实践理性认识与快乐或不快的情感之间确立关系的"第一个，也许是唯一的例子"。

第三，当康德谈到，在正直的人这个故事中，德行什么也不会创造，而只会"失去"很多时，他是在开后来他要明确叙述的反对派的玩笑。他将区分有"价格"的东西和有"内在价值，即尊严"的东西。一切有价格而且也能创造价值的事物都是可比的，互相之间是等值的，货币是普遍等价物，用货币可以买到所需的一切。但是，具有尊严的东西是不可比的，它的价值在于它自身，"敬重这个词本身就是尊重的最恰当的表达。"康德讲述的榜样使那个小听众"明白了"这种敬重，唤醒了他内心的崇高情感，而这种情感对康德自己的道德激情也起着极为重要的作用。

尽管纯粹的善良意志是非常独特的，在生活实践中几乎是不现实的，但每个人都明白它的崇高尺度，除非他没有"普通"人的道德理智。在"通俗道德哲学"领域，情况却不是这样。康德原来像一个苏格拉底式的助产士一样，只是使人意识到已经熟悉的东西，而现在则彻底放弃迄今为止的一切努力，不再从与德行没有丝毫关系的现象或表象中推导道德的观念。为了能够论证道德，设定完美或幸福，善良情感或严格的上帝敬畏，社会商定的法律或天生的自然爱好，是通行的做法，而

第六章 我内心的道德法则

且从古代以来各种变种层出不穷，但结果是一片混乱，没有明确性。

康德首先将论战性批判转向幸福观的道德。这首先涉及康德一再暗示的克里斯蒂安·沃尔夫 1720 年出版的《人类为了促进其幸福而行或止的理性思考》（《德国伦理学》）。虽然康德没有理由反对这样的事实：人是幸福的或想获得幸福。但这与伦理学，与自身就享有尊严的本质上的善有什么关系？没有任何关系！因为痛苦和不幸往往能够真正证明道德力量和道德观念。此外，正如康德揶揄地指出的，"不幸的是，幸福这个概念是一个如此不确定的概念，以致每个人尽管都希望得到幸福，但他却永远也不能确切地、心口如一地说，他到底希望什么，想要什么"。他想要财富吗？这可能会遭到忌妒或杀身之祸。他想获得很多知识吗？这也许会导致产生万人不齿的咳人的观点，幸亏人们现在还没有认识到这一点。他希望长寿吗？人生也有可能是穷困潦倒的一生。他至少想要健康吧？然而，身体虽然不好，却往往幸福一生，而无限制的滋补可能会诱发纵欲，把自己推向不幸。

追求幸福的普通意图只能服从"假定的命令"。它会建议在某些条件下应该采取哪些手段也许就能达到所追求的目标；它是实用主义的规定，使我们注意自己的优势，可能是有用的。你想富有，就要节俭！你想健康，就要锻炼身体！你想取得成功，就要积极思考！这些建议也许是有用的，但它们是假定的，它们针对的那些目标本身没有道德价值。

相反，纯粹善良意志可视为完全的善的唯一可能性，为了给这种纯粹的善良意志本身设置一个准则或尺度，需要另外一种命令。这种命令必须是"绝对的"，否则就与完全的善良意志不相适应，善良意志同样应该洁身自好，能够抗拒任何外部的威胁或诱惑、痛苦或幸福。这样康德最终得出了那个以崭新的方式解释道德原则的著名的公式。这个公式是一位欧洲哲学家经过反复思考的结果，它与康德的名字不可分割地联系在一起："可见，绝对命令只有一个，而且是这一个：你只能按照那个你同时希望能成为普遍法律的准则行事。"到我们研究康德"没有上帝的道德"时，我们会进一步考察这种绝对命令，而"没有上帝的道德"曾给康德带来不小的麻烦，差一点招致教会和国家权威的书报检查机关的检查。

第三个转变是从感性世界向实践理性的不可理解的王国的转变。如果说第一次转变的出发点是道德意识，第二次转变是摆脱通俗的道德哲学，那么第三次转变提出了一个方针和一个警告。他向我们暗示了一个自律的道德王国，在这个王国的界石上写着：谨防精神王国荒唐的狂热！人们面临的危险源自康德1770年在第三篇论文中所作的那种划分。康德就是以这篇题为《论感觉界和理智界的形式和原则》的论文获得了逻辑学和形而上学教授的职位。在实践哲学领域中，他将这种形式和原则运用到了道德方面的人。

一方面，许多个体有感觉和热情、兴趣和爱好、希望和恐惧。他们属于经验的感性世界，在这个世界中，他们受到各种各样的他律的生活条件的限制，他们试图实用主义地克服这些条件。另一方面，是具有纯粹善良意志的主体，它只遵守自己

第六章 我内心的道德法则

的无条件的绝对命令。它属于概念世界，这个世界的道德内涵实际存在于主体自律的理性中，是有理由的。而能够符合道德行为和意愿的理性的人仿佛处于这两个世界之间。他必须过一种双重的生活。他处于"矛盾"之中，有"能够"观察自己和判断自己的意愿和行为的"两种立场"。康德假定，这种"能够"的前提是，在道德哲学方面，这两种立场不仅完全"能够"并存，而且在同一个主体中的必然联合也是可以设想的。

可是，这种大胆的设想的前提是什么呢？难道纯粹实践理性的独立世界只是一个与我们的行为和意愿的现实世界不能调和的虚幻的概念世界吗？康德自己曾警告说，实践理性"不能停留在对它来说是虚空的超验概念的空间，以概念世界的名义，无力地抖动自己的翅膀，停顿不前，沉迷于幻觉"。哈曼立即抓住这句话，用来批评康德。对康德的道德哲学提出的最常见的批评意见是，他的道德形而上学只不过是脱离生活的偶像和哲学家本人头脑中的纯粹幻觉。当然，不能忽视的还有，200多年来，康德的《基础》始终没有让人们停止思考。在同备用的伦理学构想进行争论的过程中，《基础》一直是人们讨论的中心。幻想中的现实的东西在当代还是与1785年一样备受争议，当时，第一批批评康德的人就指责说，他的形而上学是普通人的理智无法理解的。"我们通过这种观念还想在人的身上发现什么呢？要知道，追求享乐和畏惧痛苦几乎是人的唯一动力。"

康德自己知道，他的实践哲学实际上基于这样一个立足点,这个立足点虽然很稳固,但"既不是在天上,也不是在地上,而是悬空的,或者说,是没有支撑的"。因为它既不以人间(地上)能够观察和描述的根据经验确定的事实为基础,也不以人们可以信仰的宗教故事(天堂)为基础。康德通过他早在1766年批判爱做梦的视灵者斯威登伯格时就暗示过的关键思想摆脱了这种尴尬的处境。他依据道德行为的大量事例已经提出的道德观念,虽然超出了事实的领域,但并未因此而成为人们可以用肉眼看到或精神上感觉到的想象的尺度。"因此,进入概念世界思考实践理性,并没有超越实践理性的界限,但如果想直观和感觉实践理性,就可能会超越实践理性的界限。"这种进入概念世界的思考只能在所讲述的行为明确暗示的事情发生以后来进行。人们可以想象,那个正直的人具有纯粹的善良意志,拒绝诽谤无辜的人。然而,他是否真的纯洁无瑕地存在,却不能确凿地加以肯定。

严格地说,如果康德想清除道德观念中的所有以经验为取向的杂质,那么,这种道德观念是根本无法理解和言说的。在与经验的灵魂学说没有丝毫关系的一切实践哲学的边缘,就会出现不可言说和不可理解的东西,因为纯粹实践理性虽然"孜孜不倦地寻求绝对必然的东西,认为自己有必要假设,这是不靠任何手段也能理解的。……我们虽然不理解道德命令的实际的绝对必然性,但我们理解它的不可理解性,这一切就是在原则上力求达到人的理性极限的哲学提出的正当要求"。

对于所有力求系统地,甚至科学地论证伦理学的哲学家来说,不管他们是从实用主义出发,对人的行为的有效结果感兴

第六章　我内心的道德法则

趣，还是从话语伦理学的角度出发对理性的谈话伙伴达成的共识感兴趣，康德的这个噱头是一个绝对的挑衅。相反，这种噱头在这样一些人中引起了共鸣，他们的思想与悖论发生碰撞，崇尚康德以日新月异、与日俱增的敬意和敬畏思考"我心中的道德法则"时反复呼吁的那种对崇高的感情。比如，索伦·齐克果在 1844 年的《哲学片段》中抓住康德设立界限的动机和动物的欲望与上帝的纯粹性之间来回牵扯的道德自我认识，阐述为力求认识的未知的"绝对悖论"（形而上学的奇思怪想）。"可见，理智的荒谬热情总是碰上这种不可知的东西，它也许在那里，但不知道它在哪里，虽然它在那里。理智不能走得再远，但它由于自己的悖论而控制不住往前走，去研究那个未知的东西。……那么这种未知的东西是什么呢？它就是人们经常碰到的界限。"

让-弗朗索瓦·利奥塔在与康德对话以后，撰写了《矛盾》，并插入了许多关于康德的转变和划界的说明；这位后现代的前卫思想家试图理解崇高感的极其不可言说性，他预言崇高感将是 21 世纪的一个核心问题。利奥塔获得的启示，除了康德，首先来自路德维希·维特根斯坦，这不是偶然的，因为维特根斯坦一生关于伦理学的思考和著述读来就像对康德的诠释。早在 1916 年 8 月 4 日，当他还在前线忍受第一次世界大战的残酷现实时，就在日记中写道："如果没有意志，也不会有我们称之为'我'的那个世界的中心，即伦理学的载体。善或恶基本上专指这个'我'，而不是指世界。这个'我'就是一个最大的秘密。"后来，1921 年他在《逻辑哲学论》中写道，不可能存在事实的描述意义上的伦理学定理："定理表达不了更高级的东西。很清楚，伦理学是不可言说的。伦理学是超验的。"

当然，这并不是说，价值、道德和"应该"的问题对人不起作用。相反，对维特根斯坦来说，没有比这更重要的东西。他想遵循道德原则过一种"好"日子。不过，他应该清楚，尝试对伦理学作任何以事实为取向的论证，都会陷入一个悖论。有人想描述伦理学，但都没有成功。1929年底，他在剑桥的"异教徒"协会所作的《伦理学报告》中再次模仿康德，总结了这个信念。当他尝试将"绝对的或伦理学的价值"像赋予某种事实存在的属性那样，赋予经历、意志活动或行为时，他不得不"撞击语言的界限，我相信，这是所有曾经尝试叙述和阐述伦理学和宗教的人的本能。这种对我们的笼子壁的撞击是完全和绝对徒劳无益的。只要伦理学产生于这样的愿望，即说明人生的终极意义是绝对的善和绝对价值，那么，它就不可能是科学。由于它阐述的内容，我们的知识在任何意义上都不能得到扩充。当然，这是人的意识中的一种冲动的见证，我无非是表示十分敬佩，我无论如何都不会嘲笑它"。维特根斯坦在报告的结尾以单数第一人称说话，不是偶然的。对他来说重要的是，不是在伦理学领域发现什么，而是他能够"作为个人出场，以第一人称说话"。

1929年12月30日，维特根斯坦在与莫里茨·石里克这个批判形而上学的科学世界观的维也纳圈子的一号人物谈话过程中，再次强调了这一点，康德在讲述道德故事时只是作了示范性的暗示，没有明确说明或举例说明。石里克作为信念坚定的经验主义者和康德的批评者，试图借鉴心理学上可确定的事实，回答他的"伦理学问题"。"康德的构想违背了心理学的事实，因此我们对它没有兴趣。道德行为根本是不可能的，或者说，它源于自然爱好。"石里克不像康德那样想要绝对的价值或纯粹的善良意志，他认为这些东西只是空洞的套话，因此他首先援引人类的幸福感和快乐感。他又说出了18世纪的通俗哲学家，特别是克里斯蒂安·沃尔夫已经说过的话：追求幸福。维特根斯坦曾经对此表示坚决反对。石里克试图嘲笑康德"跳向虚无"，维特根斯坦完全根据康德和齐克果的意思，将其作为矛盾的内涵给予高度评价。这些不可理解的和未知的东西避开了以事实为取向的语言，只在追求人的理性和语言的哲学思考中出现。他作为康德派的追随者，指出："可以先验地知道：不管人们给善下什么样的定义——它终归是一种误解，人们事实上真正想说的东西总会得到表达。但倾向和撞击语言的界限，必定有它的道理。"

4. 没有上帝的道德

"亚里士多德说：亲爱的朋友们，朋友是没有的！"这是一个幽默而意味深长的玩笑，它像晴天霹雳一样既让康德的朋友们消遣，又让他们恼火。人们对此会发笑吗？康德可能是通过善于哲学思考的伦理学家米歇尔·德·蒙田的《论友谊》一文知道亚里士多德的这个悖论的。蒙田是康德最喜爱的著作家之一。康德昔日的学生、后来的亲信、晚年得到其照顾的安德烈亚斯·克里斯托夫·瓦西安斯基,倾其全力反驳他尊敬的康德的这种说法。在这个问题上,他不可能赞同康德的观点,因为他认为,真正和诚实的朋友还是有的。最后,据说瓦西安斯基甚至成功地改变了康德的观点,因为康德早年足以料理自己,只知道痛苦这个名词,也许确实不需要真正的朋友,但现在,1800年,他已经到了耄耋之年,由于身体虚弱几乎站不稳,他要寻找一种依托,于是找到了瓦西安斯基。"后来,我乘他迫切需要朋友的友谊时说,我不相信那个悖论,这时他非常坦率地承认,他同意我的观点,不再认为友谊是空洞的幻想。"这是对康德作为伦理学家所暗示的东西的多么奇特的误解,而这种误解在他年老体衰、需要帮助的时候,又被曲解成他坦率的承认。

蒙田像

第六章　我内心的道德法则

蒙田也曾反对"亲爱的朋友们，朋友是没有的！"这句几乎使人发疯的话。这句话是否真是亚里士多德说的，现在无从考证。因此，他的出发点是亚里士多德对"什么是朋友？"这个问题的回答："一个灵魂，居于两个躯体。"针对这个否定，他主张无与伦比、高于一切的友谊，在这种友谊中"两个灵魂互相融合，你中有我，我中有你，弥合得天衣无缝。"雅克·德里达是差异论哲学家和任何自身稳定存在的批评者，他根据这种反驳意见，发现了使这个领域内的主体四分五裂的动荡：一个灵魂居于两个躯体。德里达还阐述了对在场朋友的称呼（"亲爱的朋友们"）和对友谊所作的判断（"朋友是没有的！"）之间这种不可调和的紧张关系。他没有提到康德，却遵循后者在实际存在的友谊与友谊的不可理解和不可言说的伦理学观念之间所作的区分，对友谊的道德纯洁性来说，现实生活中不存在经验的观点。

康德并不怀疑，人与人之间可以友好、亲密无间地相处。他自己就经历和感觉过这种友谊。他很喜欢与朋友们交往，正如他的第一批传记作者已经明确强调的，他觉得与这些朋友亲密无间。"对于还健在的朋友，只要他能为他们做点什么，都是极其诚恳的"，鲍罗夫斯基这样赞许地说，并可以举出许多这方面的例子。成为人们可以信赖的朋友，是康德的准则。1797 年，他 73 岁高龄时还在《道德形而上学》第 46 章"德行学说"中再次充满激情地高唱友谊——"爱与尊重的最深切的统一——的赞歌。"但他同时指出，只有"小说家们才喜欢"将友谊极其纯洁性或完美性设想为可以达到的，对此，他才援引了亚里士多德的那句名言。他认为友谊是一种理想,这个理想在现实生活中虽然不能达到,但作为善良意识的准则是值得追求的。这种追求在特殊情况下是否真的能达到目标,不能确定。因为康德认为,根据经验,十分有把握地哪怕找出一个朋友的行为从纯粹的道德角度看,确实符合友谊的内在价值和崇高尊严的例子,也是完全不可能的。他自己甚至也不能肯定,在他的友谊中,实用主义的利益权衡和精明规则是否也起着某种作用。康德擅长利用诙谐幽默的玩笑增加愉快的社交活动的气氛,从而消除了崇高的情感和多愁善感者的性格共同引起的激动情绪。至于向朋友们提出的"朋友是没有的"那个悖论式的要求,他只能根据他的道德绝对性暗示必定要回避任何事实语言的东西。

康德列举了一些也反映他自己的性格的例子,阐释了这个最终不可理解的东西,他作为个人为这种东西作了他所能作的辩护。就连他的绝对命令的公式也反映了他一生的轨迹。有人很早就指出:"康德的一生是教育的一生。"但情况不是恰恰相反吗?他作为哲学学说表述的东西难道不是源自他的生活经验吗?这些理想和义务难道不是从他想要的、并由那个符合其人格的准则固定下来的生活方式推导出来的吗?

我们必须考虑到康德的性格,才能弄清他的伦理学意图。"纯粹实践理性的自我联系"作为康德重构的道德哲学的逻辑结构,涉及康德的自我。康德作为纯粹的道德哲学家也谈到过自己。他列举的例子就已经说明他向这个理想的自我的转变,他曾根据这些例子指出,并在哲学上论证,他认为什么是善。

第六章 我内心的道德法则

小商人通常不是由于管理上的精明，而是由于原则而真诚地服务自己的顾客；痛不欲生的人虽然已经失去生活的乐趣，但仍然活着，因为他作为活着的人具有不可估量的价值；穷人虽然一无所有，但仍然保证偿还所欠的钱款；诚实的人不隐瞒自己手中的寄存物，尽管它的主人已经去世，也没有证据证明这个寄存物的所在；正直的人甚至面临死亡的威胁，也不肯撒谎，污蔑一个无辜的人。在所有这些例子中，人们遵循康德也设定为自己的行为的道德原则，并与自己的存在意识相联系的准则。

当然，他不否认，有人也会按照相反的准则行事。他们爱占别人的便宜，只要不是做得太明显；他们遵循的准则是："如果我觉得生活中的痛苦多于欢乐，我就自杀"；他们心中的准则是："如果我觉得手头拮据，我就会借钱并承诺一定偿还，尽管我知道，自己可能永远还不起"；他们将别人保存在自己那里的东西据为己有，因为他们遵循的准则是，这些财产也是通过不正当的手段得来的，只是没有被发现而已；或者他们提供伪证，因为他们觉得自己的命运比别人更重要。

如果我们考察一下，每个个体事实上是如何行动的，在行动上遵循哪些人生中形成的主观原则，那么，我们就没有理由相信，人具有纯粹的善良意志。康德在晚年的《人类学思考》中，还说了这样的话："人是善良的还是邪恶的？这个问题很难回答。"他也许宁肯作出悲观的回答。当然，康德的实践的认识兴趣并不想知道世人的实际希望和实际行动。对他来说，问题的关键不在于概括可能的法则之下的具体行动并根据这些法则作出判断,这是法学的任务。"伦理学不规定行为的法则(因为这是法学该做的事情),而只是规定行为的准则。"康德作为道德形而上学者,试图论证,为什么诚实、生活的勇气、信守诺言、友好的诚意和诚实能够作为道德上被认为是善的准则而发挥作用,相反,欺诈、厌世而自杀、虚假的承诺和敌意的妒忌和谎言作为准则必须会遭到指责。他为撰写《基础》需要一个区别这二者的标准。康德不想引用或发明适合所有道德的新原理,仿佛在他之前人们在道德上愚昧无知或一错再错似的。他只想寻找一个简单的公式,以便巩固基础并准确地作出规定,以便从这个基础出发,将那些行为准则视为善的准则。也就是说,他假定,应当首先从主观的原则(准则)出发来观察他的行为。然而问题的关键在于,这些原则要经过理性的"检验"。这些原则只有通过了检验,才具有道德的谓项。绝对命令,即纯粹实践理性这条令人惊异的原则只有这个用处:"这样行动,你的意志的准则总是同时能够作为普遍立法的原则而发生作用。"

绝对命令将具体的个人行为、自己选择和希望的准则与普遍的客观规律组成一个公式,用于批判性检验所遵循的准则的道德内容。康德通过例证作了示范性的证明,结果总是一样的。人们在某些具体的场合,虽然可能想撒谎、欺骗或偷窃,一个人"遇到困境,不想其他办法又无法摆脱",他就不一定会按道德行动,但是从中不能得出结论说,人们只要愿意,也可以将纵容撒谎、欺骗、诽谤或偷窃作为普遍法则。也就是说,遵循这样的准则将会只引用蓄意假承诺的例子,导致在社

第六章 我内心的道德法则

会生活中迷失方向,而只要能理性思考的人,谁也不会真的愿意迷失方向。"因为,'任何人,在他觉得自己陷入困境后,都能信誓旦旦,却蓄意不遵守誓言'这样一条法则的普遍性,将会使得承诺和人们在承诺时可能怀有的目的本身成为不可能的事情,原因在于:没有人再会相信有人承诺了什么,而是会对这种说法嗤之以鼻,认为它是空话。"

200多年以来,人们一直争论不休的问题是,康德的论证本身是否合乎逻辑,他的绝对命令作为检验方法和有效的区分标准是否可信,准则伦理学是否足以用来重建道德的集体精神和行为,通过这种简单的公式是否可能从本体上论证道德性,或者这是否仅仅是一种与实际生活没有关系的幻想。任何一种现代道德哲学都与康德哲学有关。没有康德的伦理学,我们就无法理解约翰·罗尔斯阐发的正义理论,或者于尔根·哈贝马斯阐发的话语伦理学,伊曼努尔·列维纳斯阐发的无条件问责的特权,或者奥托·阿佩尔阐发的后康德主义的普世主义。其他的方案,如约翰·斯图亚特·密尔的功利主义或莫里茨·石里克的经验主义也只能作为反对康德伦理学的观点自成一体。这种影响史我们这里就不加详述了。相反,让我们来回忆老年康德以他的"道德形而上学"而被卷入的那场文化政治争论。

争论的焦点首先是,康德的准则伦理学似乎是没有上帝的伦理学。1785年,在《道德形而上学基础》中,上帝这个称谓只出现两次。而且这两次也只是作为反面角色出现的。它的作用只在于确定善良意志和道德法则的特殊品质,而这种品质已经彻底摆脱所有道德神学的附加物。

这个称谓第一次出现时涉及的问题是，为什么将道德行为的标准表述为命令。康德回答说，因为每个人都是两面人，他不得不容忍自然爱好和理性道德之间的冲突。人，即使他愿意遵循自己的善良意志，也切身感觉到有一种对抗他能够想到的一切道德法则的巨大均势。要想在道德哲学上突出"爱好对理性规定的不可消除的反抗（对抗，antagonismus）"，就需要一种命令。根据康德的看法，这种命令只对这样的人有意义，他们的意志受到具体的生活条件的约束，他们可能被引诱或诱导，他们有感性的爱好和实用主义的利益考虑。动物的自然行为受本能的支配，因而不需要命令；同样，那些具有完全善良意志的人，不会受情绪和感觉的诱导，因而也不需要命令。"因此，对于上帝的意志来说，甚至对于神圣的意志而言，命令是不适用的；命令在这里没有合适的位置，因为意愿本身与法则必然是一致的。"

这个称谓第二次出现时涉及的问题是：由谁发布命令？由谁对人们说，他们应该如何行动？康德回答说，除了人自己，没有别人！启蒙思想家的自由准则"勇敢地使用自己的理智"将人解释为他自己的立法者。他所能遵循的命令来自他自主的意愿。康德将意志的自我立法解释为道德的最高原则。支配人们的不是本性；强迫人们遵守道德法则的不是国家；规定人们应该做什么的不是上帝的戒律或圣经，除非人们没有善良意志。每个人都是他自己的立法者。绝对命令是对自己的诉求，这时通过"你"将独立自主的个体与同类纳入一种普遍的关系，因为这是你自己的理性，由于你的理性，你服从自己选择的准则，去检验它们是否是普遍立法的原则。1785年，康德完全从人的意志自由中，而不是"从上帝的至高无上的意志中"推导出道德的理性基础。1788年，他在《实践理性批判》的结论中赞美说，"道德法则在我心中"，是没有任何其他理由的，因为道德法则本身与任何一个他人的引导毫无关系，它是自身论证的，并"与我的存在意识直接"相联系。由于这种自我意愿的法则，道德人格就提升到一个"真正无限的世界"。

5. 普鲁士的第一次文化斗争

1786年8月17日，在位46年之久的腓特烈大帝离开人世，普鲁士的百年启蒙运动也宣告结束。现在，康德的学生普莱辛在1783年10月15日发自柏林的信中向他提到的担忧已经应验了。当时听起来仿佛是在柏林启蒙思想家中间流传一种密谋理论，据说，狂热、迷信和愚昧的悲惨时代即将来临，而且面临限制思想自由的极大威胁。对于这种担忧，康德马上作出反应，在1784年《柏林月刊》上发表了《对"何为启蒙运动?"这个问题的回答》。在《回答》中，他首先要求学者享有公开使用自己理性的无限制自由。康德在文中首先认为，启蒙运动的重点，即"人们摆脱由他们自己造成的未成年状态"，是"宗教问题"。在这个问题上，他的看法与腓特烈二世是一致的。腓特烈二世认为，"在宗教问题上不为人们设置任何规定，而是让他们享有完全的自由"，是他的义务，让每个人能够按照自己的生活方式幸福地生活。

刚开始的时候，事情似乎并不很糟糕。人们已经厌倦腓特烈二世。这位君主深居简出，默默无闻地执政，似乎只有少数人对他的逝世感到悲痛。现在接替他的是一位年轻的国王，这位年轻的国王虽然也愿意执政和履行他对普鲁士的义务，但他更愿意享受生活。老弗里茨这个侄子还是王储的时候，身边就小妾如云，而漂亮但几乎没受过什么教育的威廉明娜·恩克已经给他生了五六个孩子。"胖子威廉"的风流韵事是家喻户晓的。他受到了人民的爱戴，性情与老腓特烈完全不同。人们认为他仁慈、好说话，没有清规戒律。在普鲁士的历史编纂学中，他受到了极为不公正的对待。不容忽视的还有，在他的统治下，"一个原来名不见经传，甚至贫穷和野蛮的国家开始了一个文化繁荣和天才涌现的时代，这个时代延续了50年。人们不能抹煞这个国王的任何一个功绩"。

威廉二世和他的情妇，利希特瑙（Lichtenau）作

第六章 我内心的道德法则

1786年9月17日,国王来到柯尼斯堡,以便以腓特烈-威廉二世国王的身份参加加冕仪式并宣誓效忠。他不是一个瘦弱的禁欲者和玩世不恭的自由思想者,而是一个感性的、虔诚的男子汉,给人的印象非常深刻。康德在这一年第一次担任柯尼斯堡大学的校长,理应主持大学里相应的庆祝活动。他必须安排庆祝活动的筹备工作,以大学的名义欢迎新国王。9月18日,康德在大学评议会几位成员的陪同下,在王宫里被介绍给了国王,并且受到了国王的隆重欢迎。那场不久就开始的,将持续10年之久的文化斗争,并不是直接由腓特烈-威廉二世发动的。甚至到了1798年,康德在回忆起他和普鲁士书报检查机关的冲突时,还赞扬这位国王是一位勇敢、正直、热爱人类、非常杰出(禀性刚烈除外)的君主,"他也认识我,不时地让人带来他那仁慈的问候"。在他的任期内,康德被任命为柏林科学院院士,并于1789年3月3日起领取每年220塔勒的额外津贴,以贴补他相当微薄的教授收入。

反对启蒙运动的文化和宗教政策主要是由一名神职人员策划的,此人已经将年轻的王储诱入唯灵论和神秘主义的歧途,1783—1786年,他还是王储精神上和政治上的老师。早在1781年,他争取王储成了传奇的玫瑰十字会这个怪异的修士会成员,1760年,共济会一些分会采纳了玫瑰十字会这个炼金术的秘密同盟的形式。在他的影响下,王储将感性的生活乐趣与假装虔诚的信仰融为一体,这种信仰经常使腓特烈-威廉痛哭流涕。有时他会长时间坐在那里冥思苦想,沉溺于神灵世界,还硬说好几次看到过耶稣。

约翰·克里斯托夫·沃尔讷（1732—1800）是一位宗教视灵者，腓特烈二世将他称为"欺骗成性、诡计多端的牧师，此外什么都不是"，拒绝了他成为贵族的申请。他的侄子刚掌权，沃尔讷就被封为贵族。两年后，1788年7月3日，腓特烈-威廉二世解除了开明的普鲁士宫廷国务大臣冯·策德利茨男爵的职务，任命约翰·克里斯托夫·冯·沃尔讷为枢密院国务大臣和司法大臣、"宗教事务部首脑"。沃尔讷和他的手下们已急不可耐，仅仅6天以后，7月9日，沃尔讷的《关于普鲁士国家的宗教状况的谕令》就正式生效，下令新教的任何牧师、传道士和学校教师都不得传播那些败坏道德、已被驳倒的谬论，违者必将予以严惩。"有些人竟敢大胆放肆、厚颜无耻地冒用启蒙运动的名义，在人民中间传播这些谬论。"这起初似乎并没有给柏林的自由思想者们留下特别深刻的印象。几个月后，又一个打击接踵而来。在围绕宗教谕令进行的争论中所使用的武器，就是采取严格的书报检查措施。1788年12月19日，颁布了"普鲁士国家新的书报检查令"，新闻出版自由受到了极大的限制。国家的书报检查，就是要查禁那些反对由国王和教会颁发的宗教和国家的基本原理的言论。1791年5月14日，第三个反对启蒙运动的斗争手段是，柏林最高教会监理会成立了一个独立检查委员会，由它决定哪些神学院毕业生能得到教会职位，哪些书籍能够在普鲁士出版。沃尔讷的追随者们被任命为这个委员会的成员。除一名传道士和一位教义问答手册的作者外，中学教师、视灵者哥特洛布·弗里德里希·希尔默和神父赫尔曼·丹尼尔·赫尔梅斯取得了这个书报检查机构中的要

第六章 我内心的道德法则

害职位。这个由腓特烈二世任命的自由思想者公务人员组成的自由主义的最高教会监理会终于寿终正寝。

自 1791 年起，希尔默和赫尔梅斯任普鲁士最高书报检查官。1791 年 10 月 19 日，通过内阁令，他们将杂志、报纸和不定期出版物也纳入他们的检查范围。于是，《柏林月刊》首当其冲。正如该刊编者约翰·埃里希·比斯特后来在其《自传》中所说的，这家杂志首先成了沃尔讷大臣的眼中钉："这位大臣对编者本人说：他的杂志有伤风化，因此他已经没有希望成为赫茨贝格伯爵举荐的科学院院士。"在这种文化政治氛围中，晚年的康德也开始扮演越来越重要的角色。

沃尔讷也许对康德的《论一切哲学无以圆释神正论》一文已经感到不满。该文发表于 1791 年《柏林月刊》9 月号。几年后，当比斯特徒劳地试图拉拢著名的康德一起制造舆论，批判沃尔讷的政策时，康德终于表明了立场。他的文章的宗教政治背景表露无遗。康德选择的是他几年来一直在研究的二重性主题：如果说存在仁慈和睿智的造物主，那么，怎么可能存在道德的邪恶？如果说人在这个世界上到处面临被犯罪和邪恶征服的危险，那么，怎么可能存在上帝？这个早为人知的"约伯问题"首先由莱布尼茨做了现实主义的解读，他的《上帝之仁慈、人类之自由及恶之起源的神正论论文集》1720 年用德语出版。值得注意的是，康德逐字借用了莱布尼茨的概念（"上帝"，希腊语"theos"；"法"，希腊语"dike"），并一开始就将上帝的仁慈和现实存在的邪恶之间的复杂关系理解为"司法行为"，事关起诉和辩护。但是，根据康德的看法，无论宗教信仰，还是神学教条都不能对这场法律诉讼作出理性的判决，必须由"理性的法庭"对它进行批判的检验。康德一步一步地、一个论证接一个论证地进行了明察秋毫的检验。他再一次举例阐释了他的解决方案。正如人们在康德早期的道德哲学著作中已经看到的，在那个"诚实的人"身上，现在出现了约伯的影子，约伯的痛苦促使他进行"尽管如此"的沉思。

《旧约全书·约伯记》记录的是一场"争论"。因为，约伯是一个善良、虔诚和敬畏上帝的人，他不行恶，但尽管如此还是遭受了最不幸的厄运和最可怕的疾病；他的朋友们似乎试图安慰他。于是在他们之间产生了争论，双方在争论中都表明了各自的神正论和思想。按照康德的现实主义解释，约伯的朋友们的态度，就像宗教法庭或"最高教会监理会"的"独断主义神学家"一样，因为公正的上帝惩罚一切有罪之人的罪行，所以约伯必定是有罪的。可见，这些自以为深谙上帝裁决的宗教谄媚者们就先入为主地作出了他们的判决。相反，约伯直言不讳地说出了自己的想法和自己勇气的来源。因为他知道自己是无罪的，过的是讨上帝喜欢的日子，而且对这种生活也没有任何不甘，所以他不能同意朋友们的说法。相反，他不知道自己这么一个诚实的人为什么会遭受这么多苦难。他觉得这一切都是上帝的看不见的意志造成的，上帝即意志。"他想怎么做就怎么做。"

在这场争论中，康德完全站在约伯的一边。约伯那些控诉自己的朋友都自称知道他们不能知道的东西，而约伯却勇敢地承认对上帝的意志不甚寥寥，并觉得他的痛苦就是对他道德上

第六章 我内心的道德法则

的诚实的检验。因此，他反对任何宗教的肯定性和神学的独断论，就证明了他"心灵的诚实"，同时也说明这种诚实面对神正论时，"我们的理性是多么无能"。谈到司法行为这个问题时，康德对约伯的问题作出了革命性的裁决："他以这种思想意识证明，他不是将道德建立在信仰之上，而是将信仰建立在道德之上：在这个案子中，尽管他孤立无援，但他却唯一具有真诚和实在的特点，也就是说，他具有这样的特点：确立了善良生活品行的宗教，而不是献媚争宠的宗教。"这种反叛性的攻击矛头已经直指沃尔讷及其持信仰独断论观点的书报检查官。康德将自己的道德沉思解释为善行的基础，而他们必定会在约伯的朋友们扮演的无耻角色——只能装腔作势地维护宗教问题，伪善地对自己想象中的上帝顶礼膜拜——中看到自己的影子。

康德在给 1791 年《柏林月刊》所写的《神正论》一文中虽然为符合自己的性格和道德哲学信念的、世俗化的"善良生活品行的宗教"辩护，但是，还是有一个很大的问题有待解决，这个问题自 1785 年《道德形而上学的基础》出版以来，就像一个互补性的对照物一样伴随着道德上的善。也就是说，这个问题与堕落的生活品行、恶的意向，即"道德上的恶"是什么关系？没有这种恶，善难道是不能设想的吗？康德一直没有轻易对这个问题作出回答。康德相信，每个人都在共同思考感性和理性、他律地体验到的爱好和自律地希望的道德法则之间的冲突。在这种"自然的辩证法"中，实践哲学提供了帮助，并为人们指明了能够拯救因这种二重性而"导致丧失一切道德原则"的危险的道路。可见,这些角色有了明确的分配。在理性者的概念世界,人是自由的、自律的,道德上也是善的。而由于他的感觉爱好和自然欲望,他变成不自由的、他律的,道德上也是恶的。甚至"最无耻的恶棍"也是受了"感性领域的欲望"的诱惑而行恶,他们只要使用自己的理性就能意识到自己的善良意志。

但是,如果不是感性欲望诱使人们行恶,而是他们清醒地意识到恶,那又会怎么样呢?康德自己也不否认,人们完全有可能按照那些他们不愿意将其作为普遍立法基础的准则行事。他们完全自由地、不靠他人的引导就决定行恶。这种邪恶意志的自律值得反思。康德的主要伦理学著作研究了善的道德准则和客观的道德法则之间的内在联系,而他自 1792 年起主要研究人们可能故意规避绝对命令的道德因素。

康德计划,作为宗教哲学家为《柏林月刊》撰写一组文章,以公开使用自己的理性。他设定的重点非常明确。与宗教信仰相比,良好生活品行的活跃思想具有绝对优先权。但是,如果说宗教起源于道德(康德对此深信不疑),那么,只有道德哲学才能提供批判地研究信仰学说的基础。1792 年,康德开始在实践理性的法庭上审判自然宗教和基督教信仰。2 月,他将《论人类本性中的极恶》寄给比斯特。不过,现在所说的"本性中的极恶"不再指人的自然冲动和感性欲望,而是只指人在行善或行恶时使用自由的主观原因。这是康德试图用以解决道德上的恶这个问题的新思想,因为只有人才享有遵循善的准则或恶的准则的自由,他既不像动物那样凭本能在自然环境

第六章 我内心的道德法则

中生活,也不像上帝那样凭绝对的善在超验中逗留。"人性本善,或者说,性本恶。这无非意味着:他拥有接受善(对我们来说不可琢磨的)或接受恶(违法的)的准则的第一因。"无论是善,还是恶,都是人类自决的一种可能性。只有这样,才能说为恶的习气是人类"自己造成的"。"人类在道德意义上是什么样,或应该成为什么样,为善或为恶,这必定是他自己正在或已经造成。"可见,在诱惑性的本能驱动和纯粹的善良意志之间已经不存在这种辩证的紧张关系,这种关系是以人类意志活动的自律为基础的。道德上的恶是"彻底的",因为它败坏了一切德行的根源,同时又符合人这种活的、理性的、有责任能力的存在物的生存。说得尖刻一点,一方面,防止恶行的不仅有理性,而且还有人行恶的前提;另一方面,人类道德上能够行善,"这不是因为他有理性,而是因为他不仅有理性"。

书报检查官希尔默还是让这篇文章通过了检查。1792 年 4 月,康德的文章在《柏林月刊》上发表。相反,下一篇文章《论善的原则同恶的原则为统治人而进行的斗争》却没有获准发表。7 月 18 日,比斯特写信给康德说,他非常生气,"一个希尔默或赫尔梅斯竟能规定世人应该还是不应该阅读康德。可是事情就这样发生了;我现在完全不知道往后该怎么做"。他干预书报检查官们的工作,甚至还给国王本人写信。他的抗议按照宗教谕令的说法,以没有根据为由被拒绝了。在这种紧张的情况下,康德决定,将他原计划为《柏林月刊》撰写的 4 篇文章作为一本独立的书出版。然而,他为此不得不采取迂回战术。首先,他让柯尼斯堡大学神学系出具证明,说明这样的著作应该由哲学系进行审查。然后他将著作交给耶拿的萨克森—魏玛大学的哲学系，得到该系的批准后，还得在普鲁士境外印刷。《纯粹理性范围内的宗教》——伊曼努尔·康德著——于1793年复活节出版。

　　康德的这部宗教学著作是欧洲启蒙运动的一个高潮。任何其他一部著作都没有如此清楚地表明，启蒙运动的批判性任务是什么。康德以他的智力、道德意识和源自苏格拉底的不可知论，即上帝的存在既不能被证明，也不能被否定，转而批判基督教的信仰学说。康德在这部著作中是最后一次使用那个他在与视灵者斯威登伯格争论中，为了解释理智的使用，曾经在《纯粹理性批判》中使用过的比喻。如果说他今天是在哲学上研究纯粹理性范围内的宗教，那么，他的重点不在于"从纯粹理性（无须启示）"中推导出宗教。有人说，宗教学说出自"超自然的、得到神灵启示的人之手"，是从事实上说明上帝的无法理解的超验性，康德虽然认为这种说法不能肯定，但也认为是可能的。康德只是想说明，并在哲学上验证，"也能通过纯粹理性认识得到启示的、已经信仰的宗教，即圣经文本中的内容"。这就是引导现代宗教批判话语权，反对任何假想的原教旨主义的革命转折。圣经不是人们必须无条件遵守的神圣教义，它是一本衡量理论理性和实践理性的标准的书。因此康德论述了（1）"极恶"方面的原罪学说；（2）善的原则和恶的原则之间的斗争方面的救世观念；（3）教会，信仰机构，他称之为德行团体的教会；（4）宗教仪式（如祈祷、做礼拜、牺牲、苦行和朝圣），他以挑衅性的、用斜体字母印刷的基本原理要

第六章 我内心的道德法则

求这些仪式掌握分寸:"除了善良的生活品行之外,所有人们自以为能博得上帝欢心的说法,都是纯粹的宗教幻想和歪理邪说。"根据这条准则,任何牧师制度也都不过是教会的安排,"在这种教会中拜物教仪式占统治地位,而拜物教仪式随处可见,在那里,构成牧师制度的基础和基本内容的,不是道德原则,而是清规戒律、信仰规则和各种教规"。

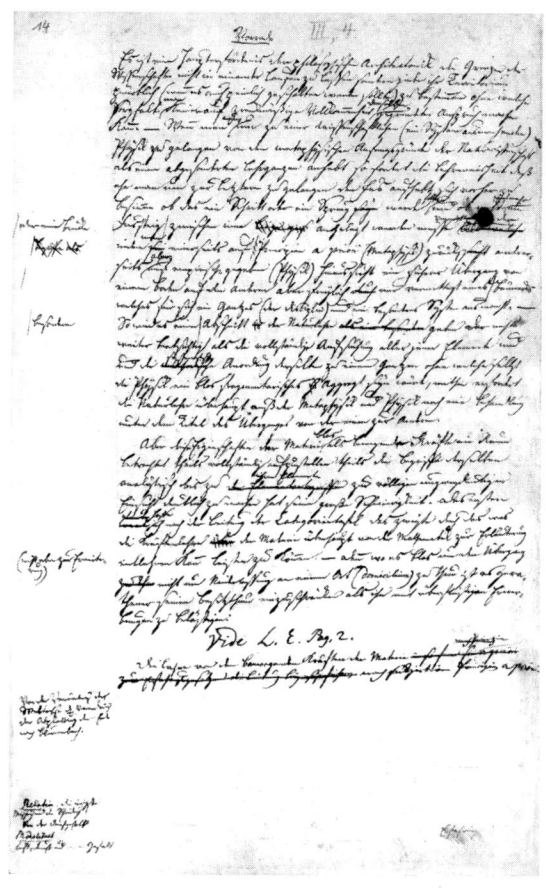

康德手稿

在该书第一版前言中,康德强调了两个问题,这两个问题使他有权和有理由构建批判性宗教哲学和道德神学。首先,他为那些只会使启蒙运动的任务得以完成的公开性再次进行坚决的辩护。1784年的公开性纲领具有的现实意义,就是直接反对普鲁士国家的宗教法令和书报检查令。那些关心拯救本教区成员的灵魂的神职人员,虽然服从那些他们不可侵犯的教会规定,但是他们作为在公众面前公开使用其从科学中学到的理智的学者和进行哲学思考的神学家,就必须享有完全的自由。书报检查机关不得在科学领域制造任何麻烦。其次,康德再次强调了他在对约伯问题的解释中已经阐述的思想:道德优先。在道德的基础上,信仰才能发展。只有这样,信仰才能最终发展成真正的虔敬,而这种虔敬不会在仪式化的歪理邪说中变得僵化。相反,如果宗教优先于道德,那么,宗教就会一直占据统治地位,就会被信仰独裁者们当做国家政权的工具加以使用。

毫无疑问,70岁的康德挑起了与书报检查机关的冲突。一段时间以前,他就已经意识到,柏林的宗教法庭将要采用一切手段反对他的学说,甚至要禁止他公开发表任何东西。国王本人也打算终止这位柯尼斯堡哲学家的活动。康德发表于1794年《柏林月刊》6月号上的《一切事物的终结》一文为此提供了最终的口实。康德首先讥讽性地解释了诸如永恒、世界末日、末日审判和永久宁静等"终极事物"这种独断主义和神秘主义的学说,然后,在文章结尾转而攻击新的宗教政治课程的愚蠢。如果基督教作为全民宗教由权威和戒律来维持,那么,

第六章 我内心的道德法则

它最终必将丧失"道德亲和力"。一旦走到这一步,那么,"那些本来就被视为世界末日的先驱者的反基督教者就会开始他们(可能以恐惧和自私为基础的)虽然短暂的统治"。这里指的是谁,每个读者想必都是清楚的。柏林的基督教信仰独裁者就是反基督教者!在他们的统治下,道德方面的一切事物都将终结。

书报检查当局必定要采取行动,首先是因为读者已经对康德的《纯粹理性范围内的宗教》产生极大的兴趣,而该书于 1794 年复活节已经出版增订第二版。康德早在 1793 年 5 月 4 日给哥廷根的卡尔·弗里德里希·司徒林教授的信中就已经预言说,"教廷的云雾笼罩下的惩罚"是不可避免的。1794 年 10 月 1 日,一份内阁令以"王室批复"的形式下达给康德,他于 10 月 12 日收到批复。沃尔讷"根据最仁慈的陛下的特别命令"规定,康德今后不得在宗教问题上犯任何错误。他说,一段时间以来,国王和他已经极其厌恶地发现,康德"滥用哲学,篡改和贬低圣经和基督教的主要教义和基本教义"。这是不负责的,而且"违反了你们非常熟悉的我们的君王的意图"。他在作了这个提醒以后,就进行直言不讳的威胁:"我们要求尽快看到你们认真负责,并且希望你们不要强迫我们采取极不仁慈的措施,将来不要再犯类似的错误,而是要尽到你们的义务,运用你们的声望和才能,使我们君王的意图不断得到实现;如果你们继续执迷不悟,那等待你们的肯定将是令人难堪的命令。对你们已经够仁慈的了。"

康德的世界

挖掘康德墓

康德墓碑

康德墓原址

康德墓

第六章 我内心的道德法则

四年后，他将自己的答函同国王的特别命令一起在《学科之争》的前言中公之于众。这份答函表明，老年康德对争论的兴致有增无减，而且具有极强的责任意识。他没有将国王的命令看做必须绝对服从的命令，而是看做他进行自卫而必须驳斥的指控。康德绝对没有打算放弃启蒙运动的准则，作为学者他只服从科学理性的规则。在批判地检验宗教的过程中，他只遵循这些规则。他虽然"极为尊重基督教圣经的信仰学说"，但条件是，这种学说要和最纯粹的道德理性信仰相一致，并且适宜于"建立并维持一种确实能净化灵魂的国家宗教"。康德再次强调了他心目中的优先权。启示录和历史流传下来的论据知识是"偶然的"，对于真诚和严肃的虔敬并不重要。因为只有实践理性和它的道德准则才能导致形成信仰学说的普遍性、统一性和必然性，"信仰学说构成一般宗教的基本内容，而这些基本内容存在于道德实践（我们应该做的事情）中"。唯有居于我内心中我自己制定的道德法则才是信仰的源泉，信仰只有从这种源泉中才能获得它的力量和尊严。至于王国内阁令对他提出的不负责任的指责，他以轻松调侃的口吻进行了驳斥："我已经71岁了，为什么思想还很容易升华，这很可能是因为不久之后，我作为一个心灵倾诉者必须在世界法官面前对这一切作出总结，这是我的学说目前要求我履行的责任，我会极为认真地撰写这个总结并真诚地提交出去。"

第七章　垂死之人

普特里希（Puttrich）1798年所作康德剪影

日益衰老是一种极大的罪过；
不可宽恕，总要受到死亡的惩处。

第七章 垂死之人

1. 最后的著作、最后的问题、最后的岁月

康德通过对信仰的真理进行道德哲学批判，向所有原教旨主义的立场提出了挑战。他的宗教学著作刚一面世，就引起了人们的激烈争论。对于信念坚定的无神论者来说，它对基督教信仰作出了太多的让步。相反，来自东正教会，特别是新教方面的反对者，则将康德视为以魔鬼般的邪恶葬送了基督教信仰的异教徒。普鲁士的国家政权禁止他继续公开发表有关宗教问题的著述。虔诚主义者也表明了立场。特别值得注意的是康德1795 年初陆续从伍珀塔尔、埃尔伯费尔德、格马克和巴门收到的书信，这些书信是下莱茵地区虔诚派的著名领袖、医生赛米尔·科伦布施博士（1724—1803）写的。

科伦布施和康德一样，快 71 岁了。1794 年夏天，他多次让人给他朗读康德的道德哲学和宗教哲学著作；他的眼睛由于白内障不能阅读，而作为医生他知道很快就会完全失明。1795 年 1 月 23 日，科伦布施口授了那些给亲爱的康德教授先生的信。瓦尔特·本雅明于 1936 年将这封信收入了他编的文集《德国人。书信卷》，以便在反对纳粹党统治的瑞士流亡地回忆那另一个德国。那个德国是在启蒙运动时期与各种矛盾斗争一起形成的。笃信上帝的科伦布施不能设想，康德"是一个严肃的人，您怎么能写出这样的东西，完全脱离了一切希望的信仰，是一种完全脱离一切爱的伦理学，这在学术界是一种罕见的现象"。这位虔诚派医生反对这种纯粹性，提出了自己的信仰，他带着这种信仰在即将到达上帝的彼岸时想象说："我认

为死者的复活是上帝给予他的造物更深切的爱。我对此感到很高兴。"

我们不知道康德是否写了回信,但可以肯定,他不知道这位笃信的虔诚主义者如此坦率地向他表达的欢乐。这一点尤其说明,老年康德所走的道路完全不同于科伦布施。科伦布施在为死者能够复活而高兴的时候,康德正在精神饱满地制定他的新计划。他想在此岸,在现世工作,追求自己的幸福,而不是梦想回避任何知识的天国的未来。他以极大的热情关注法国大革命的进程,草拟了结束连续不断的战争的法律规章。他为长寿学著作《长寿术。延长生命的艺术》的出版而欣喜若狂。他忙于撰写最后一部著作《自然的形而上学向物理学的转变》,直到生命的最后一刻。他撰写这部著作时又回到了他原来的起点,专题研究物质世界的活的力,直到像他父亲一样衰竭而终。

2. 革命的激情

1795年2月,当科伦布施向康德指出他不信上帝、没有希望、没有爱的时候,他正在思考其他的事情。他的思想和感觉都集中于历史政治事件。他特别关注莱茵河彼岸所发生的划时代变化,思考发生这些变化的原因、结果和前景,并且试图从历史哲学的角度阐述这些变化。自从1789年6月17日,包括所有非贵族人士的第三等级作为异质的统一体宣布召开国民会议,人民群众7月14日攻陷巴黎城市监狱——巴士底狱,8月4日封建特权和地主权威被废除,8月26日宣布"天赋的、不可转让的和神圣的"人权和公民权,以便使继之而来的发展作

第七章 垂死之人

为象征性核心得以合法化以来，康德就是一个热情洋溢的共和主义者和法国大革命的评论者。他将自己毕生追求的自由愿望和政治时事结合在一起。他又认为，自由、平等、博爱的革命口号就是自己的自由、平等、独立的理想。他使自己的可以归入世界历史观点的批判哲学政治化。他的批判在政治学中得到了反映；他的《对"何为启蒙运动？"这个问题的回答》可以与什么是革命这个问题相提并论。

康德年岁越大，越激进。许多熟人和朋友都感到非常奇怪，他在90年代是以何等的激情观察和讨论法国发生的事情。他虽然对政治新闻一直比较感兴趣，但1789年后，他成了名副其实的"饥不择食者"，拼命阅读最新报刊，报刊上的内容成了他"茶余饭后最喜欢的谈资"。特别是在革命由于欧洲反法同盟战争（1792—1797）而需要决定未来进程的时候，他更是如饥似渴地阅读各种新闻报道，他"甚至能走几里路去迎接邮车，最能使他开心的莫过于及时而权威的私人消息"。他不断谈论法国的事件。朋友们已开始抱怨说，康德的谈话太乏味、太单调。"这个伟大的事件是如此占据着他的心灵，以致他在社交活动中总是谈到它，至少是谈到政治。"朋友们不理解，在革命开始吞噬自己的财物，革命领袖们陷入恐怖怪圈的时候，康德的亢奋热情也丝毫没有减弱。特别是在1793—1794年，许多人死在了断头台上；当马克西米利安·罗伯斯庇尔在1794年4月最终建立自己的专政，狂热崇拜"最高存在物"时，他不久也成了一场阴谋的牺牲品，与他的21个拥护者一起于7月28日被绞死。随之而来的"白色恐怖"矛头直指好战的雅各宾派，直到 1795 年 8 月最终颁布督政府宪法（共和三年宪法），它在很大程度上符合自由资产阶级共和国的理想，虽然新的当权者们自己规避这部宪法，又引发了新的起义和血腥的恐怖。

毫不奇怪，鉴于这种发展形势，许多德国人也变得清醒了，他们原本以为，通过革命可以实现自由、平等、博爱的理想，现在他们的热情变成了抵触革命的情绪。但康德依然没有被混乱和恐怖所吓倒，"对这场丰盛的革命盛宴表示赞同"。他不怕作为"雅各宾党人"被记入普鲁士公敌的黑名单。1798年 6 月，当施瓦本的高级中学校长和海德堡大学神学教授约翰·弗里德里希·阿贝格（1765—1840）拜访他时，74 岁的康德不仅极有兴致地让客人品尝自己的上等莱茵葡萄酒，以便活跃气氛，而且还兴奋地赞扬法国人。他完全发自内心地热爱他们的事业，即使"发生了这么多不道德的事情等等，他也没有产生一丝怀疑"；他由于了解来访者的宗教信仰，所以知道用恰当的词语表达自己的赞扬："他们使思想活跃起来，并传播这些思想，以致它们不可能再被消灭。创世时混乱而无序，革命时也是如此；现在上帝的精神已经漂浮在革命的上空，慢慢就会规整和有序。"

人们之所以认为老年康德说这样的话，纯粹是他的性格特点，是因为人们尊敬他。康德由于受到强烈的自由需要的错误引导，老年变得越来越顽固。否则，他又怎么会将法国大革命的进程如此理想化，对现实中的恐怖和血腥的混乱视而不见呢？此外，几乎所有读过他的著作的同时代人几乎都坚信，康

第七章 垂死之人

德这时自身陷入了矛盾,因为事实上他是任何革命的坚决反对者。"也许恰恰是他曾经按照自己的原则和观点最先最积极地反对任何推翻国家的尝试。"他不管是在法律上,还是在政治上,从不赞成使用暴力推翻现行政权。

可是,阿贝格记录的康德关于法国大革命的创世混乱的话可以证明一个非常深刻的认识。这个认识是逐步地,经过长时间形成的,直到 1798 年,才得到明确的表达。这是人们永远也不会忘记的一个思想的历史命运。他对法国的革命事件虽然只是隔岸观火,但认为它是人类历史上的划时代转折点。那么,康德的认识与他对这个事件的深切关注事实上到底有什么关系呢?哲学和政治、启蒙和革命之间的关系就是问题,这个问题,米歇尔·福柯认为,自 18 世纪起就进入了我们的思想,"将我们带到了今天的现实,使我们成了现在的样子"。

康德本人早已将他的《纯粹理性批判》看做纯粹从哲学上解决认识论问题的方案。他将《批判》当做真正的法庭使用,在这个法庭上,不是通过战争,而是通过诉讼对独断主义和专制主义的形而上学的持续不断的争论进行审判,他在这个法庭上不承认其他的法官,只承认"普遍的人类理性,人人都可以理性地发表意见"。为了能发表意见,人们就必须享有自由。每个人的思想、怀疑和信念都必须接受自由而公开的检验。批判的自由在这样一个时代是最高的价值,在这个时代没有绝对必须服从的命令——不管是来自宗教制度、法律制度还是国家制度的命令——不经检验就得到承认。这甚至涉及理性本身。理性也必须接受自由的批判,除非它不想获得尊重。"甚至理性的存在也以这种自由为基础,理性没有任何独断的威望,理性的名言在任何时候都是自由公民的合唱,每个公民都可以毫无保留地表达自己的疑虑,甚至否决权。"

在这方面,康德认为自己的意见与开明的国王腓特烈二世是一致的,首先他还得到了王国宗教和教育大臣卡尔·亚伯拉罕·泽德利茨男爵的支持,而他的《纯粹理性批判》就是献给他的。早在1778年8月1日,他就收到过泽德利茨的一封信,后者听过马可·赫茨本着这位柯尼斯堡哲学家的精神开设的讲座,因此感谢康德让他学会了批判地进行哲学思考的自由精神。他说,这比在三个高级系(神学系、法学系和医学系)纯粹以职业为取向地学习"铅印的指示、法律条文和规章"重要得多。

此外,康德将他的《批判》设想为思维方式的一场"革命"。认识主体不应该由本性"用绳子牵着走"。成年主体应该是认识的主宰,应当设法根据自己的原则认识本性。只有这样,他才能找到一条他不会磕磕绊绊地,而是"安全地走向科学"的道路。

康德的《纯粹理性批判》表面看是思想严谨的逻辑演绎和辩证推论,其实是政治批判,而他为开明的《柏林月刊》撰写的通俗文章突出的是政治批判。1784年10月,他就在《从世界公民观点看一般历史的观念》中,反对一切愚蠢行为和幼稚的虚荣,反对充斥世界舞台的恶行和破坏欲,主张在"普遍的世界公民制度下"自由地、完全自发地使用人的理性,在这种制度下没有战争,没有破坏,没有政治的统治欲和宗教的绝对

第七章 垂死之人

命令。康德不否认，为此需要进行"革命改造"。一个月之后，他在《对"何为启蒙运动？"这个问题的回答》中再次强调了这一点。康德反对所有宗教规定和国家规定，为"在所有事务中公开使用自己的理性"的自由辩护。然后独立的、不受他人引导的思想才会最终对人民的感觉方式产生影响，使他们享有"行动的自由"，甚至政府最终也会认为，最好不再让人像机器一样在国家制度下运转，而是让他们像人一样自主行动。

所有这些思考都是康德在法国大革命的前夜进行的。它们可以证明一个将自己的哲学研究同时理解为政治行动的激进启蒙思想家的希望。因此毫不奇怪，法国大革命刚一开始就在康德的哲学中有了反映。在1790年出版的阐述美学理论和自然的合目的性（目的论）理论的《判断力批判》中，康德就提到"最近发生的从一个民族到一个国家的彻底改造"，以便以此类推，指出自然的特殊"组织"，这种组织不是服从于盲目的因果关系，而是完全从内有目的地组织起来的。自然事物的各种活的形式是按照目的论原则组织起来的，同样，法国大革命也导致了这样的结果：每个社会成员"不仅是有助于提供机会的整体的手段，而且也应当是这个整体的目的"。这不是政治社会事件的生物化，更确切地说，这是反对任何一种将其臣民仅仅视为管理和统治对象的国家形式。

1790年，康德在表达他对"彻底改造"的热情时还非常克制，他的热情只在脚注中，在自然哲学的字里行间隐约可见。三年后，当他的《纯粹理性范围内的宗教》不能通过普鲁士的书报检查时，他才作了明确的表达。因为希尔默和赫尔梅斯特别害怕法国自由运动的毒素，所以禁止关于这个运动的著作在普鲁士境内出版。康德对神学独断主义、教士的戒律和信仰的奴役的攻击看起来像以上帝的名义威胁国家秩序。这条书报检查措施使康德怒不可遏。法律和宗教的绝对命令越严厉，他对自由的信仰就越激进。针对极权国家一再重复的说法，说什么国家、家庭、教会必须实行控制，因为公民、农奴或一般的人还没有"成熟"到足以运用自由，康德反驳说："按照这个前提，自由永远也不会实现；因为他们不可能成熟到足以运用自由，除非事先给他们自由（人们必须享有自由，以便能够在自由中合目的地运用自己的力量）。头几次尝试肯定是不成熟的，通常还免不了麻烦和危险，因为人们此时还得接受别人的命令和关心；人们只有通过自己的尝试（人们必须拥有可以进行尝试的自由）才能成熟得足以使用理性。"

康德鉴于法国的事件认为，自由运动遇到麻烦和危险是不可避免的，这时在巴黎，国王路易十六被砍头，成立革命法庭，全面的恐怖得到合法化；反教会组织关闭或毁坏教堂，倡导共和主义的理性崇拜。在这种情况下，针对康德的书报检查措施必然更加严厉。当权者们发现，这位著名的哲学家拒不接受任何教会的"拜物教仪式"及其章程、戒律、信条和监督，公然同情法国的革命行动。1794年10月1日，王国内阁令要求他首先不要再在宗教问题上犯错误。

也就是说，他不得再就宗教问题发表任何东西。康德遵守了这一点，但同时他的政治论证特点越来越鲜明。现在，他直接攻击国家制度及其庄严的法律。1795年4月5日，法国和普

第七章 垂死之人

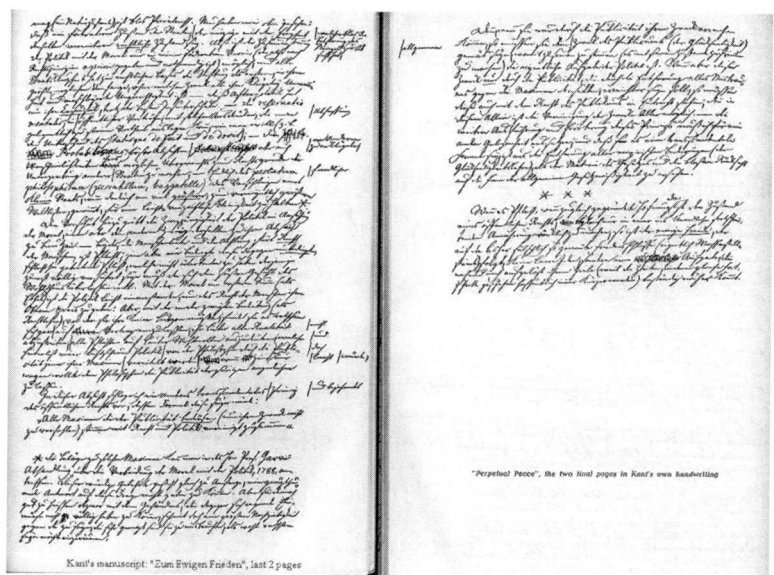

《论永久和平》手稿最后两页

鲁士在巴塞尔单独缔结和约,在这个事件的影响下,他撰写了哲学提纲《论永久和平》,于同年年底出版,在政论方面取得了巨大成功。从字里行间就可以看出,康德的兴趣在于攻击专制政体的一切形式,并针锋相对地提出共和政体这个形式,因为在法国,共和政体就是在革命的阵痛中尝试实现的形式。在理性法庭上,他审理了人类历史上的这桩大案:在什么条件下才能解决国家之间和民族之间缔结和约的问题呢?缔结和约不只是要暂时停火,而是要一劳永逸地结束持续不断的屠杀与被屠杀(统治者们将人像机器一样训练和投入这种屠杀与被屠杀)。这部构思严谨、阐述清晰的著作不仅使读者在1795年着迷,而且对今天也仍然具有政治现实意义,这是康德一方面进行具体的时事分析,另一方面进行系统的法哲学反思的结果。康德的这个提纲一直以来是古老欧洲为了推行纯粹的强权政治所能提出的开明方案中最好的一个。这个方案认为,国际法不能保证自己国家的安全,因此即使违背国际法,对其他国家率先使用军事手段也是有理由的。

康德论述和平的文章风格和行文都很像一个条约,取名《论永久和平》不无言外之意,就像一家旅店挂的招贴画招牌,上面画的是一座公墓。"永久"和平暗指有关死亡的虔诚景象,即一切事物的终结,在1794年《柏林月刊》6月号上,康德将这种终结揶揄地称为"从时间向永恒的过渡"。这只是没有经验内容的想象力的模糊观念,以缓减对死亡的恐惧。"永久和平"这个哲学提纲难道也只是实践的政治家、老谋深算的统治者或"永不厌烦战争的"国家首脑嘲笑的一个美梦或空想吗?

康德并不是作为哲学之王起草这个和平提纲的,他不想规定现实政治家应该做什么。他只是作为不想由于获得权力或力量而毁坏自己的自由判断的哲学家,在人们不想要暂时的停火,而是要设法追求真正的和平的时候,提出并论证了"关于产生国际和平的可能性的条件"这个普遍准则。这里的核心思想是,要逐渐结束仿佛在无序的自然状态中相互进行持续不断的战争的野蛮者和强权者的无法无天的自由,就必须建立一种法律状态。制定合法的宪法,控制权力。政治只有服从法的思想,和平才有可能。"人的权利必须保持神圣,统治权也应当以巨大牺牲为代价。"

第七章 垂死之人

在三个定义条款中,康德拟定了国家公民权、国际法和世界公民权的基本原则。这不是永久和平的思想,而是一种在当时似乎可以实现的法律状态的标准。首先,革命的法国所发生的事件起了重要作用,虽然康德没有明说。第一个定义条款强调,每一个能够走向和平的国家的宪法必须是"共和主义的",这就意味着支持法兰西共和国反对与之交战的所有君主国家或专制国家。"资产阶级法律状态"下的合法自由和合法平等是得以达成永久和平的条件。第二个定义条款提出了在没有霸主的民族联盟架构内制定国际法的思想,这也是暗指法国。康德认为,法国是体现联邦制思想具有"客观现实性"的榜样,"因为如果幸运之神这样安排:一个强大而开化的民族能够改造成一个按其本性来说必然倾向于永久和平的共和国,那么,这个共和国就能为其他国家提供一个实行联邦制联合的中心点,各国可以加入这个联合体,并本着国际法的精神确保各国的自由状态,通过越来越多的这类联系逐步发展"。

最后,康德在关于道德与政治的矛盾的第一个附录中,就革命本身发表了看法。他为"道德政治家"摇旗呐喊,反对所有"政治的道德学家",因为他们如此扭曲自己的宗教信仰和道德信仰,仿佛认为强权政治是合乎目的的。他们按照符合绝对命令的行为准则推行他们的实际政策,因为"你这么行动,结果就能为所欲为,你的准则就能成为普遍法则"。从这个责任中又能推导出这样的原则:道德政治家应尽快消除"国家宪法或国家关系中的不足",同时应该优先采取和平的手段。康德主张符合公法意义上的自由和平等理想的改革,因为旨在一举消灭社会秩序和国家秩序中的不公正和弊端的革命,有导致产生不法行为的危险。但这个为当权者的改革意志的诉求所加的脚注表明,康德同情法国大革命,因为它暴力废除了波旁王朝的封建关系,当时在普鲁士也能听到它的消息,就像"自然的呼唤"一样,"后来通过彻底的改革,形成了一部唯一持久的、以和平原则为基础的合法宪法"。

1798年6月,当约翰·弗里德里希·阿贝格拜访康德并与他喝了几杯莱茵葡萄酒以后,他们也讨论了法国的事件。康德是真的同情法国人及其革命,这一点不仅阿贝格知道,而且在康德正急不可耐地等待出版的著作《学科之争》中也有反映。1797年10月10日,腓特烈-威廉二世的逝世,沃尔讷大臣的被免职,使康德得以再次公开而自由地表达他对教会和国家、宗教和法律的批判态度。为此他感谢腓特烈-威廉三世的新一届"开明"政府,他相信这届政府"会反对蒙昧主义者的新的干预,确保科学领域的文化发展"。

这里主要有两点可以表明康德对革命的态度。不仅在当时,就是在现实政治哲学中,特别是在法国,人们对这两点也津津乐道。也就是说,德国哲学家(于尔根·哈贝马斯、奥托·费尔德·赫费、沃尔夫冈·凯斯亭)专注于重构、评论和诠释康德的政治学著作的论证内涵,而米歇尔·福柯和让-弗朗索瓦·利奥塔等人在还原老年康德的政治历史方面的热情,并再次提出了他1798年提出的问题:什么是革命?

历史征兆。康德在和法学系进行的哲学争论中提出的第一个问题是,人类是否处在向更好状态的不断进步中。凭直接的

第七章 垂死之人

经验很难对这个问题作出肯定的回答。一切建设似乎只是为了破坏。任何和约都只是发动新的战争的前奏。西西弗斯（西西弗斯是古希腊神话中的科林斯王，因欺骗了众神，被罚终生推滚一巨石到山上，而每当推到山顶，巨石就滚回山下。"西西弗斯的劳动"意即吃力而徒劳的无用功。——译者注）的巨石一再滚落到山下。如果情况不是特别悲惨，我们也许可以嘲笑我们人类的这个可怕的"恶作剧"，要不然就不会这么可悲。我们没有任何历史政治的经验事实可以证明真正的历史进步的原因或推动者。但根据康德的看法，在历史内部找出某个事件，证明可能的进步，还是有意义的。这个事件本身不是历史向好的方向发展的原因，它只能是一个暗示性的"历史征兆"，这种征兆同样可以在回顾、现实感觉和预见中为进步思想作证明。

康德认为，他那个时代就出现过这样的征兆，但不是像人们首先所猜测的那样是法国大革命本身。因为混乱的革命历史上的所有罪恶或罪行使小人物变成了大人物，使大人物变成了小人物，因而不是进步的真正证明。革命的颠覆只是推翻关系，它可能造成文明的退步，而如果我们有机会再次开始革命，那我们宁愿不要革命。血流得太多了。但永久改变了的、再也不会被忘记的，是"旁观者在巨大变革这场博弈中公开暴露的思想方法"。人们对革命思想和革命行动的热情就是可以肯定回答关于进步问题的历史征兆。康德对法国大革命的评价主要依据那些本身远离革命战场的人们的道德情感："我们目睹一个富有修养的民族的革命在我们的时代发生在我们面前，这场革命可能成功,也可能失败;它可能如此充斥着不幸和暴行,以致一个头脑正常的人,如果他能够希望以圆满的结局再来一次革命,他也许永远也不会决定以如此巨大的代价进行这种试验——这场革命,我可以说,却在那些本身没有卷入这场运动的所有旁观者的心目中会如其所愿地获得同情,而这种同情接近于热情,其表达本身也与危险联系在一起,因此,产生这种热情的原因无非是人类的道德禀性。"

热情。也就是说,革命本身不是征兆。贫困、暴行和暴力恰恰不能说明人类的进步,就是革命的英雄业绩在历史长河中也转瞬即逝。可能的进步的历史征兆是一种与道德有关的情感,是心性、心灵、希望、同情和热情。康德晚年还最后一次描述过那种表明他的性格特征的对崇高的情感。所谓对崇高的情感,就是他1764年在《对美感和崇高感的考察》中就已经首次描述并反思过的"带着感情对善的同情,热情"。他通过自我分析表明了多愁善感的性格。一个人的心境如果多愁善感,那么他就不能容忍任何束缚,觉得自由就是最能使他振奋的伟大而崇高的思想。康德认为,"这种对自由的热情变异为狂热",也是一种危险。他试图控制这种感情,以便不致像疯子一样白日做梦。1764年,他在《试论大脑的疾病》就对此提出了警告。他在文中认为,热情看起来像幻想,其实非常接近狂热,"虽然本身有善的道德感受"。但康德同时坚信,没有热情,"世界什么大事都做不成"。

像任何感情一样,这种情感状态也许是盲目的,因此可能真的不合理性的意。但正如康德1790年在《判断力批判》中所阐明的，这种情感状态从美学的角度看值得尊重，因为它使人们能够接受这样的思想，"这种思想能给予情感以这样一种推动力，它远比源于感性表象的冲动要有力和持久"。继"我头顶的星空"和"道德法则在我心中"之后，"一个富有修养的民族的革命"最后第三次也是最后一次使康德的心灵充满惊异和敬畏。

3. 延长生命的艺术

康德在一篇论战性文章的第二部分公开表示了他对法国大革命的感情上的同情。这篇文章于1798年收入《学科之争》，文中证明了"低级的"哲学系值得让三个"高级"系学习的东西。原来的设想不是这样的。《历史征兆》是1796年原计划为约翰·埃里希·比斯特创办的接替同年停刊的《柏林月刊》的报纸《柏林报》撰写的。但是，柏林市长不同意出版。他认为，康德的历史政治热情只以道德为取向，因此已对国家秩序构成威胁。康德何时能作出保证，不将对革命行动的远距离观察和道德热情提升为政治变革呢？他只是建议，普鲁士政府不要在军事上干涉法国人"实现共和"，何况革命的现场又是那么遥远。可是，他这些善意的建议却不是很有说服力。国家政权早已觉察到康德对法国大革命的"善行"寄予的同情所包含的挑衅性质。

康德在《学科之争》的第一部分，从哲学的角度向神学家们提出了挑战。这一部分是他几年前就已经写成的，与1793年的《纯粹理性范围内的宗教》有着密切的联系。这份只为主张道德的真实性"即上帝在我们心中",反对异化的宗教信仰的檄文,同样遭到了书报检查机关的拒绝,因此,康德不得不在争论中等待有利的时机发表这篇檄文,直到国王腓特烈-威廉二世去世后,这个机会才终于来临。

第三个争讼看起来有些不一样,也就是说,是另一种争论,是哲学家与医学家之间的争论。在争论中,康德再次强调了他的思想的道德实践方面。人作为肉体和精神的双重存在物处于核心位置。人有自然的躯体,通过医生的技术手段可以进行治疗;同时,他也是有灵魂和道德的人,他的感情、心灵、性格和意志在健康、患病和治疗方面起着重要作用。然而,同医学的斗争不同于他为了自卫而与教会势力和国家政权的斗争,它是由康德欣然接受的一份礼物引起的。他在感谢信中把自己当做对象,这在任何一部著作中都是没有过的。他没有自查就"张扬他的'我'",并谈到了他"自为的经验"。《学科之争》的第三部分读起来仿佛是患者对医生的忏悔。这不仅仅是私密的情感和行为方式的公开表达,而且是一份有关道德意志和精神意志的纪录,而道德意志和精神意志曾尝试摆脱躯体和生理学机制的束缚:《论情感的力量:借助单纯的意图成为自己的病态情感的主人》。

这部分是以给宫廷顾问胡弗兰德教授的复信为开始的,康德在复信中为1796年12月12日收到的《长寿术。延长生命的艺术》这本"富有教益而令人愉悦的著作"表示感谢。康德不认识克里斯托夫·威廉·胡弗兰德(1762—1836)这个人。胡弗兰德在耶拿大学毕业后,1783—1793年,在魏玛行医,在

第七章 垂死之人

克里斯托夫·威廉·胡弗兰德,版画,C. 米勒(C. Müller)作

那里他不仅与克里斯托夫·马丁·维兰德、约翰·哥特弗里德·赫尔德、弗里德里希·席勒及约翰·沃尔夫冈·冯·歌德关系密切,而且魏玛宫廷也表示对他的医学研究和医生职业有兴趣,并任命他为宫廷医官。因为这位不仅开业行医很有天赋,而且科学上也很开明的医生对如何治愈疾病非常感兴趣,而且他还想知道,疾病是如何在作用原因与生命力和生命器官的反作用的共同影响下产生的。这种对"发病机理"的认识兴趣的实践效果是显而易见的。如果人们知道病因是如何造成疾病的,那么,预防性措施就会具有很高的价值;而人们如果知道,如何保持有机生命的健康,那么,由此就能提高延长生命的能力。在耶拿,自 1793 年起,他与约翰·哥特利布·费希

特、奥古斯特·威廉和弗里德里希·施勒格尔以及诺瓦利斯过从甚密,正是在这里,他撰写了他的通俗巨著,这部著作很快成了市民的普通教育读本,也使胡弗兰德成了未来几十年内最畅销的德语著作家之一。

胡弗兰德的《长寿术。延长生命的艺术》不是为医生,而是为那些想了解如何理性地实现长寿的希望的读者撰写的,其中没有江湖医术、乱七八糟的唯灵论和毫无根据的许诺。胡弗兰德1796年7月在《长寿术。延长生命的艺术》第一版序言中写道,他觉得"非常有益、非常必要的是,纠正这个重要研究对象的概念,追溯某些固定而简单的原理,有了这些原理,这门学问才能获得以前从未有过的连贯性和系统的秩序"。

这个问题首先涉及"生命力"这个概念。胡弗兰德发现,清晰而明确地把握生命力这个概念非常困难,他将生命力理解为一切生命的基本原因。"在哲学家使用力这个单词的地方,人们尽可以放心,他肯定很尴尬,因为他们是在用一个本身还是谜的单词去解释事物;——谁能将力这个单词与一个清晰的概念联系起来呢?"重力、吸引力、电力和磁力、再生产力、判断力、意志力、智力、想象力等等:从根本上讲,所有这些力无非意味着"代数学中的 X,即我们正在寻求的未知的量"。

可是,胡弗兰德不仅将自己的学说系统化,从而为解释生命的神力 X 作出了贡献,而且他还将自己整个体系的固定而简单的原理放到一种远远超出医学范围的联系之中。他首先感兴趣的是延长生命的艺术的道德方面。"谁能不联系独特的道德世界而描述人的生命呢?"这是一个反问,因为胡弗兰德完全

第七章 垂死之人

本着启蒙运动的精神,将人类对更健康更长寿的生活的向往与人类对更善良更道德的追求结合在一起。"至少我可以保证,人类如果只追求其中的一种生活而不追求另一种生活,这将是徒劳无益的,而且,肉体和道德的健康就像躯体和灵魂一样是近亲关系。"

胡弗兰德认为,自己在固定的原理、"生命力"的概念解释和道德意图这个三位一体的问题上的看法,与柯尼斯堡这位已经72岁高龄的哲学家是一致的。于是,他于1796年12月12日将自己的《长寿术。延长生命的艺术》寄给这位哲学家,以表敬意,同时请求他"对其中一些属于哲学法庭的思想加以思考,我希望以此为我们的艺术增加一个亮点"。由于邮船没有准时到达吕贝克,所以康德在三个月之后才收到这份礼物。1797年3月底,康德告诉胡弗兰德,他非常愿意阅读这位备受尊敬的作者的著作,并且在阅读时要慢慢品味。因为他想使自己的求知欲一直保持旺盛,并且彻底弄清"关于人身上的道德禀赋的、甚至使他的肉身存活的力这个大胆而高尚的思想"。康德发现,实际利益和哲学意图之间存在共性。胡弗兰德从他那里获益颇多,现在想向他表示感谢。康德说他也考虑过这个思想,他也许很快就能将他"为此目的对自己的饮食有意识所作的观察告诉胡弗兰德"。

康德所暗示的事情不仅是一种可能性,他确实就自己的营养学原理撰写了一份长篇报告,在这篇报告中他不仅公开回答了关于他的生活、情绪、习惯和疾病的问题,而且将心情的实践道德力量褒奖为一种纯粹"心理学的药物",这种药物可以防止躯体和灵魂的疾病。1798年2月6日，他把自己坦率的自问自答式的报告寄给了胡弗兰德，后者马上就将这个报告发表在他的《实用药物学和实践创伤药物学月刊》上，并在按语中表示自己特别高兴，因为他能够将这位柯尼斯堡哲人的思想和发展过程奉献给读者，"它们肯定能引起每一个善于思考的医生的浓厚兴趣，同时，它们也是为这个伟大人物个人的精神和肉体的营养所作的富有教益的注解"。几个月以后，康德将他的报告和给胡弗兰德的信一起作为第三部分收入《学科之争》。

胡弗兰德的著作使康德发出由衷的赞叹，因为这位长寿术专家没有以善于投机取巧的身体的主宰自居。他不是只通晓自己的医学领域的单纯的"理性艺术家"。康德称赞胡弗兰德是将自己的知识用于人类生存这个主要目的的哲学家。他作为"医生队伍中的立法团成员"，发展并践行了"广博的医学"，医学虽然没有宣称能医治所有人的所有疾病，但具有一个任何医学措施都不可或缺的总体观点。这种广博的医学手段不是技术，而是在哲学上可以论证、在道德实践上有明确方向的生命"艺术"。

康德不仅在给胡弗兰德的复信中提到这种防止疾病的艺术，而且所有与他有过私人交往的传记作家都特别重视这个问题。康德年龄越大，他们就越是经常与他谈论健康与疾病、衰老与死亡的话题。鲍罗夫斯基说，康德认为，"活到一个以前自己也没有想过的高龄"，这是他践行艺术的杰作。雅赫曼描述说，康德对自己身体的活动和反应观察非常仔细，就是为了长寿。"康德的身体就本质而言肯定活不到80岁，但他不以为

第七章 垂死之人

然,照样活着。他身体的整个状况是那么虚弱,以致只有这个康德能支撑和维持这么多年。"康德最后岁月的挚友瓦西安斯基指出,康德感到自豪的是,一个体操艺术家在摇摆而松垮的身体绳索上没有失去平衡。"因此,他将自己的健康和高龄几乎视为自己的杰作,甚至视为他自己所说的艺术品。"

康德知道,他的胸部经常疼痛。那是胸口有压迫感,这种感受从来没消失过。这是康德不时抱怨的唯一病痛,他为此还让他的老同学特鲁默大夫给他开药。他将这种病痛归因于自己扁平而狭小的胸部,说它给心肺运动的空间太小;他认为"这种压抑会使自己自然而然患上忧郁症,所以他早年活得很不耐烦"。但是,他认识到这种心情压抑是"纯粹心理的原因,而且不能消除"以后,就不再担心了。随着年龄的增长,他对风湿病引起的疼痛也抱同样的态度。他希望,用斯多亚派的方法能够逐渐消除这种特别是早晨出现的"左脚趾的红肿","以便转移对这种疾病的注意力"。他不是改变饮食习惯,不再吃这么多的烤肉和香肠,喝这么多酒,而是相信情感的力量。

康德在其一生中没有得过特别严重的疾病,他一天也没有因病而卧床不起。他为此非常自豪,认为这是意志的作用,他的意志为他规定了饮食的原则。这个原则不是治病的方法,而是让生命力从道德方面和健康方面尽可能又好又持久地发挥作用的实践哲学的艺术。200年以后,这个原则被受过心理分析学教育的评论者们解释为"对道德冲击的高度封闭的自我防卫"的强迫性的欲望控制,而被那些充满激情的后继者们扩展为《自然魔力的理论》,认为,"情感的力量"能够发挥生命的全部能量。康德本人也将这个原则表述为一系列准则，我们不仅可以在各种传记中看到这一点，而且胡弗兰德的报告也提到了这一点：尽可能保持头足的冷态；用冷水洗脚（减缓风湿病的疼痛）；相反，特别是在寒冷的天气，腹部一定要保暖；睡眠不要超过7个小时，因为"床是许多疾病的老巢"；不要午睡；在没有暖气的房间中睡觉；用鼻子呼吸，以防止感冒和咳嗽；抽一小斗烟，以助消化；饮酒喝水，以便更好地消化硬的食物；经常散步，不管天气如何，但要避免突然冒汗；在吃饭和散步时不要紧张思考，而是要让自己的想象力轻松而自由地翱翔。

　　康德打算尽可能长期地与死亡作斗争，死亡"是每一个理性的人都感到最为屈辱的说法（'你来自大地，应该回归大地'）"。人的寿命是有限的，这对精神的人来说是一个巨大的挑衅。因此，胡弗兰德在《长寿术。延长生命的艺术》中当做警句的歌德的名言也是康德最喜欢引用的："甜美的生活！美丽而友好的生活和工作习惯！——我应该同你分离？"不能忽视这个多愁善感的弦外之音，它在这个涉及生死的终极问题上起着共同的作用。康德喜欢多愁善感，不喜欢轻松愉快，因为轻松愉快表面上看一切都是那么顺利，那么祥和；他也不喜欢卤莽行事，当他面临必须克服的巨大危险时，往往也会伤感流涕。他并不觉得生活真的很美好，但他对崇高的忧郁情感反而使他崇尚生活，认为生活是令人渴望的力量，任何理论认识都无法揭开这种力量的谜底。

　　康德不害怕死亡。他蔑视死亡，因为他注定要死的，是无

第七章 垂死之人

法避免死亡的。他作为一名很早就宣布在生活准则方面已经成年的、热爱自由的哲学家，无论如何也不想像他在胡弗兰德那里读到的"垂死之人"那样结束生命。因此，在任何一个问题上他都绝对不会赞同那个比自己小将近40岁的医生的观点。这是一个关于年龄及适当对待年龄的观念问题。也就是说，胡弗兰德建议他，上了年纪要让别人照顾，要避免麻烦（比如不要在天气不好的时候散步），爱护自己的生命力，这是因为，上了年纪节约自己尚可支配的生命力，生命力就会延长。如果不这样做，那么用二律背反的方式来说，人上了年纪就会在他不够上年纪的情况下过早死去。可以说，恰恰接近死亡是延长生命的手段。康德认为这样的二律背反很好笑，他的看法相反，他认为这种对衰老的消极态度会起相反的作用。他的饮食和悠闲无关，悠闲只是"缺少锻炼而逐渐消耗生命的结果"。

只要可能，康德就想保持积极的状态。他不想浪费生命，最终像"苦行僧"那样生活在一个较低的阶段，也就是说，只要能吃饭、走路和睡觉，这对"资产者的生存"是不适用的。如果延长生命的艺术最终导致活着的人去忍受动物一样的生活，那么，他就不会把这种看法收入他的营养学纲领。康德为了长寿，不想降低自己习惯的生活享受；他不想"通过忌口让一个体弱多病的人活得太长"。营养学作为一个独立的人的道德实践的艺术，就是要能尽可能避免痛苦和疾病，从而也能让人毫无痛苦地结束生命。最好是"在晚上患中风"猝死。

4. 遗著或最后的转变

为了尽量不取决于外部的偶然事件和影响，保持自己的生活顺畅，康德还建议将哲学思考作为普遍医学。康德还是年轻大学生的时候，就在哲学中为自己发现了一种可以帮助他克服自由生活中的一切障碍的力。即使现在被岁月的重担压弯了腰，他还是感觉哲学中有一种能量，"这种能量通过对生命价值的理性评价能在一定程度上补偿老年人身体的衰弱"。可是，他虽然越来越乏力，这不仅影响了他的身体，而且使他面临不能进行脑力劳动的危险，但他对此并不感到失望。康德在给胡弗兰德的报告中第一次暗示说，大约从1796年起，他就感到自己不能集中精力从事脑力劳动。他说，"头部的压痛"使他感到大脑在抽搐，这种压痛虽然不影响思考，但难以集中精力。他认为这是"痛风，它有时在大脑上发作"，也可以说是一种压力特别高的气电，正如他在报纸上看到过的，许多猫就是死于这种气电的有害影响。他往往不能在各种观念和思想的转变中保持意识的统一。他开始说话或写作的时候，往往不知道自己要说什么，要写什么，一下子全乱套了，他不得不问听者或自己："我刚才说什么来着？我说到哪儿了？"当然，这没有妨碍他勇敢地撰写自己最后一部大部头著作，他想以这部著作填补自己哲学体系中的某些漏洞并结束自己的批判事业。

康德虽然感觉自己衰老了，但还来得及接受在生命的最后几年加强创作这个精神挑战。按照长期形成的习惯，他让仆人马丁·兰普每天早上4时45分叫醒他，并让他在卧室里等着

第七章 垂死之人

主人起床。康德穿上内衣，罩上一件配有红色丝绸腰带的淡黄色睡袍，戴上睡帽，上面再戴一个三角形的小帽。然后他走进自己的工作间，喝两杯淡茶，抽一斗烟；5点钟他坐到自己的书桌前，在那儿工作一个上午。他从事40年教学工作（共计开设268期讲座）之后，1796年7月23日作了最后一次讲座。虽然他预告下一学期还要开设讲座，但他感到自己已经力不从心。在接下来的6年中，康德每天早晨都写作，即使他的朋友和熟人也不知道他在那几百页稿纸上写的是什么。他们只知道，手稿内容是"自然的形而上学向物理学的转变"。康德本人认为这部手稿是他的主要著作，是他的"杰作"。但人们怀疑他余下的精力能否完成这项伟业。康德难道真的不知道自己在干什么吗？难道这仅仅是一个童心未泯的老者情有可原的缺点吗？

康德去世后，他的卷帙浩繁的文稿经历了不少磨难。它们由父系方面的亲戚保留，曾经一度失踪。大部分手稿，包括所属的草稿，都由鲁道夫·赖克分批在《老普鲁士月刊》（1882—1884）上发表。1885年，全部手稿最终由汉堡的牧师阿尔布雷希特·克劳泽以800马克的价格购得，当时柏林的王国图书馆认为这个价格太高而作罢。1888年，克劳泽撰文对这部遗著作了通俗的介绍，但没有介绍其结构或思想。整部手稿似乎非常混乱，是一堆杂乱无章的笔记，甚至连最优秀的康德哲学专家也认为它是一些完全没有意义的词句的集成，是康德的思维器官遭到损害的不幸标志。直到1920年，《康德遗著。埃里希·阿迪克斯整理和作注》一书的出版，才开辟了一个新的视野。康德从形而上学向物理学的转变看起来是成熟的晚年著作，尽管形式怪异。阿迪克斯要求刊印全部手稿，但康德委员会首先反对将其收入科学院编辑的《康德著作集》。后来这部手稿作为《康德遗著》的第21卷（1936年）和第22卷（1938年），共计1269页，发表时，人们已经无法辨认康德自己对这些文稿的编目。许多稿子因私人收藏而且几经转手，顺序完全打乱了，"好像一整捆手稿从书桌抽屉里掉下来以后，又被胡乱拾起来，没有考虑原来的页码顺序。"许多片段不是这部原本著作的内容，而是日常的笔记；而许多属于这部著作的，写在活页上的片段没收入《康德遗著》。

维托利奥·马休（1958年、1959年）、汉斯格奥尔格·霍普（1969年）和布克哈德·图施林（1971年）的划时代的专题论著出版以后，康德这部最后的著作的分量才为人们所认识，人们才开始对他1796年夏天在一张活页上第一次表述的《从自然科学的形而上学的初始原因向物理学的转变》展开热烈讨论。也就是说，这是这位哲学家的最后一次转变，两分法的分割和所追求的中介贯穿于他的全部生平事业：在直观和理智之间，经验和观念之间，感性欲望和纯粹意志之间，经验的心理学和纯粹的道德哲学之间，实践理性和理论理性之间，物理学研究和形而上学原理之间，必须架设一座桥梁。康德想通过这座桥梁打开一条通往现存自然，通往现实世界，通往我们这个实存世界——人这个血肉之躯及其力量也属于这个世界——的具体而特殊的物理学的道路。"物理学是关于物质特有的各种运动的力的学说。"

第七章 垂死之人

老年康德每天早晨不停地写作，他的这种工作方式首先使他只能举步维艰地跟随自己的转变。他大概是同时撰写各种不同的思想，将它们记在不同的纸上，一开始他并没有将这些稿子按照时间顺序加以编排。马休理清了"手稿的新的细胞状结构"以及康德与之相关的思维方式。除了几张活页、几张4开纸和所谓的"8开纸手稿"外，康德将他的转变性著作都写在大开本的纸张上，这些纸张每张可以折成4页。有些纸张和页面都各包含一种思想。整体构想在文本各页中往往像一个有机体的细胞一样，拥挤在一起，阐明各种不同的观点。《康德遗著》是碎形安排的，像宇宙体系一样。整体由各个部分反映出来，这些部分又自成一体发挥至无限。"康德每次要而且必须要将这部著作设想为一个整体。所写的手稿之所以具有细胞状结构，是因为对书面思考材料的需要，一定程度上是为了'文字思考'。"

手稿的思想虽然非常丰富，从对物质的自然科学构想到"自我设定理论"无所不包，自我设定理论将"我"解释为一切客体的本源，将人的主体提升为想象的上帝和不可理解的世界整体的中介物质，但我们只要把握其中的一个要点，因为传记上值得关注的首先是那种回归：康德在50年以后重新转向他最初的伟大主题：自然物体的活的力。当时，他以初生牛犊不怕虎的精神试图正确测算这种活的力，这种测算符合对自己的力的意识。他现在感到这种力越来越衰弱；相反，他越是感到乏力，他关于这种运动的力的思考越深刻，越合乎逻辑，越具有内在联系。但同时他也提出困难的问题：如果这些运动的活的力,一方面像他1746年所说的,"被完全排除在数学的范围之外",另一方面它们不接受1786年提出的要求,因为"在任何一门特殊的自然学说中,我们能在其中找到多少数学的东西,它就包含多少真正科学的东西",那我们怎么理解这种力?

康德在写作中

1746年,康德就坚持认为,由于活的力,物体能由其内部产生运动,这种运动不是由其他运动的物体从外部引起的。康德知道,这种想法的根据是"形而上学的",他同时代的自然科学家们是不会喜欢的。尽管如此,他还是确信:"我在此基础上建立自己。"他用这个公式一方面表达了自己的生存处境:作为自律的"我",在自己预先规定的轨道上不能受到阻碍;另一方面,也表达了他的形而上学信念:物质的活的力存在于物体本身。在主体的力和客体的自然力之间存在类比关系,虽然还不清楚它们的原因。

第七章 垂死之人

1798年，康德在运动的力的基本体系中，又着手研究了这种想法。他区分了两种运动的力。康德还是年轻的大学生时就对牛顿的著作兴奋不已，现在再次也是最后一次对他表示赞赏。一方面存在事先由物体的运动引起的力的作用，牛顿已经在他的"不朽著作"《自然哲学的数学原理》中论述了运动的基本原理；另一方面存在原本就包含在物质之中的运动的力。然而，这种天生的原动力的基本原理却无法计算，只能由主要研究生命的"自然哲学的生理学原理"——动力生理学来论证。

晚年康德并不像有人经常断言的那样成为牛顿最坚决的敌人或对手。他虽然乐于挑战这个伟大的榜样，但他始终很清楚，他非常感谢牛顿和他的《自然哲学的数学原理》。他在1755年毕竟按照牛顿的原理设计了自己的整个宇宙体系的模型，消除了混沌。当然，他也指出了《自然哲学的数学原理》的局限性。它不方便理解可经验的整体，而自然研究中的"生理学的初始原因"也属于这个整体。

为了论证这个可经验的整体，康德在1799年前后完成了他的最后一次转变。他引入"以太"或热质，作为任何可经验的现实的解释原因。由于到处分布且无限的热质将所有天体联结成一个体系，并置于"一个互相作用的共同体"，所以一切感觉和单个经验就能联结成"一个经验"。植物生理学家最先引入这种热质，以便解释植物生长的某些现象。康德并没有局限于此。他将这种物质普遍化，并于1799年使这种假定存在的物质变成了实际"从自然科学的形而上学的初始原因向物理学转变的最高原则"。这种以太物质作为物质虽然永远无法经验地证明,康德自己也开玩笑说:他的以太只是一种幻象,一种单纯的想法或纯粹的管见。但他坚信,这种热质是所有运动的力在整个宇宙中永远进行游戏的基础、媒介和可能性;"存在一种到处分布、到处渗透、内部到处都在运动(鼓动)的,并在运动中形式始终如一的(持续不断的)基本物质,即所谓的热质。"

康德的转变不是与牛顿的《自然哲学的数学原理》实行彻底的决裂。他一步进入了生理学原理在其中起主要作用的另一领域。数学无法插手的生命过程是晚年康德最后的压倒一切的主题。只有他能理解生命过程了,他才认为自己的体系完成了。

从学术史角度上看,康德的以太构想可追溯到当时就热现象进行的争论,特别是就燃烧物质"燃素"是否存在的问题展开的争论。但更重要的却是这种由活的力、生理学原理和普遍热质构成的全部体系的不可忽视的人神同形同性论背景。问题的关键在于人,康德将人的生命力解释为一切经验可能性的本原。只有当主体自己意识到了自己的运动的力并与这种力自由地运动时,才能真正理解物质的肉体特质。这是他自己的切身体验,可以鲜明地刻画他晚年事业的特点。最后,只有发挥自己的活的和运动的力的主体的肉体,才可能成为人类的整个世界经验的先验条件。

这部最后未完成的著作的碎形结构是从"力"的概念发展而成的。这个概念不禁使人想起胡弗兰德对生命力进行的长寿学研究,这位医生加哲学家将生命力赞为大自然最普遍、最精细、最具穿透力和最不可捉摸的活动。"生命力充满着一切，运动一切，它极有可能是物质世界，特别是有机界产生所有其他的力的根本源泉。"因为康德正好是在那个时候开始写作《转变》的，那时他收到胡弗兰德寄来的《长寿术。延长生命的艺术》，胡弗兰德还请他就书中包含的思想进行哲学思考。1798年，在给胡弗兰德的关于情感力量的报告中，康德让他的"我"说话，并谈了自己的亲身经验。就是在《遗著》中，他也谈到，活的力与自己的亲身经验和阅读经验密切相关。他虽然多次强调活的力（vis viva）和生命力（vis vitalis）之间的区别，他将生命力归于大自然的有机王国，而将活的力与一般物质的力学和动力学联系在一起，但是，康德作这种区分，也确认了二者的共性："活的力不是生命力，不是有机的，而是机械的。可是，在与有机的力作了比较以后，机械的力也是可以设想的，反之亦然。"

5. 这很好

康德是18世纪的男子汉。在走向生命终点的时候，他的体力越来越衰竭。他想完成自己的主要著作，但他不知道自己能走多远，是否能完成。"康德写作这部著作时付出的辛劳很快吞噬了他仅剩的力气"，特拉格海姆教堂的副主祭安德烈亚斯·克里斯托夫·瓦西安斯基这样写道。康德在最后几年越来越衰弱，是瓦西安斯基陪在康德身边照顾他，1801年起还照顾他的家务，照看他的收入和支出。他也是1804年第一部详尽描写康德的《最后岁月中的康德》的作者。这个衰退过程持续了5年,日益消耗着康德的体力和精力。他的身体本来就不是特别强壮,现在他瘦得几乎风吹得倒,几乎手无缚鸡之力。康德本人几乎每天谈到这个问题,对同桌的朋友说,他很快就将达到肌肉量的最低值。由于衰弱,他有时会跌倒。一开始他还自嘲,并诙谐地说,现在由于体重轻了,倒是不会摔得很重。由于疲劳,他经常在椅子上就睡着了,从上面掉下来后,往往就躺在原地,因为他自己爬不起来,直到有人来帮助他。有些小事故,康德也不当回事。早晨阅读或写作时他的脑袋总是深深地埋入烛光中;"棉质睡帽被点着了,他头上冒着火苗。"他一点也不惊慌,只是赤手摘下睡帽,扔到地上,踩灭火苗。

从城堡西边的康德故居看城堡

第七章 垂死之人

　　康德慢慢地又回到了那种他早已摆脱的状态。自律、自主且思想自由的哲学家又退化成了未成年的儿童。早在 1799 年，康德就带着开玩笑的口吻调侃自己的虚弱说："先生们，我老了，衰弱了，你们必须把我当孩子一样看待。"他痛恨未成年状态，可自己无缘无故就陷入了这种状态。当他发现自己已经不能安排自己的家务时，他在就自我设定理论所作的最后的哲学思考中插入了这样的笔记："聪明人—笨蛋。聪明人能够凭自己的力量做能做的事。笨蛋必须让别人手把手教。"康德对追求自主的愿望的各种表达听起来仿佛是诅咒这种衰退的咒语："我创造自己。""我们自己创造一切。""主体创造自己。"这种不得已的重复表明了康德的两难处境。他能做的越少，就越是强调将自己的精力用于自我设定的创建活动。

　　衰退过程是无法遏止的。康德越来越觉得自己像胡弗兰德 1798 年所说的"垂死之人"。他作为存在物开始进入植物的无性生长阶段，"这对于他的动物性存在来说是健康的，而对于资产者的（有公务责任的）存在来说是病态的，也就是没有用的。" 1798 年 2 月 6 日，他给胡弗兰德写信说，他觉得老了就像犯了一桩极大的罪，他还自嘲地补充说："不能宽恕，总要受到死亡的惩处。"

　　康德向生命告别的过程是漫长的。瓦西安斯基详尽地纪录并描写了这个过程。他的同事、约翰·哥特弗里德·哈塞自 1801 年起每周两次去康德家里做客，他也对此作了详细的描述。英国作家托马斯·德·昆西早在 1827 年就创作了《伊曼努尔·康德的最后岁月》的剧本。白发苍苍、行为怪僻的康德也成了一些广播剧和故事片的主角，这里不能一一列举。应当记住的是康德自己对走向死亡这个不可改变的存在的感受和评价。

哈特穆特和格诺特·伯麦反对启蒙运动的理性结构，重视《理性的他者》的价值，他们在对这种结构提出的根本性批判中试图分析说，康德对年龄、疾病和死亡的研究是基于深刻的心理压抑，他以惊人的戒备心理和自我规训排斥一切可能使他想起生命中巨大心理创伤的东西，因为他难以接受与母亲分离的现实，这次分离导致13岁的康德行为失常，这在他后来让人捉摸不透的谜一样的生活中时有反映：朋友病了，他不去探视，虽然他也会急切而频繁地询问他们的情况；朋友或熟人去世了，他无动于衷，几乎漠不关心，只说"事情过去了"，应当"让死者在死者那里安息"；1797年，他在《道德形而上学》中认为智慧的标志是，面对不可避免的死亡时对自己说："这与我何干？"；他平时多愁善感，想过自杀，但由于道德的理性化得以幸免；他防止任何悲伤，因为他会想起"不可遏制的丧母之痛，而康德恰恰要避免这一点"。最后，应该记住，"批判的理性主义者康德拯救了不朽这种理性的必要观念，从而得以将万能的自我与客体融为一体"。

这种以心理分析为取向的对已故母亲的想象既不能证实，也不能否认，因此可以不作严肃的讨论。但是，引人注目的最后两个问题值得思考：康德的不朽的理性观念是怎么回事？他随口说出的"事情过去了"又是怎么回事？

我去世以后，我身上会发生什么事情呢？康德问道，我们

第七章 垂死之人

能确切地知道"人死以后的状态吗，他的物质消失在哪里？"在回答这个问题时，人的想象力似乎是无限的。最简单的回答是"他们的尸体将会慢慢地分解"，许多人可能难以接受这一点。相反，人们可以相信一切可能的东西：从肉体复活，经过神灵作祟，直到灵魂再生，从灵魂幸福地升天到下地狱，进油锅。正如1795年1月23日赛米尔·科伦布施医生告诉康德的，他对死者肉体复活这种观念很欣赏，耄耋老人康德虽然对这种观念不太理解："谁都非常热爱自己的身体，因此，到它能离开的时候，他也想永远拖着它。"但灵魂是怎么回事呢？1794年10月，70岁的康德在对国王陛下的指控进行辩护时，第一次提到自己的死亡，并幽默地表述了这样的想法："很可能"他不久就要作为"心灵倾诉者向世界法官"汇报自己的生活和思想了。那么，他相信人死后的生活吗？早在30年前，即1766年，康德在分析曾经梦见自己进入死者的王国，然后再生的视灵者斯威登伯格时，就指出，行善的生活使人希望在"另一个未来世界"得到回报。在《纯粹理性批判》的最后一章中，他一方面探讨了"我能希望什么？"这个存在的关键问题，另一方面论述了康德心目中的人的存在的最高目的——灵魂不朽的观念。而在《实践理性批判》的结尾，他将"道德法则在我心中"定位于具有"真正无限性"的概念世界。

但是，在所有这些场合，康德只是将"灵魂不朽"当做一个比喻，形容道德人格提升和思考的超时间、超感觉的方面。它是表达一种希望。它不说明任何东西，只是从伦理学的角度暗示某种东西。它只有作为道德方面的一个观念才是可以设想的；相反，在理论上可认识的领域，它不起任何作用，即使假设也不行，因为假设至少必须以逻辑上可设想的事实证明为基础。人的灵魂是否真的是不朽的，是否真的存在另外一个未来世界，这在原则上说既不能证明，也不能否认。我们恐怕永远也无法知道这一点，因为这超出了任何只能在生活中，在这一个此岸世界才能积累的可能的经验的界限。"我们死后将会是什么样子，将能做什么，这是我们绝对无法知道的。"严格地说，想到躯体与灵魂相分离这一点，也只是实践哲学的想象，这无论在理论上，还是在经验上都无法加以论证。因为要加以论证，就必须敢于进行矛盾的尝试："在人活着的时候就将灵魂移出躯体，这种尝试差不多类似于闭着眼睛照镜子，问他想干什么，他回答说，我只是想知道，我睡觉的时候是什么样子。"

1803年6月2日，康德在最后一次谈话中，还强调了这种苏格拉底式的不知道。当时他对哈塞抱怨说："我不会活太久了，我一天不如一天了。"哈塞问他，到底对未来有什么期望，过了一段时间，康德回答说："没有确定的东西。"不久前，康德也作过类似的回答："对那种状态我一无所知。"在这方面，他与雅赫曼的一次私密谈话也很能说明康德的态度。康德将一个强大的天使的建议当做思想试验：要么永远活下去，要么随着生命的结束而彻底终止存在。一个理性的人在深思熟虑后会作出怎样的决定？康德自己认为，"如果决定选择一种完全未知但却永远持续的状态，并且随意将自己交给一种不确定的命运，而不管你对所作的选择多么后悔，不管你对无休无止的

第七章 垂死之人

千篇一律感到多么厌倦，不管你多么渴望变化，这种命运仍然还是不容改变的、永恒的，这将是极其冒险的"。

在这个论证中，值得注意的不仅是这种意识到的不知道。他对"变化"的暗示同样也表明了他的特点，相比永恒生命的无休无止的千篇一律或者一直持续的灵魂安宁而言，这种变化更重要，更令人兴奋。正如瓦西安斯基所说的，康德将生活完全视为"不断的变化"，他觉得，患病和治愈过程也属于这种变化。正因为如此，他的朋友病了，他会急切而频繁地询问他们的情况。他感兴趣的是生命的动力。相反，他对死亡却保持着极为无所谓的态度。生命力的完全丧失对他来说就是退出时间流程的僵化状态。死去对他来说是一种持续不断、不容改变的过程，"关于这种过程，一个消息就足够了，用不着其他任何消息，何况那时也许什么也不容改变了"。

如果说康德满足于那个"事情过去了"的说法，那么这也不能表明他的压抑或对自己无能为力感到的忧伤。特别是他最好的朋友约瑟夫·格林于1786年的逝世对他触动很大，10年后希波尔的逝世也是如此。"事情过去了"是从反面肯定生命，这种对死亡表示肯定的观点认为死亡是一个无所谓的现象，同时也表明了一个哲学家的基本立场，康德认为这种立场是古代斯多亚派为他设想的"智者的一种崇高观念"。康德觉得自己与他们很亲近，塞涅卡和爱比克泰德的作品是康德一生最喜欢的读物。他甚至将斯多亚派的生活方式引入自己的饮食计划，因为斯多亚主义作为德行学不仅属于实践哲学，而且作为哲学"治疗学"，作为人"通过自己制定的基本原理而支配自己的感性情感"的力量,即理性的力量属于实践哲学。

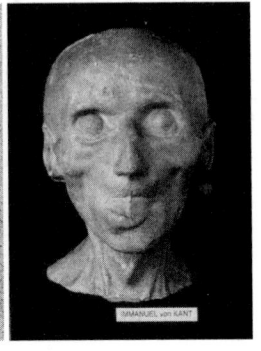

康德的死亡证明以及雕刻者作为模型使用的康德石膏面模

但是,不仅这种靠营养增强生命力的自我控制行为是斯多亚主义,随时准备死亡(meditare mortem),平静而镇定地知道自己一定会死,也是斯多亚主义。康德临终时对朋友们说:"先生们,我不怕死亡,我知道自己一定会死。"一听这话就能使人想起塞涅卡对卢奇利乌斯所说的话:"谁已经学会死亡,谁就忘了自己是奴隶。"

1803年10月8日,康德一生中第一次患重病。中风发作,突然摔倒在地,像当年他父亲一样。这样一来,正如瓦西安斯基所说,就为"他的肉体的分解"埋下了种子。他虽然得以康复,但这次发作耗尽了他的体力,击垮了康德的生活意志。不久,他连自己的名字也写不了,眼睛几乎失明,耳朵几乎失聪,接着,就连周围的人也不认识了。他平静而且温和,身体瘦得皮包骨头。1804年2月,他看起来就像死人一样,躺在床上,没有意识。

第七章 垂死之人

2月12日的晚上,他是在时而昏迷、时而清醒的状态下度过的。瓦西安斯基留在房间内。1点钟的时候,康德示意口渴。瓦西安斯基给他调制了一杯酒和水加糖的混合饮料,这似乎使他恢复了一点体力。他也许觉得味道很好,也许解渴了,也许想到了自己的生和死。他费力地说:"这很好",虽然听不清,但可以理解。凌晨4点左右,他使自己仰躺,呈笔直的平常的睡姿,他再也不会改变这个姿势了。瓦西安斯基站在他的床前。上午,他的表情变了。他的眼睛是睁着的,呆滞而无光,脸色死白。他的手脚没有一点热气,最终停止了呼吸。脉搏还跳动了几秒钟,然后就没有生命体征了。此时是11点。刚进房间的医生在经过彻底检查后确认"他确实已经死亡"。

俄罗斯联邦加里宁格勒市的康德墓

附 录

加里宁格勒的康德墓碑

约翰·弗里德里希·鲍泽所作的康德铜版画

年　表

1724 年　4 月 22 日，康德生于柯尼斯堡，父亲是皮匠约翰·格奥尔格·康德，母亲是安娜·雷吉娜，父姓罗伊特。

1730 年　康德入教会学校。

1731 年　康德和母亲一起参加弗兰茨·阿尔伯特·舒尔茨主持的祷告和做礼拜，后者发现了他的天赋。

1732 年　秋天，康德转入虔诚派的腓特烈中学；开始接受学校"对青少年的奴役"；结识约翰·孔德和达维德·鲁恩肯。

1737 年　12 月 18 日，康德的母亲去世。

1739 年　大卫·休谟的《人性论》匿名出版。

1740 年　腓特烈二世登基（在位至 1786 年）；康德没有明确的职业意向，在大学里学习自然科学、哲学、数学、神学、文学和语言等，从师舒尔茨教授、约翰·哥特弗里德·特斯克教授、克里斯蒂安·弗里德里希·阿蒙教授等；使他受益最多的是年轻的形而上学和逻辑学副教授马丁·克努岑，他将牛顿的《自然哲学的数学原理》借给康德自学；结识约翰·亨利希·弗勒默和克里斯托夫·弗里德里希·海尔斯贝格。

1740 年　9 月 24 日，康德在阿尔伯特大学注册。

1744 年　彗星经过柯尼斯堡；克努岑的《对彗星的理性思考》问世。复活节，伊曼努尔·斯威登伯格在伦敦目睹基督幻象，一年之后，圣父本人在他面前显灵。

| 康德的世界

1746 年	3月24日,康德的父亲因过度劳累而去世;康德辍学,离开大学;写作《关于活的力的正确测算的思考》,该文直到1749年才得以发表。
1747 年	伊曼努尔·斯威登伯格在伦敦出版《天堂的奥秘》前两卷,至1758年共出版5卷。
1748 年	康德开始做家庭教师,起初在古姆宾嫩附近的尤德申小村的丹尼尔·安德施牧师家;休谟《关于人类理智的哲学论文》(1758年起通称《人类理智研究》)出版。
1749 年	8月23日,康德1746年撰写《关于活的力的正确测算的思考》一文发表,同时发表关于该文的最早一批书信。
1750 年	皮埃尔-路易·蒙罗·德·莫培兑《宇宙学论文集》、乔治·路易·勒克莱尔·布丰《自然史》、达勒姆的托马斯·赖特《创造性理论或对宇宙的新假说》出版;康德开始在奥斯特奥德(东普鲁士)附近的大阿恩斯多夫村的伯恩哈德·弗里德里希·冯·许尔森少校家任家庭教师。
1751 年	1月29日,马丁·克努岑去世;法国《百科全书》开始出版,编者为德尼·狄德罗和让-勒龙·达朗贝尔,至1780年共出版35卷。
1753 年	康德在劳滕堡(蒂尔西特洼地)的约翰·格布哈德·凯泽林伯爵家任家庭教师;结识对哲学感兴趣的夏洛特·阿马利亚伯爵夫人,康德的第一幅签名肖像出自她之手。
1754 年	康德回到柯尼斯堡,从事学术政论工作;多次到距离柯尼斯堡约两里远的凯泽林伯爵的卡布斯蒂加尔宫做客。 7月,康德发表《对地球是否在其围绕轴心自转过程中经历了若干改变这个问题的研究》。 8月,康德发表《对地球是否已经衰老的问题的物理学考察》。

年　表

1755 年　　康德出版《一般自然史和天体理论》。
4 月 17 日，康德递交硕士论文《论火》。
5 月 13 日，康德参加硕士学位考试。
9 月 27 日，康德提交大学教职资格论文《形而上学认识各首要原则的新说明》；休谟《关于人类理智的哲学论文》德译本，以《关于人的认识的哲学尝试》为题出版，给康德的思想提供了一个新的推动；康德获得阿尔伯特大学的教职，开始大学教师的生涯；在他租住的东方学教授格奥尔格·达维德·基普克家里开设首次讲座。

1756 年　　康德发表关于里斯本地震的三篇论文。
4 月 8 日，康德致信腓特烈二世，申请马丁·克努岑去世后空缺的副教授职位未果。
4 月 10 日，康德就第三篇就职论文《物理的单子论》进行答辩。
4 月 25 日，康德递交夏季学期的教学计划《风的理论解释的新注解》；七年战争爆发（至 1763 年）。

1757 年　　康德递交夏季学期的教学计划《自然地理学教程的草稿和预告》。

1758 年　　1 月 22 日，俄军占领柯尼斯堡；康德递交夏季学期的教学计划《运动和静止的新学术概念》；泰奥多尔·哥特利布·希波尔从师康德两学期；
12 月 14 日，康德向伊丽莎白女沙皇申请约翰·达维德·基普克退休后空缺的逻辑学和形而上学教授职位未果；许多俄国军官从师康德。

1759 年　　康德与哈曼一起筹划《儿童物理学》；康德与哈曼开始通信；哈曼《苏格拉底值得纪念的事》出版；康德递交冬季学期的教学计划《关于乐观主义的考察的尝试》；普鲁士在与俄国和奥地利进行的库奈斯多夫战役中被击败。

1760 年　　6 月 6 日，康德给一位悲伤的母亲写信；她的儿子 1759 年开始从师康德，刚满 21 岁不幸去世；信的标题是《关于约翰·亨利希·冯·丰克先生英年早逝的思考》；约翰·雅科布·坎特尔开办书店，内设茶座；康德、哈曼、赫尔德和希波尔不久就成了他的常客。

| 康德的世界

1762 年　1 月，女沙皇伊丽莎白去世，彼得三世即位俄国沙皇。
　　　　7 月，彼得三世被谋杀，叶卡捷琳娜二世即位俄国女皇；俄国结束占领柯尼斯堡；康德《三段论四格的诡辩》发表；康德接触让-雅克·卢梭的著作，阅读卢梭的《爱弥儿或关于教育》和《社会契约论》（德文版于 1763 年出版），从而改变了自己的人生；约翰·哥特弗里德·赫尔德从师康德（至 1764 年）。

1763 年　康德《关于上帝存在证明的唯一可能的根据》和《把负数概念引入哲学的尝试》相继发表；康德对斯威登伯格发生兴趣；胡贝图斯堡和约签字。

1764 年　1 月，人们讲述扬·科马尔尼茨基即"山羊预言家"及其 8 岁的"野孩子"的故事。
　　　　1 月 28 日，《柯尼斯堡学者和政治报》第一期发行；哈曼任该报第一任经理；康德、赫尔德和约翰·格奥尔格·舍弗奈尔为该报撰稿；贺瑞斯·沃波尔写完第一篇哥特式小说《奥特朗托城堡》；康德在莫蒂滕森林的护林员沃布瑟尔的小屋里撰写《关于美感和崇高感的考察》。
　　　　2 月 13—27 日，康德《试论大脑的疾病》在《柯尼斯堡学者和政治报》上发表。
　　　　8 月，康德拒绝约翰·格奥尔格·博克教授去世后空缺的诗艺学教授职位；康德《关于自然神学和道德的基本原则的明确性之研究》在柏林科学院获奖；莫泽斯·门德尔松获得一等奖；康德结识英国商人约瑟夫·格林，后来成为好友。

1765 年　希波尔发表喜剧《按照钟表生活的人》，原型是格林的性格和日常生活；康德公布冬季学期教学计划《1765—1766 年冬季学期课程一览》。

1765 年　10 月，康德申请王室宫廷图书馆低级馆员的职位；康德开始与约翰·亨利希·兰贝特通信；康德阅读哥特弗里德·威廉·莱布尼茨《人类理智新论》（1704 年版）。

1766 年	4 月，康德成为宫廷图书馆低级馆员（至 1772 年），迁居坎特尔家，匿名发表《以形而上学的梦来阐释一位视灵者的梦》，首批写给和收到莫泽斯·门德尔松的信。
1767 年	康德介绍失业赋闲的哈曼到法国人管理的海关任翻译。
1768 年	康德在《柯尼斯堡问答信息》2 月号发表《论空间的方位区分的第一因》。
1769 年	康德 1769 年的"重大思想"，发现关于时空的主体性。 10 月，康德收到埃朗根大学的聘请。 12 月，康德拒绝埃朗根大学的聘请。
1770 年	1 月，康德收到耶拿大学的聘请，同样没有接受聘请。 3 月 16 日，康德申请朗汉森教授去世后空缺的柯尼斯堡大学教授职位。 3 月 31 日，腓特烈二世以内阁令的方式任命康德为逻辑学和形而上学教授。 5 月 2 日，在柯尼斯堡大学评议会会议上，康德被隆重地任命为教授。 8 月 21 日，康德通过拉丁文就职论文《论感觉界和理智界的形式和原则》正式就任新职，他最喜欢的学生马可·赫茨为答辩方。
1771 年	7 月 5、12 日，《柯尼斯堡学者和政治报》发表哈曼翻译的休谟的著作《一个怀疑者的思考》（《人性论》第 1 卷第 4 章第 7 节）。
1772 年	2 月 21 日，康德在给赫茨的信中阐述《纯粹理性批判》的基本思想；康德辞去宫廷图书馆低级馆员职务；第一次瓜分波兰，普鲁士得到西普鲁士。
1775 年	康德提出冬季学期教学计划《论人的不同种族》；康德对美国独立战争的爆发表示欢迎。
1776 年	康德发表《论博爱的两篇文章》；休谟去世；康德任哲学系主任。 7 月 4 日，北美殖民地宣布独立，发表人权宣言。

1777 年　哈曼出任宫廷管家。

1778 年　大臣卡尔·亚伯拉罕·泽德利茨男爵打算任命康德任哈雷大学教授，康德再次拒绝离开柯尼斯堡；康德成为柯尼斯堡大学评议会成员；卢梭和伏尔泰去世；幽默小说《先辈的生命历程》第一卷匿名出版，最后一卷即第四卷于1782年出版，直到1796年，希波尔去世后，康德认为《生命历程》的作者是希波尔。

1779 年　弗里德里希·维克多·莱贝雷希特·普莱辛从师康德；康德连任哲学系主任；希波尔的《生命历程》第二卷出版，在其描写哲学系主任（滑稽的"祖父辈教授"）考试场景中，详细引述康德的《关于哲学百科全书的讲座》中的内容，这个讲演录到1961年才出版。

1780 年　12月7日，希波尔被任命为柯尼斯堡市长。

1781 年　5月，康德《纯粹理性批判》出版，扉页题词：献给王国国务大臣冯·泽德利茨男爵。

1783 年　秘密组织"星期三协会"在柏林成立，其宗旨是为启蒙运动而斗争；约翰·埃里希·比斯特和弗里德里希·格迪克创办《柏林月刊》，至1796年，康德为该刊共写了15篇文章；其中包括《未来任何可能作为科学出现的形而上学导论》；12月，康德通过希波尔的介绍，在王宫附近的公主大街买了一所住房。

1784 年　哈曼撰写《关于纯粹理性的纯语主义的元批判》。
11月，康德在普莱辛的鼓励下，完成《从世界公民观点看一般历史的观念》，发表在《柏林月刊》11月号。
12月，康德发表《对"何为启蒙运动？"这个问题的回答》；哈曼在12月18日给克里斯蒂安·雅科布·克劳斯的信中表达了他对康德的启蒙运动构想的批判。

1785 年　康德发表《评赫尔德〈人类历史哲学的观念〉》（1月）、《论月球上的火山》（3月）、《道德形而上学基础》（4月）、《论书籍重印的不规律性》（5月）和《人种概念的确定》（11月）；弗里德里希·亨利希·雅科比与门德尔松就斯宾诺莎和泛神论展开争论。

1786 年	1 月,康德发表《人类起源臆测》。 复活节,康德发表《自然科学的形而上学初始原因》。 夏季学期,康德被任命为柯尼斯堡大学校长。 8 月 17 日,腓特烈二世去世,他的侄子继承王位,称腓特烈-威廉二世。 9 月 17—21 日,国王腓特烈-威廉二世在柯尼斯堡接受加冕典礼。 9 月 19 日,康德组织全校隆重的庆祝活动,以向腓特烈-威廉二世表示效忠,并经人介绍面见国王;约瑟夫·格林去世;康德和希波尔的友谊进一步加深。 10 月,康德发表《思想上把握方向意味着什么?》,以示他对雅科比和门德尔松之间的争论的反应。 12 月 7 日,康德当选为柏林科学院院士。
1787 年	康德的《纯粹理性批判》第二版出版;康德在自己家里安排家务,雇用一个女厨师和一个仆人。
1788 年	1 月,康德发表《目的论原则在哲学中的运用》。 夏天,康德连任柯尼斯堡大学校长;他的《实践理性批判》出版。 6 月 21 日,约翰·格奥尔格·哈曼在明斯特去世。 7 月 3 日,卡尔·亚伯拉罕·冯·泽德利茨男爵被解除大臣职务;约翰·克里斯托夫·沃尔讷被任命为司法大臣和"宗教事务部首脑"。 7 月 9 日,约翰·克里斯托夫·沃尔讷发布宗教敕令。 12 月 19 日,"书报检查令"生效。
1789 年	7 月 14 日,巴黎国家监狱——巴士底狱被攻克;法国大革命开始。 8 月 4 日,法国国民议会通过决议废除封建制度。 8 月 26 日,法国制宪议会通过《人权和公民权宣言》。
1790 年	康德的《判断力批判》和《纯粹理性批判》第三版出版;康德觉得自己受到约翰·奥古斯特·埃伯哈德的批评的挑战,并为自己的理性批判进行辩护,发表《论旧的理性批判使新的理性批判成为多余以后的发现》。 5 月,约翰·克里斯托夫·沃尔讷在柏林最高教会监理会成立"独立检查委员会"。

| 康德的世界

1791年　8月,约翰·哥特利布·费希特前往柯尼斯堡,结识康德;《柏林月刊》9月号发表康德的《论一切哲学无以圆释神正论》。

1792年　4月,康德发表《论人类本性中的极恶》。
6月14日,《柏林月刊》正在发表的康德有关宗教问题的系列文章被查禁。
9月21日,法国国民议会宣布法国成立共和国。

1793年　1月21日,法国国王路易十六在绞刑架上被绞死。
复活节,康德发表《纯粹理性范围内的宗教》。
9月,康德发表《论箴言"理论上正确,实践上行不通"》。

1794年　5月,康德发表《浅论月球对气候的影响》。
6月,康德发表《论万物的终结》。
7月28日,康德入选彼得堡科学院。
7月29日,巴黎国民公会成员几乎全部被绞死;恐怖统治结束。
10月1日,康德因批评宗教而收到国王的批示。
10月12日,康德收到禁止他继续就"宗教事务"公开发表言论的王国内阁令。

1795年　4月5日,普鲁士和法国签订巴塞尔和约;普鲁士从革命战争中撤军;康德发表《论永久和平》。

1796年　康德发表《〈陨石坑〉附录:论灵魂的器官》。
5月,康德发表《论哲学中最近提出的一种论调》。
7月,围绕《先辈的生命历程》的作者问题展开公开讨论,有人曾认为这部著作的作者是康德。
7月23日,康德作最后一次讲座。
10月,康德发表《哲学上的永久和平条约即将签订的通告》;《柏林月刊》停刊;康德开始做笔记,直到1802年,以便继续撰写自然哲学手稿《自然的形而上学向物理学的转变》(这部手稿直到1936—1938年才以《康德遗著》为标题全文发表)。

1796 年	12 月 6 日，康德发表《关于希波尔的作者身份的声明》。 12 月 12 日，克里斯托夫·威廉·胡弗兰德给康德寄出《长寿术。延长生命的艺术》，作为答复，康德撰写关于自己饮食经验的报告。
1797 年	康德发表《法学形而上学的初始原因》。 6 月 14 日，柯尼斯堡大学全体学生举行活动，祝贺康德写作生涯满 50 年。康德《道德形而上学》出版。 9 月，康德发表《论出于博爱可以撒谎这种臆测的权利》； 11 月 10 日，腓特烈-威廉二世去世；新国王腓特烈-威廉三世继位，至 1840 年。
1798 年	3 月，约翰·克里斯托夫·沃尔讷被解除大臣职务；胡弗兰德在《实用药物学和实践创伤药物学月刊》第 5 期上发表康德的报告《论情感的力量》。 6—7 月，约翰·弗里德里希·阿贝格多次拜访康德，并在《1798 年旅行日记》中对此作了报道。 秋天，康德《学科之争》出版，其中也收入康德给胡弗兰德的报告；康德《实用人类学》出版。
1801 年	11 月 14 日，康德请求辞去柯尼斯堡大学评议会成员的职务。他指定安德烈亚斯·克里斯托夫·瓦西安斯基为他的财产管理人；康德再也没有离开他的住所。
1802 年	1 月，康德解雇马丁·兰普，兰普是他近 40 年的仆人；瓦西安斯基挑选的约翰·考夫曼做康德的仆人；康德的《自然地理学》由泰奥多尔·弗里德里希·林克出版。
1803 年	康德的《论教育学》由林克出版。 4 月 9 日，康德写最后一封信。 10 月 8 日，康德患中风，这是他第一次患严重疾病。 12 月 15 日，康德记最后一次日记。
1804 年	2 月 12 日，上午 11 时许，康德在柯尼斯堡去世。 2 月 18 日，康德的遗体被安葬。 4 月 23 日，柯尼斯堡大学举行康德纪念活动。

康德的世界

1804 年　5 月,康德自 1793 年写作的关于 1791 年柏林科学院有奖征文的草稿《自莱布尼茨和沃尔夫以来形而上学的进步》由林克出版;路德维希·恩斯特·鲍罗夫斯基、莱因霍尔德·伯恩哈德·雅赫曼和安德烈亚斯·克里斯托夫·瓦西安斯基撰写的康德传记相继问世。

参考书目

Werkausgaben

Die *Schriften* von Kant werden zitiert – z. B. I, 26 (= Band, Seite) – nach: Immanuel Kant: Werke in sechs Bänden. Hg. von Wilhelm Weischedel. Wiesbaden 1956–1964 (Nachdruck Darmstadt 1963–64; Sonderausgabe 1998). Seitenidentische Taschenbuchausgabe I–X, Darmstadt 1975; I–XII Frankfurt/Main 1984

Der *Briefwechsel* wird zitiert – z. B. Br, 65 (= Briefwechsel, Seite) – nach: Immanuel Kant: Briefwechsel. Auswahl und Anmerkungen von Otto Schöndörffer. Mit einer Einleitung von Rudolf Malter und Joachim Kopper. Dritte, erw. Auflage, bearbeitet von Rudolf Malter. Hamburg 1986

Immanuel Kant: Gesammelte Schriften, begonnen von der Königlich Preußischen Akademie der Wissenschaften. 1. Abtlg. (Bde. I–IX): Werke; 2. Abtlg. (Bde. X–XIII): Briefwechsel; 3. Abtlg. (Bde. XIV–XXIII): Nachlaß. Berlin 1900–1955; 4. Abtlg. (Bde. XXIV–XXIX): Vorlesungen. Berlin 1966ff. (= AA: Akademie-Ausgabe)

Zu Kants Leben

Abegg, Johann Friedrich: Reisetagebuch von 1798. Hg. von Walter und Jolanda Abegg in Zusammenarbeit mit Zwi Batscha. Frankfurt/Main 1976

Borowski, Ludwig Ernst: Darstellung des Lebens und Charakters Immanuel Kant's (1804). In: Felix Groß (Hg.): Immanuel Kant. Sein Leben in Darstellungen von Zeitgenossen. Darmstadt 1993, S. 1–102

Botul, Jean-Baptiste: Das sexuelle Leben des Immanuel Kant. Leipzig 2001

Brandt, Reinhard und Werner Stark (Hg.): Autographen, Dokumente und Berichte. Zu Edition, Amtsgeschäften und Werk Immanuel Kants. Hamburg 1994

Cassirer, Ernst: Kants Leben und Lehre (1918). Darmstadt 1972. Hamburg 2001

Fischer, Kuno: Kants Leben und die Grundlage seiner Lehre. Mannheim 1860

Groß, Felix (Hg.): Immanuel Kant. Sein Leben in Darstellungen von Zeitgenossen. Die Biographien von L. E. Borowski, R. B. Jachmann und E. A. Ch. Wasianski. Dramstadt 1993
Gulyga, Arsenij: Immanuel Kant. Frankfurt/Main 1981
Hasse, Johann Gottfried: Merkwürdige Äußerungen Kant's von einem Tischgenossen. Königsberg 1804
Heller, Josef: Kants Persönlichkeit und Leben. Berlin 1924
Jachmann, Reinhold Bernhard: Immanuel Kant geschildert in Briefen an einen Freund (1804). In: Felix Groß (Hg.): Immanuel Kant. Darmstadt 1993, S. 103–187
Kohnen, Joseph (Hg.): Königsberg. Beiträge zu einem besonderen Kapitel der deutschen Geistesgeschichte des 18. Jahrhunderts. Frankfurt/Main u. a. 1994
Kuehn, Manfred: Kant. A Biography. Cambridge 2001
Malter, Rudolf (Hg.): Immanuel Kant in Rede und Gespräch. Hamburg 1990
Reicke, Rudolph (Hg.): Kantiana. Beiträge zu Immanuel Kants Leben und Schriften, Königsberg 1860
Reusch, Christian Friedrich: Kant und seine Tischgenossen. Königsberg 1847
Rink, Friedrich Theodor: Ansichten aus Immanuel Kant's Leben. Königsberg 1805
Ritzel, Wolfgang: Immanuel Kant. Zur Person. Bonn 1975
Ritzel, Wolfgang: Immanuel Kant. Eine Biographie. Berlin – New York 1985
Stavenhagen, Kurt: Kant und Königsberg. Göttingen 1949
Vorländer, Karl: Immanuel Kants Leben (1911). Hamburg 1986, 4. Aufl.
Vorländer, Karl: Die ältesten Kant-Biographien. Berlin 1918
Vorländer, Karl: Immanuel Kant. Der Mann und das Werk (1924). Hamburg 1992, 3. Aufl. (Nachdruck Wiesbaden 2003)
Wald, Samuel Gottlieb: Gedächtnißrede auf Kant am 23. April 1804. In: Joachim Kopper und Rudolf Malter (Hg.): Immanuel Kant zu ehren. Frankfurt/Main 1974, S. 50–75
Wasianski, Ehregott Andreas Christoph: Immanuel Kant in seinen letzten Lebensjahren (1804). In: Felix Groß (Hg.): Immanuel Kant. Darmstadt 1993, S. 189–271
Weber, Heinrich: Hamann und Kant. München 1904
Weis, Norbert: Königsberg. Immanuel Kant und seine Stadt. Braunschweig 1993

Gesamtdarstellungen

Adickes, Erich: Kant als Naturforscher. Zwei Bände. Berlin 1924/25
Böhme, Hartmut und Gernot Böhme: Das Andere der Vernunft. Zur Entwicklung von Rationalitätsstrukturen am Beispiel Kants. Frankfurt/Main 1985
Delekat, Friedrich: Historisch-kritische Interpretation der Hauptschriften. Heidelberg 1963
Deleuze, Gilles: Kants kritische Philosophie. Berlin 1990

Döring, Woldemar Oskar: Das Lebenswerk Immanuel Kants. Lübeck 1916. Hamburg 1964, 3. Aufl.
Erdmann, Benno: Immanuel Kant. Bonn 1902
Gerhardt, Volker: Immanuel Kant. Vernunft und Leben. Stuttgart 2002
Grondin, Jean: Kant zur Einführung. Hamburg 1994
Heintel, Peter und Ludwig Nagl (Hg.): Zur Kantforschung der Gegenwart. Darmstadt 1981
Hinske, Norbert: Kant als Herausforderung an die Gegenwart. Freiburg - München 1980
Höffe, Otfried: Immanuel Kant. München 1983, 5. Aufl. 2000
Irrlitz, Gerd: Kant-Handbuch. Leben und Werk. Stuttgart - Weimar 2002
Jaspers, Karl: Kant. Leben, Werk, Wirkung. München 1975
Kaulbach, Friedrich: Immanuel Kant. Berlin - New York 1969
Körner, Stephen: Kant. Göttingen 1980, 3. Aufl.
Kopper, Joachim und Rudolf Malter (Hg.): Immanuel Kant zu ehren. Frankfurt/Main 1974
Prauss, Gerold (Hg.): Kant. Zur Deutung seiner Theorie von Erkennen und Handeln. Köln 1973
Sandvoss, Ernst R.: Immanuel Kant. Leben, Werk, Wirkung. Stuttgart u. a. 1983
Schlüter, Wolfgang: Immanuel Kant. München 1999
Schultz, Uwe: Immanuel Kant. Reinbek bei Hamburg 1965
Scruton, Roger: Kant. Freiburg - Basel - Wien 1999
Sommer, Manfred: Identität im Übergang: Kant. Frankfurt/Mail 1988

译后记

虽然是三个人合作的成果，但费心最多的当然是蒋仁祥老师。

蒋老师从出版社拿到翻译任务，出于锻炼后学的考虑把它交给我。我非常珍视这个难得的学习机会，花了很多心力。然而由于自身时间、精力和水平等原因，快到交稿时才只完成了一半。不得已，只好向张红山求助。他很痛快地同意，又很迅速地完成了另一半工作。

初稿交给蒋老师后，他十分认真地进行了仔细审阅，做了大量的修改，才达到现在这个水平。蒋老师的审阅修改绝非时下流行的随便翻翻，工作量估计和自己翻译一遍差不多。初稿原本是很死板地对照德文本的，译文读起来相当生涩，当然也有很多因水平有限产生的理解问题。经蒋老师的认真修改，译文才比较通畅，也减少了许多失误。在学风浮躁的今天，能有这样认真的老师，真是幸运，更不用说他提携后进的无私风格！

本书一定还有不少失误和不足，希望得到广大读者的指教。

黄文前

2011 年 12 月 10 日